Ulrich Heintze

Die Schleswigsche Geest auf Wegen und Pfaden erleben

Ein Wander- und Exkursionsführer

Husum

Umschlag: unter Verwendung von Motiven aus dem Buch

Bibliografische Information der Deutschen Nationalbibliothek
Die Deutsche Nationalbibliothek verzeichnet diese Publikation in der Deutschen Nationalbibliografie; detaillierte bibliografische Daten sind im Internet über http://dnb.dnb.de abrufbar.

Gesamtherstellung: Husum Druck- und Verlagsgesellschaft
Nordbahnhofstraße 2, 25813 Husum – www.verlagsgruppe.de

ISBN 978-3-96717-166-2

Vorwort

Die Entstehung dieses Wander- und Exkursionsführers hat eine Vorgeschichte. Mitte 2021 erschien erstmals ein Grundlagenwerk über den Schleswigschen Mittelrücken mit dem Titel „Die Schleswigsche Geest“ (kurz: das Geestbuch), herausgegeben vom Heimatverein Schleswigsche Geest. Es beendete den bisherigen stiefmütterlichen Umgang mit dem Geestrücken im nördlichen Landesteil Schleswig-Holsteins in Wissenschaft und Lehre. Dieses Handbuch beleuchtet diese Landschaft von ihrer eiszeitlichen Entstehung bis zu den Nutzungs- und Strukturveränderungen in der Gegenwart. So wird u. a. neben der Entwicklung der Natur- zur landwirtschaftlich geprägten Kulturlandschaft die Schleswigsche Geest auch als Energielandschaft vorgestellt. Neben den beiden Hauptautoren bearbeiteten kundige Mitautoren einzelne Spezialthemen.

Diesem Handbuch wird der hier vorgelegte Wander- und Exkursionsführer zur Seite gestellt. Er greift den Faden auf, der schon im vorletzten Abschnitt des Geestbuches zu spinnen begonnen wurde. Routenvorschläge aus ausgewählten Teilen der Schleswigschen Geest regen dazu an, die Landschaft selbst zu erkunden. Dabei ist es hilfreich zu wissen, wo die landschaftlich attraktiven Gebiete zu finden sind, denn die Geest des nördlichen Landesteils gehört zu den flächengrößten Landschaften in Schleswig-Holstein und nicht wenige ihrer Gebietsteile gelten als ausgeräumt. Die Zahl der Wegevorschläge ist nunmehr stark ausgeweitet und zu einem eigenständigen Werk in einem handlichen Format entwickelt worden. Die aus dem Geestbuch übernommenen Exkursionsangaben sind größtenteils überarbeitet worden – teils ergänzt, teils gestrafft. Die angebotenen Routen sind unterschiedlich lang, mal eher Spaziergang, mal fordernde, aber nicht überfordernde Wanderung auf möglichst gut zu begehenden Wegen. Zu Beginn des Buches hilft eine Übersichtskarte, die Routen räumlich einzuordnen. Alle Wegbeschreibungen sind mit Bildmaterial, Fakten und Einschätzungen aus landeskundlicher und landschaftsökologischer Sicht unterlegt. Freunde des Wasserwanderns erhalten im abschließenden Teil Hinweise für eine Kanu- oder Kajaktour auf der Treene.

Jedem Beitrag ist eine Kurzbeschreibung zur allgemeinen Orientierung vorangestellt. In den topographischen Karten wird der Wegeverlauf mit großen schwarzen Punkten markiert. Fällt die Punktfolge schwächer aus, so ist dies ein Hinweis auf alternative Wegstrecken oder eine Abkürzung. Die ausgewählten Routen sind vielfach Rundwanderwege, aber nicht nur. Im letzteren Fall muss die Strecke wieder zurückgegangen werden, es sei denn, man organisiert die Anfahrt bei mehreren Teilnehmern mit zwei Fahrzeugen. Am Ende eines jeden Beitrages finden sich detaillierte Hinweise zur Anfahrt. Wer den Startpunkt mit einem modernen Ortungsgerät lokalisieren möchte, bedient sich der angegebenen Koordinaten aus Breiten- und Längengraden. Quellenhinweise am Ende der Teilregionen erlauben eine vertiefte Beschäftigung mit der erwanderten Landschaft, ein Abkürzungs- und Fachwörterverzeichnis rundet den Inhalt ab.

Dieser Wander- und Exkursionsführer ist nicht durch den Autor allein zustande gekommen. Auf allen Erkundungen begleiteten ihn seine Ehefrau Gisela Heintze. Ihr und den Familienangehörigen Kirsten und Marco Duske wird die sorgfältige Durchsicht des Manuskriptes bzw. notwendige Hilfe bei den IT-Arbeiten verdankt. Wichtige Anregungen für die Konzeption des Buches gab Prof. Dr. Wolfgang Riedel. Sonia Cortés Sack aus Rostock erstellte mit Sorgfalt und viel Übersicht das Layout. Bei Einzelthemen gab es Unterstützung durch Manfred Demuth vom Planungsbüro Pro Regione, Marinus van der Ende, Gerd Schmidt sowie Andrea Thomes. Edda Büchmann fertigte die Übersichtskarte an. Dr. Jürgen Eigner bin ich zu besonderem Dank verpflichtet, da er spontan den Beitrag über einen naturkundlichen Rundgang durch das NSG "Bordelumer/Langenhorner Heide" auch für diesen Wander- und Exkursionsführer zur Verfügung stellte. Zu guter Letzt sei dem Verleger von Husum Druck und Verlag und seinem Team für die qualitätsvolle Ausgestaltung des Buches gedankt.

Ulrich Heintze

Inhaltsverzeichnis

Zur Einführung 5

Im Nordwesten 11

1 In der Dünenlandschaft zwischen Süderlügum und Westre 11
I. In den Süderlügumer Binnendünen 12
II. Durch das Schwansmoor zum Schwarzberger Moor 15
III. Rund um einen wiederbelebten Heideweiher im Süderlügumer Forst 18

2 Durch den Langenberger Forst von Leck nach Enge 21

3 In den Lütjenholmer Heidedünen und an der Soholmer Au 28

4 Von Lütjenholm zum Galgen- und zum Megelberg 35

5 Ein naturkundlicher Rundgang durch das NSG „Bordelumer / Langenhorner Heide (J. Eigner) 43

6 Eine Kurzexkursion: Auf dem Waldlehrpfad in der „Joldelunder Schweiz“ 50

Im Nordosten 58

7 Im Jardelunder Moor 58

8 Im Stiftungsland Schäferhaus am Ortsrand von Flensburg, Handewitt und Harrislee 65
I. Ein Rundgang durch den südlichen Teil des Stiftungslandes 67
II. Auf verschlungenen Wegen durch den nördlich gelegenen Naturerlebnisraum 72

9 Am Wallsbüller Strom entlang 78

10 Vom Handewitter Gehölz durch die Kiesseenlandschaft nach Wanderup Norderfeld 85
I. Im nördlichen Teil 86
II. Im Südteil 93

11 Von Frörupmühle durch die Fröruper Berge und die Ihlseestromniederung zurück an die Treene 101

Im zentralen Teil 113

12 An der oberen und mittleren Treene entlang 113
I. Von Trollkjer in das nördliche Tarp 113
II. Von Tarp nach Langstedt 121

13 Auf dem Jörler Landschaftspfad 131

14 Von Pobüll nach Ostenau 140

15 Im Büschauer Forst 146

16 Von Engbrück nach Bollingstedt 152

17 In und um Treia 159

Im südlichen Teil 170

18 Im Naturerlebnisraum (NER) Mühlenau/ Mildstedter Tannen 170

19 Am Danewerk entlang 177

20 Von der Ostenfelder Geest in das Treenetal 186

21 Auf dem östlichen Ochsenweg von Kropperbusch bis Sorgbrück 194

22 Durch das Owschlager Moor zu den Sorgwohlder Binnendünen 202

Sonderteil 214

23 Kanuwandern auf der Treene 214

24 Ein Abstecher auf die nördliche Seite der deutsch-dänischen Grenze: Wanderungen im Frösleer Gehölz (Frøslev plantage) 223
I. Die südliche Route 223
II. Die nördliche Wanderung 228

Abkürzungs- und Fachwörterverzeichnis 232

Zur Einführung

Die nachfolgende Abbildung Abb. 0.1 zeigt mit breitem Strich abgegrenzt und farbig hervorgehoben den gesamten Schleswigschen Mittelrücken nördlich der Eider – eingefasst vom Hügelland im Osten und der Marsch im Westen. Die Süd-Nord-Ausdehnung mag den Betrachter zunächst überraschen. In der Tat umfasst diese Karte die gesamte Schleswigsche Geest zur Zeit des dänischen Gesamtstaates. Seit der Abstimmung von 1920 ist diese Landschaft durch die Grenzziehung – siehe hierzu die rote Grenzlinie – in einen dänischen Teil im Norden („Sønderjylland") und einen deutschen Teil im Süden („Landesteil Schleswig") zweigeteilt. Das Kartenbild unterstreicht, dass die Grenze eine rein politische Zäsur darstellt, während sich der Geestrücken und das östliche Hügelland nahtlos auf dänischer Seite fortsetzen, wenn auch in leichter Verschiebung nach Westen. In diesem Wander- und Exkursionsführer sind die Wegevorschläge mit einer Ausnahme für den deutschen Teil der Schleswigschen Geest entwickelt worden.

Die Karte zeigt auch eine Zweiteilung des Mittelrückens an. Wir haben es anders als im östlichen Hügelland und der Marsch bei der Geest mit einer kombinierten Landschaft zu tun. Mit der Farbe gelb ist das Sandergebiet oder die Sandergeest – auch Niedere Geest oder Schleswigsche Vorgeest genannt – herausgehoben. In Brauntönen sind dagegen die Altmoränen der Hohen Geest koloriert, die anders als die Niedere Geest auch noch in Teilräume untergliedert sind. Im Landesteil Schleswig sind das die Lecker Geest und südlich davon die flächenmäßig größere Bredstedt-Husumer Geest. Der strengen Abgrenzung von Hoher Geest und Schleswiger Vorgeest in der Karte haftet etwas Schematisches an, in der Realität sind beide Geestbereiche miteinander verzahnt.

Die Karte lässt überdies deutlich werden, dass die schleswig-holsteinische Landschaft in der Ost–West–Betrachtung viergeteilt ist und die übliche Dreiteilung in östliches Hügelland, Geest und Marsch nicht stimmig ist. Schließlich unterscheiden sich die Vorgeest und die Hohe Geest in ihrer Entstehung und in ihrem Alter erheblich. Während die Vorgeest im Verlaufe der letzten Vereisungsperiode (Weichsel-Kaltzeit) von Schmelzwässern des tauenden Inlandseises mit mitgeführten Sedimenten aus dem Gletscher geschüttet wurde und sich überlappende Schwemmlandfächer mit eingeschnittenen Abflusssrinnen („Talsander“) bildeten, stammt die Hohe Geest aus der Zeit der vorletzten Vereisung (Saale-Kaltzeit). Zwischen der Saale-Kaltzeit und des Weich-

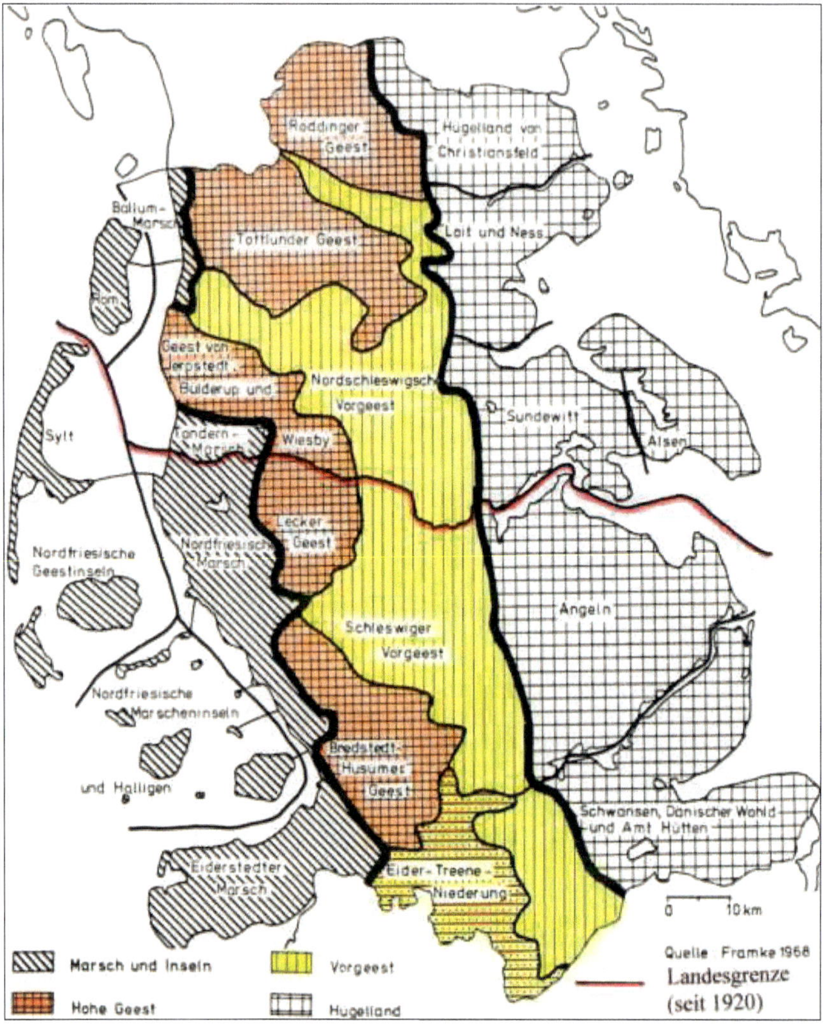

Abb. 0.1: Die naturräumliche Gliederung des alten Herzogtums Schleswig (Quelle: W. Framke 1968; farbliche nachbearbeitung: U. Heintze)

sel-Glazial liegen rund 15.000 Jahre Eem-Warmzeit, die Saale-Vereisung selbst dauerte immerhin fast 200.000 Jahre.
In der Folgeabbildung (Abb. 0.2) sind die Grenzen der Schleswigschen Geest im Landesteil Schleswig als gepunktete Linie eingezeichnet und damit viel genauer als in Abb. 0.1. Die Grenzziehung beschränkt sich auf die „festländische" Geest. Nicht dazu zählen danach die Geestkerne auf den vier nordfriesischen Inseln und vor allem das Sandergebiet zwischen Risum-Lindholm und Niebüll in der nordfriesischen Marsch. Die für die Grenzfestlegung angewandten Kriterien sind geowissenschaftlicher Natur. Das führt in Einzelfällen zu Überschneidungen, z. B. in der Gemeinde Oeversee mit dem Sankelmarker See südlich von Flensburg, deren Bewohner sich als Geestbewohner betrachten, obwohl die bewegte Landschaft als Übergangsbereich stenggenommen noch zum östlichen Hügelland gehört. Im Süden der Schleswigschen Geest wird aus traditionellen Gründen dem Verlauf des Flusses Sorge der Vorzug gegeben und nicht der Eider, die einen mächtigen Bogen nach Süden vollzieht. Nicht einbezogen in den Geestrücken wird auch die Landschaft Stapelholm. Sie besteht zwar aus Geestkernen aus der Zeit der Saale-Vereisung, war aber in früheren Jahrhunderten dem Tideeinfluss der Nordsee ausgesetzt, was zu Flussmarschen und Kleiauflagen in den Niederungsgebieten führte, sodass sich hier ein eigenständiger Landschaftstyp herausbildete. Das unterstreicht auch die veränderte Legende in der Karte von W. Framke. Nähere Ausführungen können dem Geestbuch entnommen werden.
Die Folgekarte enthält neben der Geestabgrenzung auch arabische Ziffern. Diese stehen für die in den Kapiteln vorgestellten Wander- und Exkursionsvorschläge und geben dem Leser einen ersten Lageüberblick. Dabei wurden Schwerpunktbildungen vorgenommen. Die ersten sechs Ziffern decken den Nordwesten der Schleswigschen Geest ab, der nächste Schwerpunkt liegt im Nordosten. Es folgen der zentrale Teil der Schleswigschen Geest, der Geestsüden und ein Sonderteil. Dieser Schwerpunktbildung folgt auch das Inhaltsverzeichnis. Die Ziffernvergabe folgt demnach von Nord nach Süd, bei gleicher Breitenlage gilt West vor Ost. Die Ziffern 23 und 24 stehen für Exkursionsrouten, die dem Kapitel „Sonderteil" zugeordnet sind. Hierzu gehören eine Kanutour auf der Treene von Langstedt bei Eggebek bis

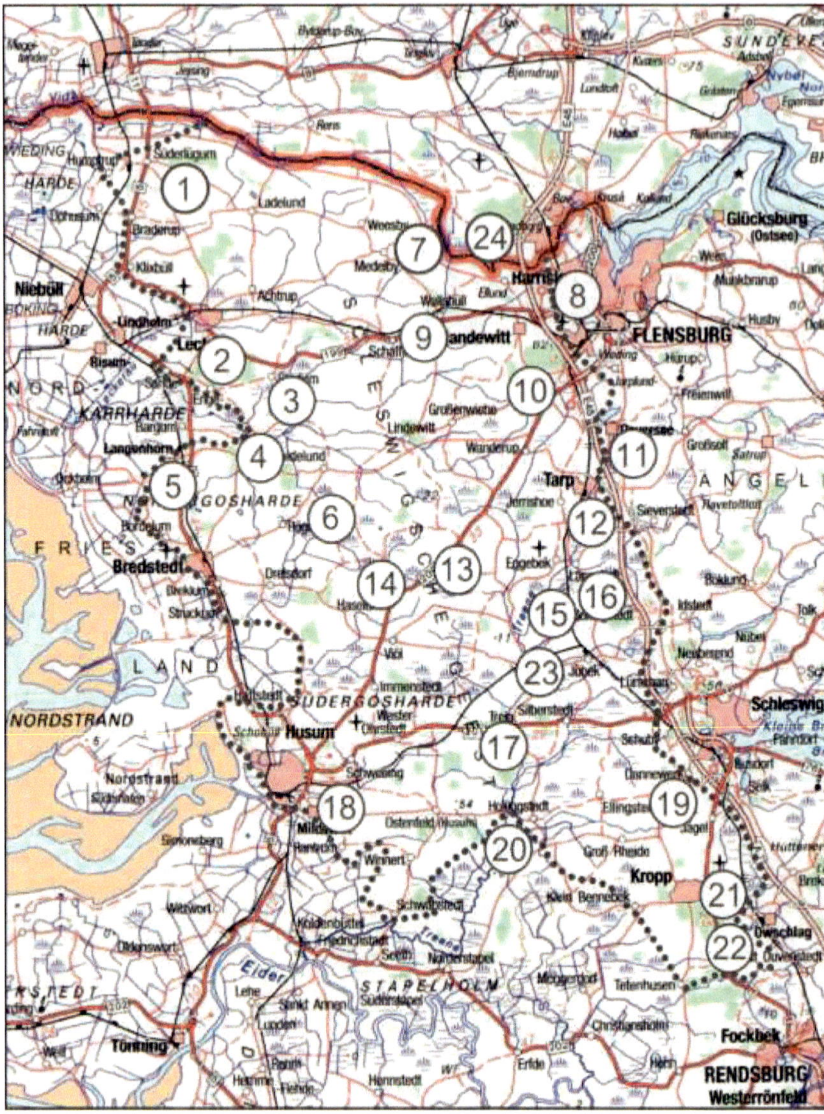

Abb. 0.2: Die Grenzen der Schleswigschen Geests auf der Grundlage ihrer eiszeitlichen Entstehungsgeschichte. Sie werden durch die punktierte Linie markiert. Die Ziffern geben die Lage der Wander- bzw. Exkursionsrouten an (Entwurf: W. Riedel und U. Heintze, Bearbeitung: E. Büchmann)

kurz vor Friedrichstadt und ein Abstecher in das Frösleer Gehölz nordwestlich von Flensburg auf dänischem Staatsgebiet.
Auf einen Aspekt der Kulturlandschaftsentwicklung sei abschließend noch hingewiesen: Es gibt kaum eine andere Landschaft im Lande, die im Verlauf ihrer Geschichte derart massiven Veränderungen unterworfen worden ist wie die Schleswigsche Geest. Zielten die bisherigen Landeskulturmaßnahmen darauf ab, die landwirtschaftliche Ertragsschwäche zu überwinden, beginnt ab den 1980er Jahren die Entwicklung hin zu einer Energielandschaft. Windkraft-, Biogas- und Photovoltaikanlagen auf Dächern und Freiflächen bestimmen zunehmend das Landschaftsbild (Abb. 0.3). Zur Nutzung erneuerbarer Energiequellen gehören auch technische Folgeeinrichtungen, was häufig übersehen wird (Abb. 0.4).

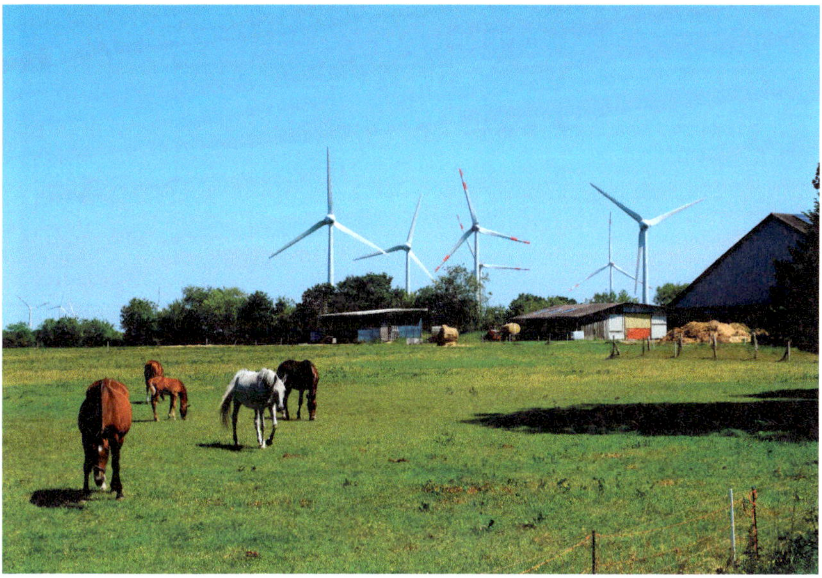

Abb. 0.3: Ein Bild, an das sich die Bevölkerung inzwischen weitgehend gewöhnt hat: Landwirtschaft – hier mit Pferdehaltung – und ein kleiner Windenergiepark im Nebeneinander auf der Schleswigschen Geest.

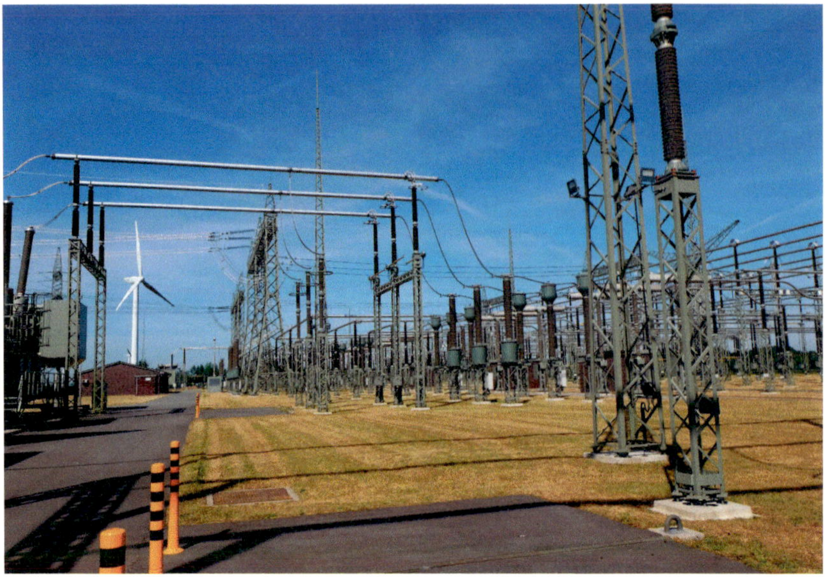

Abb. 0.4: Neue Höchstspannungsleitungen von 380 Kilovolt (KV) mit mächtigen Trägermasten und (in Abständen) auch neue Umspannwerke, die den elektrischen Strom sammeln und dem überregionalen Netz zuführen, sind Bestandteil der dezentralen Energieumwandlung aus erneuerbaren Energiequellen. Das Umspannwerk im Bild beansprucht eine Fläche von 17 ha.

Quellenangaben zur Einführung

FRAMKE, W. (1968): Die deutsch-dänische Grenze in ihrem Einfluss auf die Differenzierung der Kulturlandschaft. Forschungen zur deutschen Landeskunde, 172, Bad Godesberg

HEINTZE, U. UND RIEDEL, W. (2021): Die Schleswigsche Geest, hrsg. vom Heimatverein Schleswigsche Geest, Husum

STREHL, E. (1998): Erläuterung zur Geologischen Karte von Schleswig Holstein 1 : 25.000; Blatt 1122 Flensburg Nord und Blatt 1222 Flensburg Süd

Im Nordwesten

1 In der Dünenlandschaft zwischen Süderlügum und Westre

Kurzbeschreibung: *Wandern durch Dünen, Altaufforstungen und zu Mooren auf Wegstrecken unterschiedlicher Länge*

Im Nordwesten der Schleswigschen Geest befindet sich ein großes, zusammenhängendes Flugsand- und Dünenfeld. Es entstand in in seiner ursprünglichen Form vermutlich am Ende der letzten Vereisung und ist in späteren Jahrhunderten nach Übernutzung der Landschaft und Waldverwüstung umgeformt worden. Fein- und Mittelsande wurden erneut angeweht und setzten sich an windberuhigten Stellen auf der Moränen- oder Sanderunterlage ab. Die Kraft des Windes ist groß genug gewesen, um charakteristische Aufhöhungen des Sandes zu bewirken. Sie müssen mindestens eine Höhe von 1 Meter gegenüber ihrer Umgebung erreichen, um als Dünen angesprochen zu werden. Die Dünen sind hier nicht an der ehemaligen Meeresküste entstanden, bevor der Küstenverlauf durch umfangreiche Eindeichungen nach Westen verschoben wurde, sondern im Binnenland. Man spricht deshalb von *Binnendünen* oder *Inlandsdünen*. Das gesamte Flugsand- und Dünenfeld auf der Lecker Geest im Kreis Nordfriesland ist kein geschlossenes Aufwehungsgebiet, sondern inselartig angelegt, dennoch eines der größten Dünengebiete Schleswig-Holsteins und ist in Teilen sogar von nationaler Bedeutung. Der nördlichste Dünenkomplex im Nordwesten der Schleswigschen Geest beginnt westlich von Süderlügum in Humptrup, nimmt aber größere Ausmaße erst am Ostrand von Süderlügum an. Er reicht bis zur Linie Westre Feld–Westre, bevor er sich in kleinere Sandfelder weiter östlich in der grenznahen Geest auflöst. Dünengebiete sind heute gesetzlich geschützte Lebensräume, sofern sie eine Mindestgröße von 100 qm erreichen. Das Dünengebiet östlich von Süderlügum ist durch zahlreiche Wege für die Naherholung erschlossen – Grund genug, gleich drei attraktive Wegevorschläge vorzustellen. Sie sind in der Übersichtskarte von Abb. 1.1 dargestellt.

I. Durch die Süderlügumer Binnendünen und zurück

Dieses ca. 42 ha große Dünengelände ist das klassische Besuchsziel von einheimischen und auswärtigen Besuchern und in der Wegekarte mit der römischen Ziffer I markiert. Ortsfremde Besucher sind überrascht, im Binnenland auf ein Dünenfeld mit bis zu sieben bis acht Meter hohen Dünenkämmen zu stoßen. Dennoch bestehen deutliche Unterschiede zu den klassisch zu nennenden Dünenzügen wie z. B. in Steinacker (Krs. NF) und Treßsee (Krs. SL-FL). *„Die Dünen (...) wirken von der Form auch unspezifischer"* C. Stolz (2023). Konkret bedeutet das: Die reichlich chaotisch anmutende Dünengestalt ist ähnlich wie bei Joldelund unter dem Nutzungseinfluss des Menschen aus Flugsandecken und Sanderflächen gebildet worden und damit verhältnismäßig jung. Das Gebiet ist als NSG ausgewiesen, sodass hier strenge Besuchsregeln gelten. So ist es nicht erlaubt, kreuz und quer durch die Dünen zu gehen, die vorgegebene Wegroute darf nicht verlassen werden. Nicht nur Schilder im Eingangsbereich weisen darauf hin, an sensiblen Abschnitten sind auch Einfassungen des Pfades mit Holzpfählen und -latten vorhanden. Dass Hunde angeleint sein müssen, versteht sich von selbst. Der Pfad führt in leichten Windungen in West–Ost–Richtung durch das Dünengelände. Dünenkuppen und ausgeprägte Dünentäler mit ihrer schützenswerten Vegetation werden bewusst umgangen, sie sind zu großen Teilen von Besen-Heide (*Calluna vulgaris*) besiedelt, unterbrochen vom Dauergrün dichter Kähenbeerenbestände, von Trockengräsern sowie Flechten- und Moosflecken, aber auch vegetationsfreien Stellen. Letztere entstanden vermutlich, um Anfluggehölze (z. B. Späte Traubenkirsche, Eiche, Nadelgehölze) zurückzudrängen. Vegetationsfreien Stellen haben eine große Bedeutung für wärmeliebende Insekten und Wirbeltiere. Reste von Strandhafergruppen deuten auf frühere Versuche hin, die Düne festzulegen. Die schönste Zeit für einen Besuch des Gebietes ist die Zeit der Heideblüte im August/Anfang September. Einen Blick auf die beeindruckende Landschaft gibt Abb. 1.2. Vor Jahren gab es inmitten des Dünengebiets einen aus Holz gezimmerten Aussichtsturm, der mittlerweile wegen Baufälligkeit abgerissen wurde. Dadurch hat das Dünengelände optisch an Geschlossenheit gewonnen.

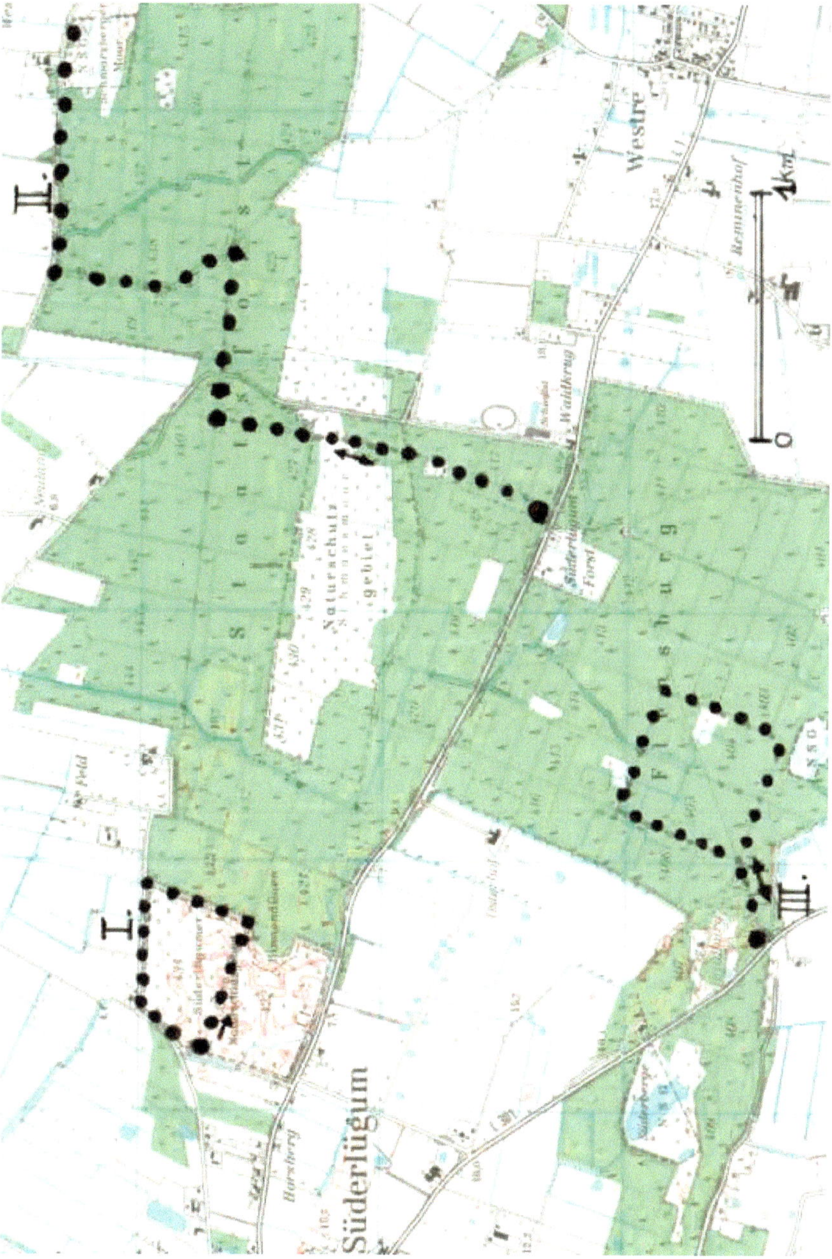

Abb. 1.1: Zwischen Süderlügum und Westre. (Ausschnitt aus der TK 25, Blatt 1119 Süderlügum)

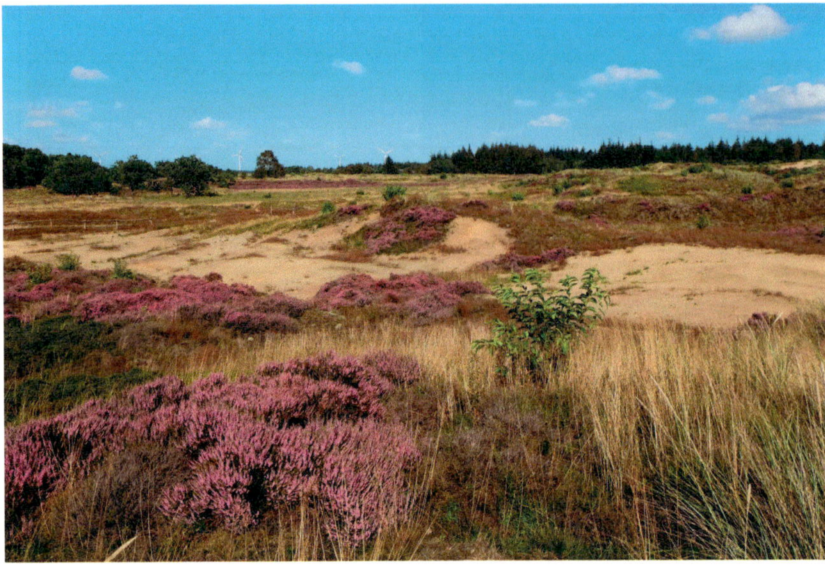

Abb. 1.2: Die Süderlügumer Binnendünen. (Blickrichtung: Norden)

Nachdem das NSG auf dem Pfad durchwandert ist, stößt man auf einen geschlossenen Nadelwald mit überwiegend hohen Baumexemplaren. Er ist in preußischer Zeit angelegt worden. In den meisten Fällen folgen die Besucher dem parallel zum Waldrand angelegten sandigen Weg mit seinen leichten Windverdriftungen in nördlicher Richtung. Am Ende des Sandweges stößt man auf einen geschotterten Wirtschaftsweg. Hier biegt man nach links in westlicher Richtung ab und hält sich auch an der bald auftauchenden Wegekreuzung ebenfalls links. Nach wenigen Minuten ist der Heidebesucher wieder am Ausgangpunkt der kleinen Tour. Es scheint inzwischen auch toleriert zu werden, auf einem schmalen Heidepfad in Sichtweite des geschotterten Wirtschaftsweges zurückzugehen, was sich aus vereinzelten Zaunabgrenzungen schließen lässt.

Anfahrt

Am Ortsrand von Süderlügum nach Osten in Richtung Westre fahren, dann nach ca. 1 km nach links auf einen breiten, unbefestigten Weg abbiegen. Nach wenigen hundert Metern kann man sein Fahrzeug am Wegrand in Höhe des Startpunktes abstellen. Wer aus Richtung Flensburg kommt, nimmt die Grenzstraße (L 192) und verlässt sie in Höhe von Westre Feld in Richtung Süden. In Westre biegt man nach rechts ab und fährt in Richtung Süderlügum weiter. Dort, wo der Wald endet, beginnen die Süderlügumer Binnendünen. Nach einigen hundert Metern biegt man an ihrem westlichen Ende nach rechts auf die bereits erwähnte unbefestigte Straße ein.

Koordinaten des Startpunktes: 54.873747, 8.925014

II. Durch das Schwansmoor zum Schwarzberger Moor

Hier ist die einfache Wegstrecke mit etwa 4,5 km spürbar länger als durch die Süderlügumer Binnendünen. Die Landschaftseindrücke unterscheiden sich völlig von denen auf der Wegroute I. Es gäbe die Möglichkeit, nach der Querung der Süderlügumer Binnendünen auf einem der Waldwege nach Osten weiterzugehen, nur unterbliebe dann der Blick auf das Schwansmoor. Deshalb wird hier eine andere Wegeführung vorgeschlagen. In der Übersichtskarte von Abb. 1.1 ist sie mit II. versehen. Die Route beginnt ca. 3 km vom östlichen Ortsrand von Süderlügum auf der Strecke nach Westre/Ladelund (L 1) auf einem kleinen Waldparkplatz. Der Weg ist deutlich weniger frequentiert als die Route I. und führt nach ca. 1 km auf einem Damm durch das Schwansmoor, das sich als lang gestreckte, flache Mulde in West–Ost–Richtung erstreckt. Das Moor verdankt sein Wasserhaltevermögen der Ortsteinschicht im Untergrund. Bis auf die östliche Seite ist das Schwansmoor vollständig von einem Waldgürtel umschlossen. Entwässerung und Torfabbau in früheren Jahrhunderten haben fast alle Moore in Schleswig-Holsteins stark verändert. Mit Einstau und Wiedervernässung in neuerer Zeit konnte der völlige Niedergang des Schwansmoores gestoppt werden: Es gibt wieder wassergefüllte Stellen im Moorkörper, Torfmoose siedeln sich stellenweise in Torfstichen an und auf den leicht erhöhten Stellen im Moor (= Bulten) haben sich Besenheide und Pfeifengras (Benthalm) ausgebreitet (Abb. 1.3). Dennoch wird eine vollständige Wiederherstellung wegen des weitreichenden Torfabbaus in der Vergangenheit wohl nicht mehr möglich

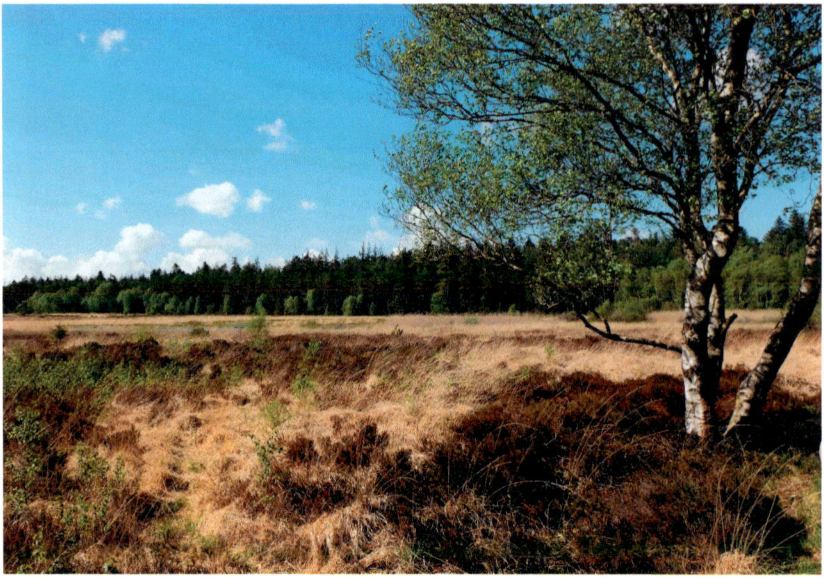

Abb. 1.3: Blick vom leicht erhöhten Moorweg auf das Schwansmoor zu Frühlingsbeginn. Der Bildvordergrund wird durch Besenheide, Horste des Benthalms und eindringende Gehölze bestimmt. (Blickrichtung: Nordwesten)

sein. Ist dies noch Teil des Dünengebietes? Diese Frage stellt sich dem Besucher unwillkürlich. Die Antwort dürfte überraschen: Das Schwansmoor ist ein flaches Dünental, das durch Windausblasung entstanden ist und später vermoorte. Der landschaftliche Zusammenhang wäre sofort sichtbar, wenn es den Wald nicht gäbe. Man könnte dann kilometerweit über Dünen und Dünentäler hinweg schauen und dann würde sich auch der vor Jahrhunderten herrschende Eindruck von Weitläufigkeit und grenzenloser Einsamkeit wieder einstellen, der hier einst die Schleswigsche Geest im Nordwesten der Schleswigschen Geest geprägt hat. Ziel der Aufforstung war es, die Dünenwanderung zu stoppen und die als „Unland" angesehene Dünenlandschaft wirtschaftlich zu nutzen.

Der kleinere, östlich des Moorweges gelegene Teil des Schwansmoor mit dichtem Randbewuch aus Gagelsträuchern und Schilfgürteln, kleinen Wasserlöchern und einem dichten Grauweidengebüsch auf mineralischem Boden macht einen undurchdringlichen Eindruck. Auf dem weiteren Weg nach Norden taucht der Wanderer wieder in den Wald ein, dessen Altbestände an Nadelholz zunehmend mit Laubholz unterpflanzt sind. Es wäre ein Irrtum zu glauben, dass Laubhölzer auf den Böden der flachen Altmoräne nicht wachsen können. Der Besucher dieses Gebiets gelangt kurz darauf an einen Querweg mit mehreren Info-Schildern, dem nach rechts gefolgt wird. Wer in der zweiten Maihälfte unterwegs ist, wird sich gleich darauf an der Blütenpracht eines Wildapfels erfreuen, der am Waldrand gepflanzt wurde und hier genügend Licht bekommt.

Nach wenigen hundert Metern zweigt ein breiter Waldweg links in nördlicher Richtung ab. Man erkennt die Abzweigung an einem Wegpfosten mit zwei Hinweistafeln, auf denen ein kleines Rad und ein Hufeisen miteinander verschränkt sind. Der sich nun anschließende, etwa 1 km lange Waldweg gehört zum Schönsten, das man auf dieser Route zu sehen bekommt: Obwohl Fahr-, Rad- und Reitweg zugleich, ist er von großzügiger Breite, angenehm zu begehen und auf beiden Seiten von Knickreihen mit mächtigen Eichen im Abstand von 2 bis 5 Metern eingefasst. Sollte diese Einfassung bei seiner Anlage einst die junge Forstkultur vor Verbiss durch Weidetiere schützen?

Abkürzungswege, die einzelne Waldabschnitte auf der Karte von Abb. 1.1 durchziehen, sind als Routenersatz nicht zu empfehlen, da sie durchweg schwerer zu begehen sind und z. T. ins Nichts führen. Nach einem Kilometer erreicht man einen Querweg. Er heißt „Schwarze Berge“. Das dazugehörige Straßenschild ist erst am Endpunkt der Wanderung zu sehen. Diesen Querweg geht man in Richtung Osten – teils auf geschottertem Untergrund, später auch auf Asphalt. Nach wiederum einem Kilometer hat man einen Unterstand und Informationsmöglichkeiten an der Nordostseite des Schwarzberger Moores erreicht. Der Blick schweift über eine eingezäunte Weide, im Hintergrund sieht man ein tief eingebettetes Moor – das Schwarzberger Moor (Abb. 1.4). Es ist ebenfalls als NSG geschützt, mit seinen 18 ha aber weitaus kleiner als das Schwansmoor. Der Endpunkt der Route II. ist erreicht. Es ist wenig empfehlenswert, auf der Straße von Westre Feld nach Westre (K 104) am Straßenrand entlang nach Süden zu gehen, um dann in westlicher Richtung wieder in den Wald einzutauchen. Wer die vorgeschlagene Route nicht wieder zurückgehen möchte, müsste das Problem mit zwei Fahrzeugen und Begleitpersonen lösen.

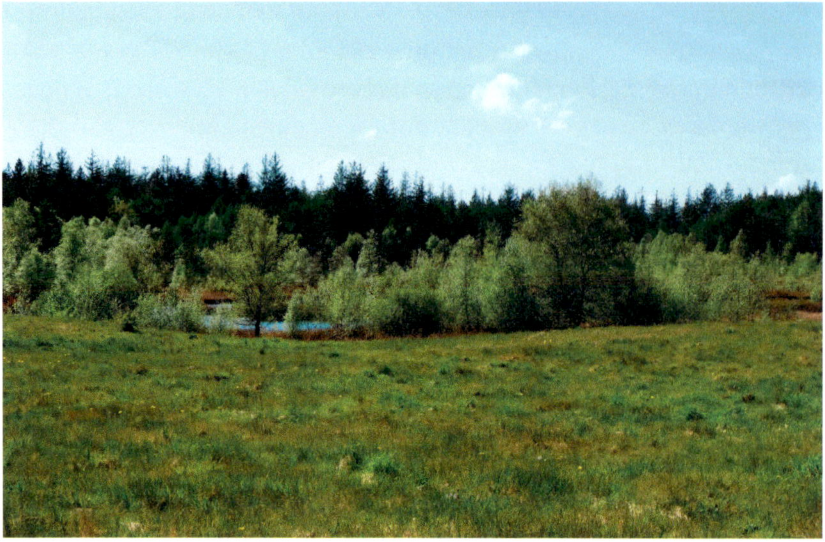

Abb. 1.4: Blick auf das Schwarzberger Moor. Hier wird der Senkencharakter des Geländes deutlich. Die das Moor umgebenden Dünen sind unter Grünland und Wald verborgen. (Blickrichtung: Süden)

Anfahrt

Von Osten kommend am Waldkrug Westre vorbei und kurz darauf in den ersten Waldweg nach rechts einbiegen. Hier ist eine kleine Parkbucht zum Abstellen des Fahrzeuges. angelegt. Der Waldkrug Westre ist u.a. Haltepunkt einer Buslinie von Niebüll nach Leck, die Fahrfrequenz der Linie ist aber gering.

Koordinaten des Startpunktes: 54.860749, 8.959632

III. Rund um einen wieder hergestellten Heideweiher im Süderlügumer Forst

Auf dem Wege von Süderlügum nach Lexgaard kann man seit einiger Zeit ein Vernässungsprojekt kennenlernen. Auch hier gibt es eine Senke im ausgedehnten Binnendünengebiet, die in der historischen Karte von 1880 von einem ausgedehnten Heideweiher eingenommen wurde. Er wurde seinerzeit entwässert und anschließend überwiegend mit Sitkafichten bepflanzt. Die Produktivität dieser Holzbodenfläche erwies sich als zu gering. Daraufhin entschloss sich die landeseigene Forstverwaltung vor einigen Jahren, diese Teilfläche aus der Waldbewirtschaftung herauszunehmen, die dort lückenhaft wachsenden Bäume zu ernten und den früheren Zustand wiederherzustellen (Abb. 1.5). Der Kern dieses Offenlandes umfasst rund 10 bis 11 ha. Der Maßnahmenplan sieht den Einbau eines regelbaren Einstaus („Mönch“) mit einem allmählichen Anstau über Jahre hinweg vor. In den ersten Jahre wird die Fläche noch beweidet. Der Karte des Maßnahmenplanes ist zu entnehmen, dass sich um die Kernfläche noch ein vom Wasser beeinflusster Bereich von knapp der gleichen Größe legt. Dessen Grundwasserstand wird mit drei Pegeln überwacht. Er bleibt nach wie vor Holzbodenfläche. Für die Kernzone wird erwartet, dass sie sich dank der Nährstoffarmut des Wassers im Laufe der Jahre wieder zu einem oligotrophen Gewässer zurückentwickelt. Gemeinsam mit den bisher genannten Naturschutzgebieten „Süderlügumer Binnendüne“, Schwansmoor“, „Schwarzberger Moor“, dem NSG „Süder-

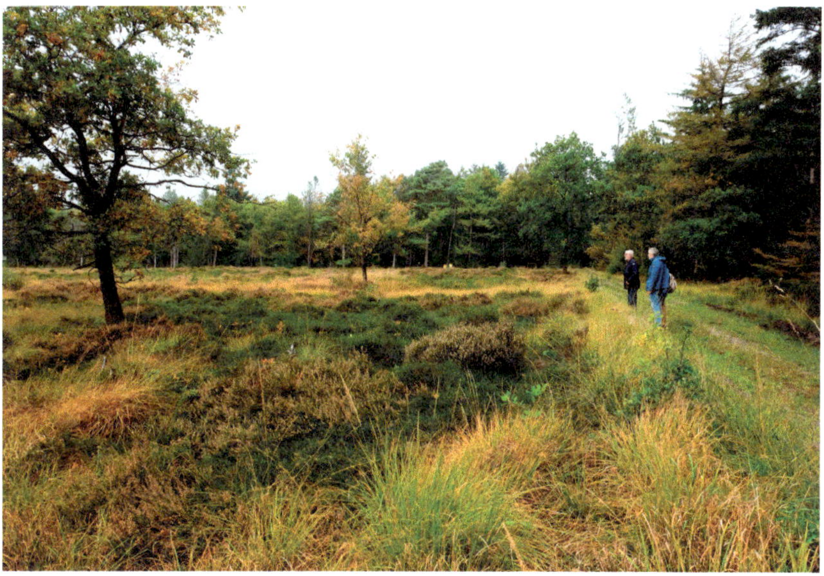

Abb. 1.5: Ein Ausschnitt aus der neuen Biotopfläche kurz vor Beginn der Wiedervernässung. (Blickrichtung: Westen)

berge“ und NSG „Kranichmoor“ stünde dann eine sechste offene Fläche im Geltungsbereich des 704 ha großen von der EU geschaffenen FFH-Gebietes „Süderlügumer Binnendünen“ – nicht zu verwechseln mit dem NSG gleichen Namens – zur Verfügung. Anders als beim nahezu unzugänglichen NSG „Süderberge“ gibt es im Projektgebiet einen Rundwanderweg in Rautenform. Im Verlauf der Wiedervernässungsmaßnahmen sind einzelne Wegeabschnitte mit gebrochenem Naturstein aufgehöht worden, einige Dämme verhindern die Überflutung an anderer Stelle, sodass man von dieser Route mit eine Länge von knapp 3 Kilometern die allmählichen Veränderungen nach der Anhebung des Wasserstandes beobachten kann. Auch der Waldrand am äußeren Rand des Fußweges wird in Zukunft durch die Anpflanzung von Laubbäumen sein Aussehen verändern. In der Karte von Abb. 1.1 ist die Route mit III. markiert. Die Abbildung 1.5 entstand noch vor Projektbeginn. Vom Rundweg blickt man im Südosten auf das früher so verschwiegene, unzugängliche Kranichmoor, das seinen dichten und vor Blicken schützenden Baumbestand infolge der orkanartigen Stürme „Christian“ und „Xaver“ Ende Oktober bzw. im Dezember 2013 verloren hat.

Anfahrt

Auf ungefähr halber Strecke auf dem Ochsenweg von Süderlügum nach Lexgaard (L 301) endet der Süderlügumer Forst. An dieser Stelle gibt es auf der nordöstlichen Seite der Straße eine kleine Parkbucht. Von hier aus geht man ca. 500 m in nordöstlicher Richtung in den Wald hinein und stößt dann auf den rautenförmigen Rundweg. Es empfiehlt sich, ihn im gegenläufigen Uhrzeigersinne abzugehen.

Koordinaten des Startpunktes: 54.852839, 8.932563

2 Durch den Langenberger Forst von Leck nach Enge

Kurzbeschreibung: *Auf sandigen Wegen auf dem historischen westlichen Ochsenweg gen Süden. Endpunkt ist die sehenswerte Kirche von Enge-Sande.*

Der Forst Langenberg gehört zu den größten zusammenhängenden Waldgebieten im waldarmen Kreis Nordfriesland. Er wird von den Ortschaften Leck, Klintum und Enge-Sande im Westen sowie Stadum im Osten eingefasst. Der Wald entstand nach dem deutsch-französischen Krieg im 19. Jahrhundert auf einer etwa vier Kilometer langen Altmoräne, die sich zwischen die Niederungsgebiete von Lecker und Soholmer Au schiebt. Mit maximal 44,8 m über dem Meeresspiegel erreicht sie eine für die Lecker Geest beachtliche Höhe. Im Aufforstungskonzept hat der damalige preußische Provinzial-Forstdirektor Carl Emeis unter schwierigsten Bedingungen versucht, mit vielen verschiedenen Nadel- und Laubbaumarten einen Mischbestand zu etablieren. Sturmschäden sorgten immer wieder für Rückschläge, aus der Entstehungszeit der Waldes überlebten eine Reihe von Buchen und Eichen. Sie sind inzwischen mit ihren vielen Höhlen wertvolle Habitatbäume. Auch heute noch ist der Forst Langenberg in seiner Grundstruktur so vorhanden, wie C. Emeis ihn angelegt hat. Um die Stabilität des Waldes zu verbessern, wurde der Laubbaumanteil in jüngerer Zeit auf rd. 27 % gesteigert (mdl. Mitteilung von Förster i. R. J. Lorenzen, Leck).

Zwei Besonderheiten prägen den Forst Langenberg:

- Im westlichen Teil verläuft auf einer Länge von knapp fünf Kilometern ein erhalten gebliebenes Teilstück des westlichen Ochsenweges. Zu besten Zeiten wurden Mitte des 18. Jahrhunderts jährlich bis zu 30.000 Ochsen aus dem nördlichen Jütland in Richtung Süden getrieben. Dieser historische Wegabschnitt steht heute unter Kultur- und Naturschutz.
- Der Wald dient nicht nur der Holzproduktion, sondern hat sich dank eines gut ausgebauten Wegenetzes zu einem beliebten Naherho-

lungsgebiet entwickelt. Sechs Routen sind als Rundwanderwege angelegt und führen z. T. zu markanten Punkten (z. B. Fischteiche, vorgeschichtliche Grabstätten u. a.). Für Reiter gibt es eine eigene Trasse im Gelände. Über die Einrichtungen, Wege, historische Gegebenheiten u. v. m. informiert eine großformatige Faltkarte, die an den Info-Tafeln ausgelegt ist. Sie ist auch im Forsthaus und bei der Gemeindeverwaltung Leck erhältlich.

Das vorhandene Wegenetz lässt weitere Streckenkombinationen zu, von denen eine in Abbildung 2.1 gezeigt und im Text beschrieben wird. Sie ist die direkte Verbindung zwischen dem südlichen Leck und dem Ortsteil Enge der Gemeinde Enge-Sande. Startpunkt ist der Parkplatz am Damwildgehege am Ortsausgang von Leck in Richtung Klintum, Endpunkt die Dorfkirche in Enge. Die einfache Gehstrecke beträgt ca. 4,5 km. Im ersten Abschnitt wird der Ochsenweg zu etwas mehr als der Hälfte begangen. Wegen des meist lockeren, sandigen Untergrundes sollte nicht auf festes Schuhzeug verzichtet werden. In Höhe der Petersburg zweigt die Route vom Ochsenweg nach Süden ab. Man erreicht Enge so auf kürzestem Wege. Dieser zweite Wegeabschnitt ist Teil des „Petersburger Rundweges“ in der eingangs erwähnten Langenberg-Faltkarte. Die hier in Abb. 2.1 gezeigte Karte beschränkt sich auf den westlichen Teil des Langenbergs.

Zum Verlauf der Wanderung: Vom Parkplatz am Wildgehege wird der historische Ochsenweges rasch erreicht. Er ist etwas in das Gelände eingetieft; später hat er stellenweise sogar den Charakter eines Hohlweges. Er zieht sich in etwa 10 bis 20 m Breite wie ein schmales Band durch den Wald hindurch, weitet sich aber an einigen Stellen auf 50 bis 70 m Breite auf. Wenn die Bäume nicht unmittelbar an den sandigen Weg heranreichen, ist er von einer baum- und buschfreien Übergangszone eingefasst. Eingewanderte Späte Traubenkirsche und Birke u. a. müssen von den Mitarbeitern des Forstamtes immer wieder entfernt werden. Das schmale Band des Ochsenweges ist mitsamt den Begleitflächen auf einer Länge von 4,1 km seit 2008 FFH-Gebiet und heißt „Heide- und Magerrasenlandschaft am Ochsenweg und Soholmfeld – Teilgebiet Langenberg – Ochsenweg / Westerheide (FFH-Gebiet DE-1219-392)“ und umfasst eine Fläche von 165 ha. Einen Eindruck von der landschaftlichen Schönheit des Ochsenweges und seiner Umge-

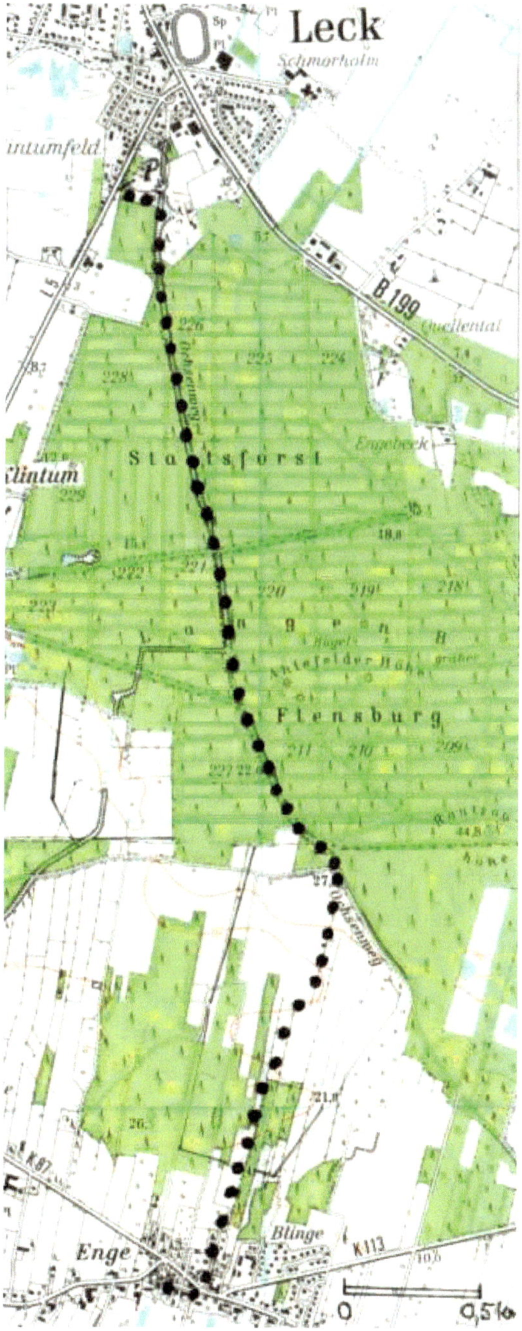

Abb. 2.1: Ein Routenvorschlag: Durch den Forst Langenberg nach Enge. (Ausschnitt aus der TK 21 Blatt 1219 Leck)

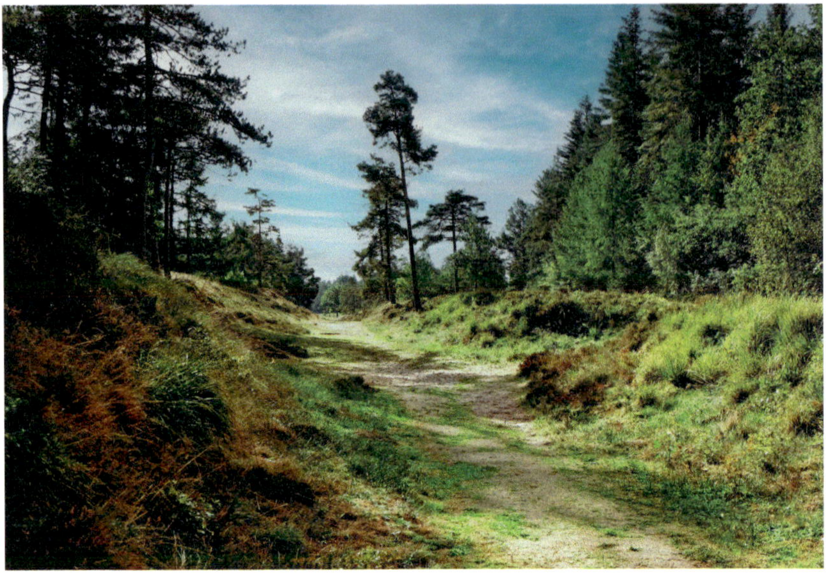

Abb. 2.2: Auf dem westlichen Ochsenweg bei Leck mit seinem typischen Hohlwegscharakter. Zu den Hochzeiten der Ochsentrift muss man sich fast die gesamte Vegetation fortdenken, um eine Vorstellung vom damaligen Zustand zu bekommen.

bung vermittelt Abb. 2.2 im Frühjahr, wenngleich das Landschaftsbild im August zur Zeit der Heideblüte am spektakulärsten ist.

Vom Ochsenweg zweigen einige markierte Wege nach Osten ab, die einen Abstecher lohnen. Bevor man den Mittelweg erreicht, liegt unweit des Ochsenweges der Gedenkstein für den früheren Forstdirektor Carl Emeis. Der Name Emeis hat auf der Schleswigschen Geest einen guten Klang; so manche Straße wurde nach ihm benannt. Wer sich für Gräber aus der späten Steinzeit, der Bronzezeit und frühen Eisenzeit interessiert, der kann den zahlreichen Hügelgräbern auf der Ahlefelder Höhe vom Mittelweg aus einen Besuch abstatten. Und wer den höchsten Punkt des Langenberges erklimmen möchte, verlässt den Ochsenweg in Richtung Rantzauhöhenweg und steht nach ca. 600 m auf auf dem höchsten Punkt des Langenbergs. Ein weiter Blick über die Landschaft ist sowohl von der Ahlefelder Höhe als auch von der Rantzau-Höhe leider nicht möglich. Auf dem Rückweg zum Ochsenweg sollte man konzentriert Ausschau halten nach der Abzweigung nach Enge.

Sie beginnt nahe der Petersburg, aber von einer Burgruine ist weit und breit nichts zu sehen. Mit Petersburg wurde die historische Gastwirtschaft am Ochsenweg bezeichnet, deren Gebäude in den 1960er Jahren abgerissen wurde. Heute markiert ein parkähnliches Gelände den ehemaligen Hofstandort. Vom Ende dieses Geländes zweigt rechts der Weg nach Enge ab. Orientierung bietet die geköpfte Platane, nicht jedoch die noch im Faltblatt erwähnte mächtige Kastanie, die wegen Pilzbefalls gefällt werden musste. Der alte Standort der Petersburg und die Umgebung ist für Historiker ein interessantes Gebiet. Sie richten ihr Augenmerk auf Eintiefungen in Ost-West-Richtung. Es handelt sich hier häufig um alte Wagenspuren und keine Ochsentriften. Sie kamen aus westlicher Richtung, kreuzten sich teilweise und liefen weiter im Osten zusammen. A. Panten hat sie für den südlichen Langenberg ermittelt und in einer Übersichtsskizze festgehalten (siehe hierzu den Hinweis im Literaturverzeichnis).

Der nach Enge führende Abschnitt des Petersburger Weges verläuft über den Enger Berg mit einer Aufforstung jüngeren Datums und ei-

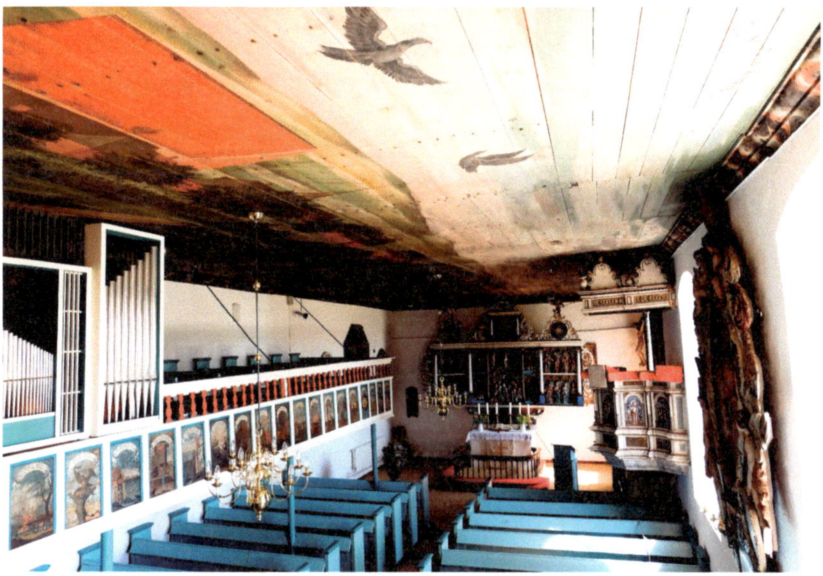

Abb. 2.3: Blick von der Empore auf den Kirchenraum der Kirche zu Enge-Sande. Sie wurde durch einen Umbau im Jahre 1758 erweitert und zu einer Saalkirche. Die ansatzweise zu erkennende Deckenausmalung ist einzigartig.

nem randlich gelegenen Naturareal. Er ist ca. 2 km lang. Ziel ist die etwas versteckt liegende Katharinen-Kirche in der Straße Kirchensteig mit ihrem separaten Glockenturm aus Holz. Das Kirchen- und Friedhofsgelände wird meistens von Westen her durch ein Portal betreten. Das Innere der in ihren ältesten Teilen aus dem 13. Jahrhundert stammenden Backsteinkirche mit ihren auffälligen Mauerankern ist sehenswert und *„ungewöhnlich mitteilsam"* (C. Heidrich). Von den farbenfrohen Ausgestaltung der Kirche ist insbesondere das monumentale Landschaftsgemälde auf der getäfelten Holzdecke ungewöhnlich (Abb. 2.3 und Abb. 2.4). Hier hat H. M. Sönnichsen im Jahre 1779 das Dorf Enge und seine unmittelbare Umgebung in der Südansicht festgehalten.

Dem Deckenbild in der Kirche lässt sich folgendes entnehmen: Die Reihenstruktur beiderseits der Durchgangsstraße mit ihren Häusern und der Katharinen-Kirche ist damals schon vorhanden gewesen, der Friedhof wird bereits von einem Kranz junger Bäume eingefasst. Im Bildvordergrund bestellen einige Bauern ihre akkurat abgegrenzten Äcker. Auf dem baumgesäumten Weg in die Feldflur ist das Paar zu

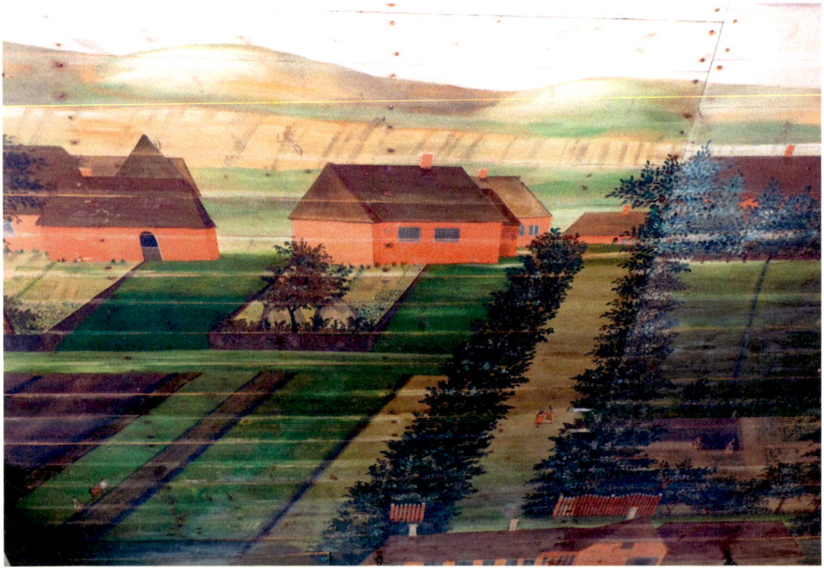

Abb. 2.4: Ein Ausschnitt aus dem Deckengemälde mit dem baumlosen Langenberg im Bildhintergrund

sehen, welches das Deckengemälde gestiftet haben soll. Es ist bemerkenswert, dass außerhalb des Dorfes und der Hofkoppeln keine Bäume und Windschutzpflanzungen mehr vorhanden sind, „damit dem Boden nicht die nötige Kraft entzogen wird", so die damalige Sichtweise. Das Gemälde hat natürlich auch eine Beziehung zur Bibel, indem der Künstler das Gleichnis "*Vom Unkraut unter dem Weizen*" (Matthäus 13) mit einem auf dem Feld Unkraut säenden Teufel ins Bild gebracht hat. Eine Verbindung zur hier beschriebenen Wanderung stellt der Bildhintergrund in Abb. 2.4) her: Hier sind die Höhen des Langenbergs, wenn auch in deutlicher Überzeichnung, in noch unbewaldetem Zustand zu erkennen. Schließlich begannen die Aufforstungsarbeiten erst etwa 100 Jahre später. Das Langenberg-Motiv findet sich auch im Wappen von Enge-Sande wieder, hier aber mit drei statt zwei Kuppen.

Anfahrt

Auf der B 199 von Osten kommend, kurz vor Leck nach links auf die Landesstraße 5 (L 5) in Richtung Klintum und Enge-Sande abbiegen. Ein Parkplatz ist am Tiergehege auf der linken Straßenseite vorhanden. Öffentliche Verkehrsmittel können alternativ genutzt werden. Ein Busausstieg, den auch viele Wanderer benutzen, liegt unmittelbar hinter der Kreuzung von B 199 und L 5. Die Rückkehr zum Ausgangspunkt der Wanderung erfolgt am besten auf derselben Route. Einfacher ist es, ein zweites Fahrzeug vor Wanderbeginn in Enge abzustellen.

Koordinaten des Startpunktes: 54.761688, 8.976814

3 In den Lütjenholmer Heidedünen und an der Soholmer Au entlang

Kurzbeschreibung: *Wanderung durch ein isoliert liegendes Heidegebiet auf einer Binnendüne und an einem Fließgewässer der angrenzenden Niederung.*

Die Heidedünen liegen drei Kilometer Luftlinie nordöstlich von Lütjenholm (Kreis Nordfriesland) und sind mit knapp 17 ha eines der bedeutendsten Heidegebiete im nördlichen Schleswig-Holstein. Anders als in den Süderlügumer Binnendünen gibt es hier ein nahezu geschlossenes Heideareal mit einem überraschend großen Anteil an Krähenbeere, dazu kleine Dünentäler mit Heidemooren, die mit Schwingrasen aus Torfmoosen, Glockenheide u. a. moortypischen Pflanzen bedeckt sind. Anders als in der unweit gelegenen Bargumer Heide ist der Baumanteil gering. Umgeben ist die Fläche überwiegend von Dauergrünland, im Süden auch von einem Maisfeld. Die Soholmer Au fließt nördlich vorbei, was sichere Schlüsse auf die Entstehung der Binnendünen zulässt. Sie sind im späten Stadium der letzten Vereisung (*Weichsel-Kaltzeit*) und der beginnenden Jetztzeit (*Holozän*) entstanden, als vor allem Nordwestwinde Fein- und Mittelsande aus den Rändern der eisfreien Schmelzwasserrinnen und den noch vegetationslosen Umgebungsflächen zu Flugsanddecken und Dünen zusammenwehten. Die Lütjenholmer Binnendünen stehen seit den 1930er-Jahren unter Naturschutz und sind als FFH-Gebiet Teil des europaweiten Schutzgebietsnetzes *Natura 2000*.

Die in Abb. 3.1 vorgestellte Wanderroute beginnt ca. 500 m südlich des NSG-Zugangs am Rande eines kleinen Gehölzes. Diese Stelle wurde in der Karte mit einem vergrößerten Punkt markiert. Die kurze Wegstrecke bis zum NSG bietet dem Besucher eine erste Einstimmung in die dortige Landschaft. Die Route selbst ist als Rundwanderung konzipiert. Wem das nicht ausreicht, erhält darüber hinaus mit einer Wanderung entlang der Soholmer Au ein zusätzliches Bewegungsangebot. Der kurze Anmarschweg zum NSG auf einem gut begehbaren Weg führt durch kleine Laubgehölze und an einem Wall entlang, auf dem

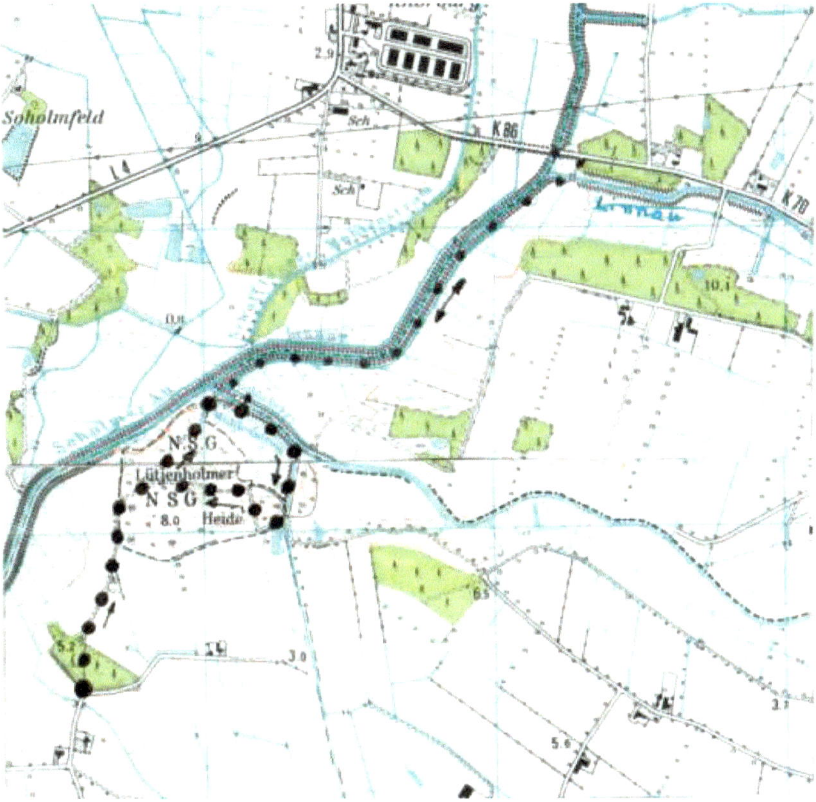

Abb. 3.1: Eine Wanderung durch das NSG „Lütjenholmer Heidedünen" mit einer Erkundung der Niederung der Soholmer Au. (Ausschnitt aus der TK 25, Blatt 1220 Achtrup und Blatt 1320 Drelsdorf)

Eiche vereinzelt aufkommt im Wechsel mit kleinen, inselartigen Beständen an Besenheide. Dominiert wird der Wallbewuchs aber von der Schlängelschmiele, auch Drahtschmiele genannt. Sie ist ein Gras, das auf sandigen Standorten stark verbreitet ist. Hinter dem Trockenwall erheben sich sanfte Hügel. Es sind Dünen, die unter Grünland verborgen sind. Die Trockenheit des Sommers 2022 und die kurz zuvor stattgefundene Mahd haben der Landschaft einen gelblich-fahlen Anstrich verliehen. In feuchteren Jahren präsentiert sie sich in einem satten Grün.

Kurz darauf zeigen Informationsschilder und eine Sitzgruppe den Beginn des NSG an. Je tiefer man auf dem Hauptweg, der nun nach

Osten verschwenkt, in das Gebiet eindringt, desto beeindruckender wird der Heidecharakter. An einem Hinweisschild mit Entfernungsangaben für Radfahrer und Wanderer muss man sich entscheiden, ob man auf dem Hauptweg weiter in Richtung Goldelund und Goldebek gehen will, oder sich für die Abzweigung nach links an die Soholmer Au entscheidet. Die Routenübersicht in der Karte von Abb. 3.1 sieht die Abzweigung nach links vor. Schon nach wenigen hundert Metern ist die Soholmer Au erreicht. Sie ist das Rückgrat der Entwässerung des Niederungsgebietes. Der landschaftliche Gegensatz zwischen Dünenlandschaft und Niederungsgebiet ist unübersehbar (Abb. 3.2). Auf dem Bild nicht mehr zu erkennen ist der Goldebeker Mühlenstrom, der, von Süden kommend, in die Soholmer Au mündet.
An der Soholmer Au sollte man etwas verweilen oder ein Stück flussabwärts gehen, um sich die Ausbaumaßnahmen an dem Fließgewässer näher anzuschauen. Die Au bekam in den 1950er-Jahren steile, befestigte Uferränder und eine beidseitige Bedeichung. Uferrandgehölze fehlen fast ganz, Faschinen sind über weite Fließstrecken angebracht. Kurzum: Die Soholmer Au ist zu einem Vorfluter mutiert (Abb. 3.3).

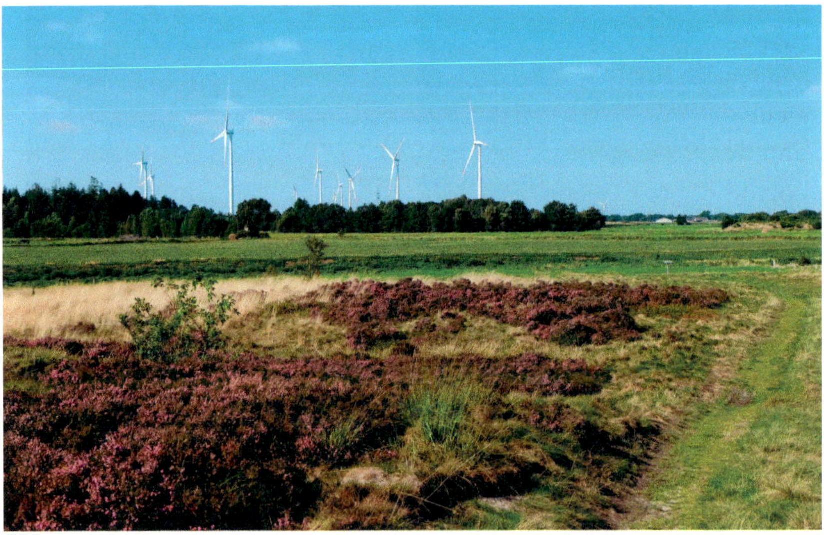

Abb. 3.2: Welch ein landschaftlicher Gegensatz zwischen der mit Besenheide bedeckten auslaufenden Binnendüne und der Grünlandniederung

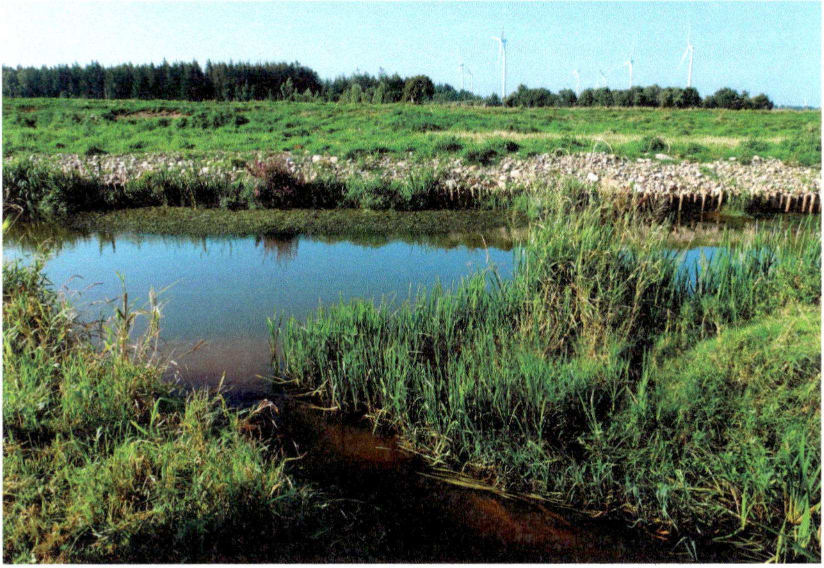

Abb. 3.3: An der Einmündung des Goldebeker Mühlenstroms in die Soholmer Au: Das nördliche Ufer wird durch Blockpackungen hinter Pfahlreihen stabilisiert. (Blickrichtung: Norden)

Der Rundkurs verlässt anschließend das NSG für ein kurzes Wegestück, der Besucher geht auf dem flachen Deich rechts von der Goldebeker Au in Richtung Süden weiter. Von dem tiefen, schmalen Graben am Deichfuß sollte man sich nicht beeindrucken lassen, denn kurz vor einem weithin sichtbaren sandfarbenen Dünenzug verschwindet der Graben im Rohr. Der Weg biegt nun nach rechts ab und führt auf die südliche Grenze des NSG zu. Durch ein kleines Gehölz und an einem Maisfeld vorbei verschwenkt der Weg noch einmal nach rechts und man folgt dem sandigen Weg durch die Heide, die hier von kräftig aufkommendem Gebüsch durchzogen wird (Abb. 3.4).

An einigen Kleinstmooren vorbei erreicht der Wanderer wieder das bekannte Hinweisschild, das den Weg an den Anfangspunkt der Wanderung bzw. an die Soholmer Au anzeigt. An diesem Punkt sollte der Besucher prüfen, ob es nicht reizvoll wäre, die Niederung der Soholmer Au näher zu erkunden. Die Soholmer Au ist im weiten Umkreis das Fließgewässer, dem von einer Vielzahl kleinerer Auen Wasser zugeführt wird. In diesem Fall muss man das NSG „Lütjenholmer Hei-

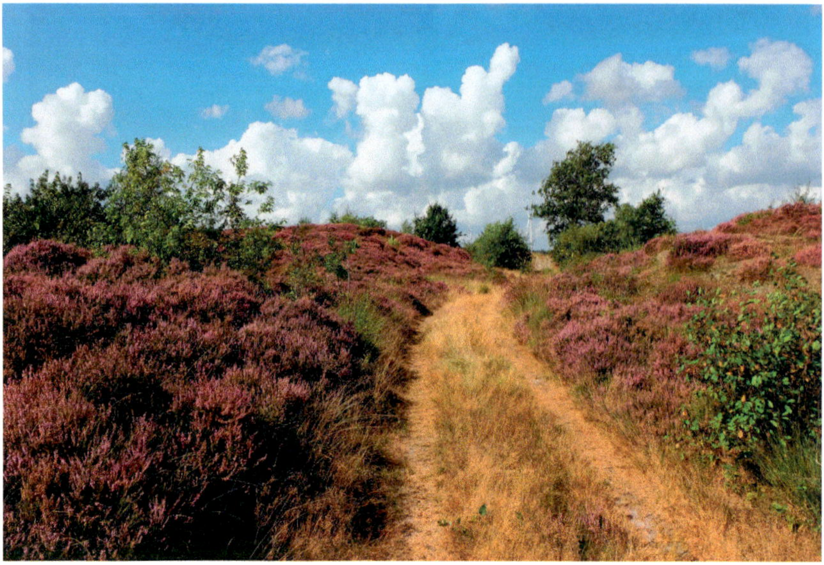

Abb. 3.4: Der südliche Teil des NSG verbuscht zunehmend. Heideerhaltung erfordert Pflegemaßnahmen. In dieser Heide wird z. B. Heidebrennen angewandt.

dedünen“ wieder verlassen und über den Goldebeker Mühlenstrom auf die andere Auenseite gelangen. Dies ist möglich auf einer schmalen Brücke, der man allerdings ihre Alterungsschäden schon von Weitem ansieht: Das Geländer ist nicht durchgehend, es fehlt die eine oder andere Trittplatte. Wer das Betreten nicht scheut, gelangt auf den flachen Süddeich der Soholmer Au und kann von hier aus die ca. 2 km lange Strecke an der Soholmer Au in nordöstlicher Richtung weitergehen. Zielpunkt könnte die Brücke über die Straße über die Au von Knorburg nach Riesbriek sein. Hier verläuft auch die Kreisgrenze zwischen Nordfriesland und dem Kreis Schleswig-Flensburg. Es wird dringend empfohlen, diese Tour nur im Sommerhalbjahr bei guter Witterung und moderater Wasserführung der Soholmer Au zu unternehmen.

Wie bereits erwähnt, ist die Au beidseitig bedeicht. Am Deichfuß verlaufen auf beiden Seiten schmale Gräben: der Riesbrieker Deichgraben auf der Südseite, der Knorburger Deichgraben am nördlichen Deichfuß. Auf dem Weg nach Nordosten teilt man sich in der Regel die Weite der Landschaft mit einer Schafherde. Wer diese nicht nicht kilometerweit vor sich hertreiben will, geht am Deichfuß langsam und ohne hastige Bewegungen an den misstrauischen Tieren vorbei und hat den Deich für sich allein. Einen Eindruck von der dortigen Niederungslandschaft vermittelt Abb. 3. 5.

Nach einiger Zeit taucht die Straßenbrücke auf, rechts davor ist eine flache Brückenkonstruktion aus Beton auszumachen. Sie ermöglicht es, einen der vielen Zuflüsse zur Soholmer Au zu queren.

In diesem Fall ist es die Linnau, die an Lindewitt und Riesbriek vorbei nach Westen fließt. Sie hat eine deutlich höhere Fließgeschwindigkeit als die Soholmer Au. Auf ihrem letzten Abschnitt verwirbeln in das Fließgewässer eingebrachte Gesteinsblöcke das Wasser und reichern es mit Sauerstoff an. Beim Anblick der Auskolkungen an der Uferböschung stellt sich unwillkürlich die Frage: Darf die Linnau wieder Mäander bilden? Auffällig ist überdies der üppige Uferrandbewuchs, was auf eine hohe Nährstofffracht hinweist. Von der nun gut erreichbaren Straßenbrücke hat man auch einen weiten Blick über den nördlichen Teil der Niederungslandschaft. *„Die Linnau ist die größere Schwester der*

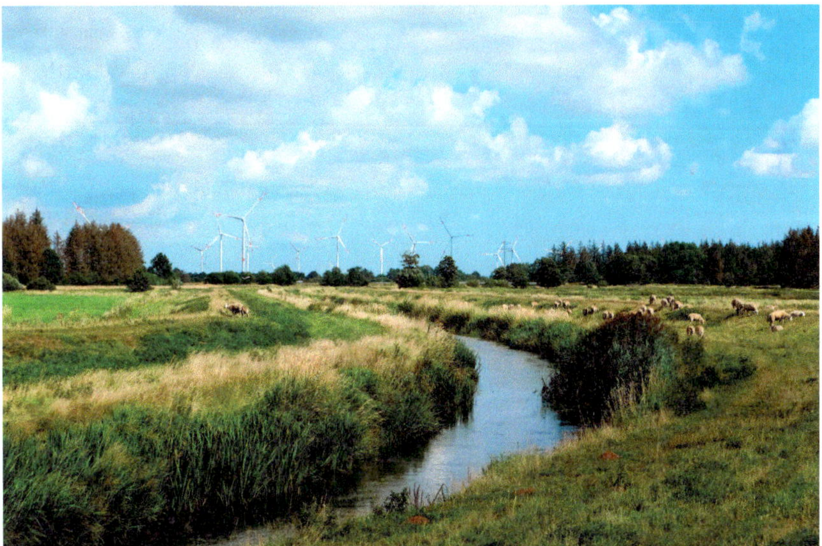

Abb. 3.5: Ein Blick vom flachen Süddeich an der Soholmer Au in Richtung Nordosten

Rodau“ (H. Carstensen), die in weniger als einem Kilometer mit der Spölbek aus nördlicher Richtung in die Soholmer Au mündet. Ab dieser Stelle heißt das Fließgewässer nicht mehr Schafflunder Mühlenstrom, sondern Soholmer Au. Kurz darauf nimmt die Soholmer Au auch das Wasser der Beerbek auf. Die topographische Karte Blatt 1220 Achtrup im Maßstab 1 : 25.000 in Abb. 3.1 gibt dem Betrachter aber noch ein kleines Rätsel auf. Westlich der Soholmer Au verläuft noch ein Stück des Schafflunder Mühlenstromes. Es ist ein Altarm, der nicht in den Gewässerausbau einbezogen wurde und für die Vorflut keine Bedeutung hat. Die Soholmer Au wird nach dem Zusammenfluss mit der Lecker Au ihren Namen wieder verlieren: Als Bongsieler Kanal füllt das Fließgewässer die Speicherbecken des Hauke-Haien-Kooges. Nach einer Zwischenspeicherung gelangt das Flusswasser über das Schlüttsiel ins Wattenmeer.

Anfahrt

Von Lütjenholm etwa zwei Kilometer auf der Dorfstraße in Richtung Goldelund fahren. Dort, wo auf der linken Straßenseite ein Wald beginnt, zweigt eine asphaltierte Straße vor dem Gehölz nach links ab. Die Straße heißt „Na de Heide“ (Hinweis: Wer von Osten kommt, kann das Straßenschild nicht erkennen). Am Beginn der Straße ist auch eine Bushaltestelle vorhanden (Lütjenholm-Junge). Sie wird dreimal am Tag in der Mittagszeit von Bredstedt aus angefahren. Bei Busbenutzung verlängert sich der Anmarsch in das NSG erheblich. Wer mit dem PKW anreist, der fährt die Straße „Na de Heide“ immer geradeaus, bis er auf ein kleines Gehölz stößt. Hier sollte er sein Fahrzeug auf einer freien Stelle, die geschätzt drei PKW aufnehmen kann, abstellen und das restliche Wegstück zu Fuß in Richtung der Lütjenholmer Heidedünen gehen. Es lohnt sich, statt bis zum NSG-Eingang weiterzufahren.

Koordinaten des Startpunktes: 54.691619, 9.055541

4 Von Lütjenholm zum Galgen- und zum Megelberg

Kurzbeschreibung: *Eine Wanderung zu ehemals aufgeforsteten Binnendünen, die zu Heidelebensräumen umgewandelt worden sind.*

Wer bis Herbst 2012 dem Galgenberg am westlichen Ortsrand von Lütjenholm im Kreis Nordfriesland einen Besuch abstattete, der dürfte von einem Berg kaum etwas bemerkt haben. Die Anhöhe trug zu diesem Zeitpunkt ein Nadelgehölz mit Sitkafichte und japanischer Lärche. Das änderte sich, nachdem die Stiftung Naturschutz Schleswig-Holstein (kurz: die Stiftung) die 18 ha großen Flächen des Galgenberges und am unweit gelegenen Megelberg mit den Schleswig-Holsteinischen Landesforsten tauschte und die Bäume fällen, deren Stubben größtenteils fräsen und die Nadelstreu abziehen ließ. Im Ergebnis kam beim Galgenberg eine stattliche Binnendüne zum Vorschein, die mit maximal 11,4 m über dem Meeresspiegel um bis zu 7 m aus ihrer Umgebung herausschaut. Die Karte in Abbildung 4.1 zeigt die Lage des Galgen- und des Megelberges östlich der L 4 zwischen Bredstedt und Soholmbrück – in der Karte durch eine gestrichelte Linie umrandet.

Erklärtes Ziel der Stiftung war es, die Dünenstandorte ökologisch aufzuwerten, von denen in der Vergangenheit zu viele durch Aufforstung verändert worden sind. Diese Maßnahme ist Teil des inzwischen beendeten EU-Projektes LIFE-Aurinia, an dessen Finanzierung sich die Europäische Union zu 50 % beteiligte. „Aurinia" ist der zweite Teil des wissenschaftlichen Namens für eine Schmetterlingsart. Ihr deutscher Name: „Goldener Scheckenfalter". Er kam früher häufig auf der Geest vor, seit 1991 gilt er in Schleswig-Holstein als ausgestorben. Er ist ein anspruchsvoller Tagfalter, für die Biologen ist er sogar eine *„Schirmart"*. Das bedeutet: Kann er sich in einem Gebiet halten und vermehren, dann überleben auch andere gefährdete Arten – von den vielen Blütenpflanzen der Sandmagerrasen über Reptilien bis hin zu seltenen Insekten. Doch woher sollte der Falter nun kommen? Im nördlichen

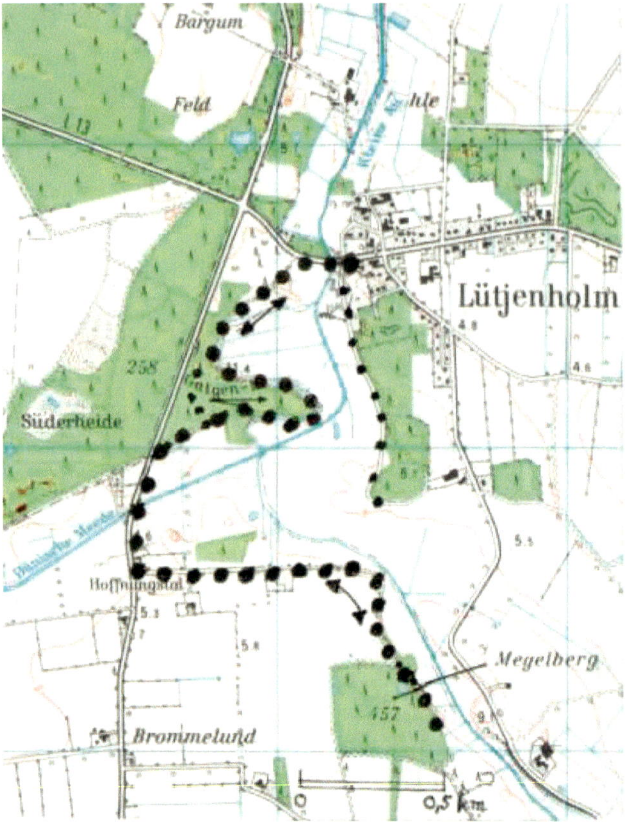

Abb. 4.1: Der Galgenberg und der Megelberg mit Umgebung im Kartenbild. Obwohl Lütjenholm so nah liegt, gehört der Galgenberg nicht zu dieser Gemeinde, sondern zur Nachbargemeinde Bargum. Die Grenze zwischen beiden Gemeinden bildet die Kleine Au in der Kartenmitte. Die grüne Waldsignatur beim Galgenberg und dem Megelberg muss man sich nach der Beseitigung der Nadelgehölze auf diesen Dünenfeldern wegdenken. (Ausschnitt aus der TK 25 Blatt 1320)

Jütland gibt es noch ausreichend große Bestände, mit denen sich Nachzuchten durchführen ließen. Die ersten Raupen wurden ab 2017 im Projektgebiet ausgebracht. Und die Stiftung Naturschutz hatte bei ihren Bemühungen Glück: So konnten im warmen Frühjahr 2018 ungewöhnlich viele Schmetterlinge schlüpfen, die von Mai bis Juni auf der Suche nach Pollen und Nektar umherflogen.

Dennoch ist dieses auf acht Jahre angelegte Projekt in Teilen der Öffentlichkeit kritisiert worden, weil darin ein Akt der Waldzerstörung gesehen wurde. Die Stiftung Naturschutz hielt mit folgenden Argumenten dagegen: Galgen- und Megelberg trugen kein heimisches Laubgehölz, sondern schnell wachsende Nadelhölzer, die heute in Zeiten des Klimawandels nicht mehr standfest und überdies anfällig gegenüber Schädlingsbefall sind. Auch Waldfachleute stimmen der These zu, dass aus heutiger Sicht kleinere Dünenareale nicht hätten aufgeforstet werden dürfen, ja das Landesnaturschutzgesetz sieht seit 1982 ein Aufforstungsverbot für Heiden, Dünen und Sandmagerrasen vor. Richtig ist in diesem Zusammenhang, dass ein Naturschutz-Projektträger gehalten sein muss, einen Ausgleich für die Waldumwandlung zu schaffen, damit der Waldanteil in Schleswig-Holstein nicht schrumpft. Dies ist auch im Verhältnis 1 zu 1 erfolgt – bei Waldbeseitigung aus anderem Anlass gilt übrigens das Dreifache an Neupflanzung.

Die Wanderung beginnt man am zweckmäßigsten am westlichen Ortsausgang von Lütjenholm. Hier findet man z. B. am Gemeinde- oder am Feuerwehrhaus eine geeignete Parkmöglichkeit. Schon nach wenigen Schritten steht man auf einer Brücke und schaut auf die *Kleine Au* (Abb. 4.2). Sie entwässert ein südlich gelegenes Niederungsgebiet und mündet nach knapp zwei Kilometern in die nördlich gelegene Soholmer Au.

In der Niederung wird nicht das gesamte Grünland landwirtschaftlich intensiv genutzt, der rechts im Blickfeld liegende Teil gehört zum Galgenberg-Projektgebiet und ist ausgesprochen reich an Blütenpflanzen.

Noch vor dem Erreichen der Kreuzung mit der L 4 biegt man links auf einen grasbewachsenen und gut begehbaren Weg ab. Er führt direkt zum Galgenberg. Rechts des Weges wechseln sich kleinere Gehölzbestände mit offenen Magerflächen ab, linkerhand dominiert feuchtes Grünland mit eingestreuten Weidengebüschen. Dieser Grünlandstreifen wird von der Stiftung Naturschutz gepflegt. Im fortgeschrittenen Sommer sieht man neben einer Vielzahl blühfreudiger Arten (z. B. Wiesen-Flockenblume, Augentrost und Kuckucks-Lichtnelke) vor allem eine 30 bis 40 cm hohe Pflanze mit kugeligem, blauen Blütenkopf sowohl auf feuchtem Standort als auch auf trockenen Magerflä-

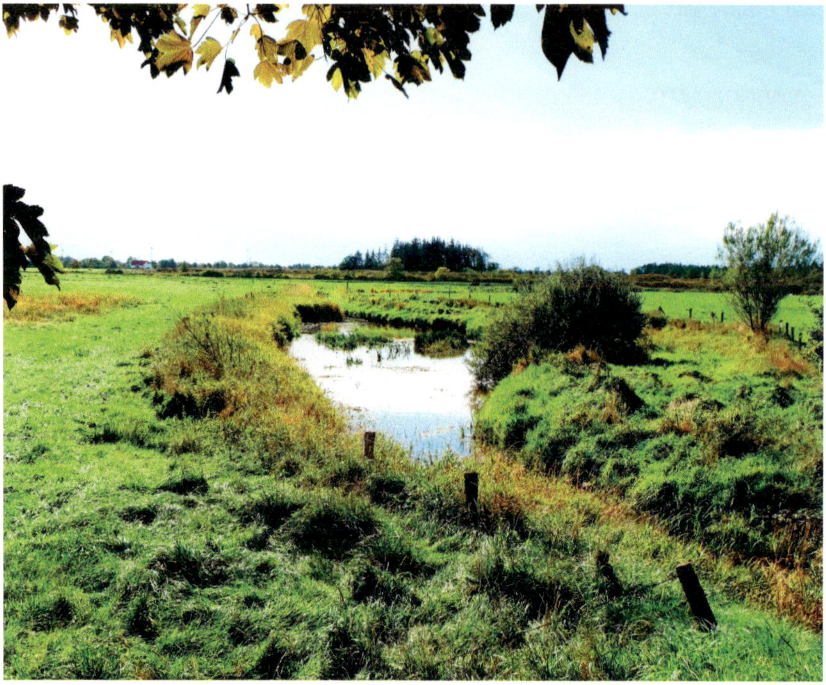

Abb. 4.2: Blick auf die Kleine Au und das Niederungsgebiet. Die bandartige Erhebung im Bildhintergrund ist der Galgenberg. (Blickrichtung: Süden)

chen. Sie heißt Teufelsabbiss und ist die wichtigste Nahrungspflanze des Goldenen Scheckenfalters (Abb. 4.3). Von ihren Blättern ernähren sich die Raupen überwiegend, die Blüten sind eine Pollen- und Nektarquelle für Insekten (Bienen, Käfer, Schwebfliegen u. a. Bestäuber). Der Bestand an Teufelsabbiss und anderer heidetypischer Arten wie Arnika, Heide-Nelke, Bergsandglöckchen wurde im Gebiet durch Einsaat und Auspflanzungen erhöht.

Der Galgenberg ist kurz darauf erreicht und sein höchster Punkt erklommen: Der Blick schweift über eine Landschaft, die Weite und Ruhe vermittelt: im Vordergrund die sich abflachende Düne des Galgenberges, dahinter und links das Grün der Talaue, bis dann der Blick an den flachen Erhebungen auf der gegenüberliegenden Seite hängen bleibt (Abb. 4.4).

Nach wenigen Jahren war der Galgenberg bereits von dichtem Heideaufwuchs überzogen. Hier hatte die Stiftung nachgeholfen, indem von

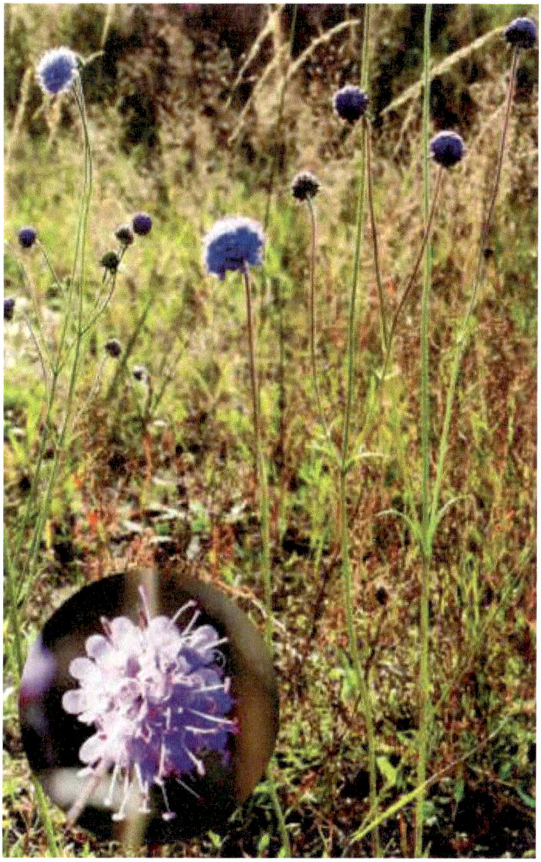

Abb. 4.3: Der Teufelsabbiss: hochstängelig und wichtigste Nahrungspflanze für die Raupen des Goldenen Scheckenfalters. Unten links in das Bild eingefügt: im voll aufgeblühten Zustand

benachbarten Heidegebieten Plaggsoden beschafft und auf dem Galgenberg verteilt wurden. Ein Großteil der Besen-Heide dürfte noch aus keimfähiger Saat aus der Zeit früherer Heidebedeckung vor der Aufforstung stammen. So muss der Galgenberg ausgesehen haben, als er früher als Richtstätte weithin sichtbar war. Wendet man von diesem Standort den Blick etwas nach rechts, so sieht man einen Nadelwaldrest, der als Privatwald von der Fällung und Umgestaltung ausgenommen war. Er sieht zerzaust aus, Sitkafichten stehen schief, ein Teil des Bestandes ist umgeworfen worden. Etwa ein Jahr später nach Beginn des Aurinia-Projektes wurde er Ende Oktober und im Dezember 2013 von den orkanartigen Stürmen „Christian" und „Xaver" schwer in Mitleidenschaft gezogen.

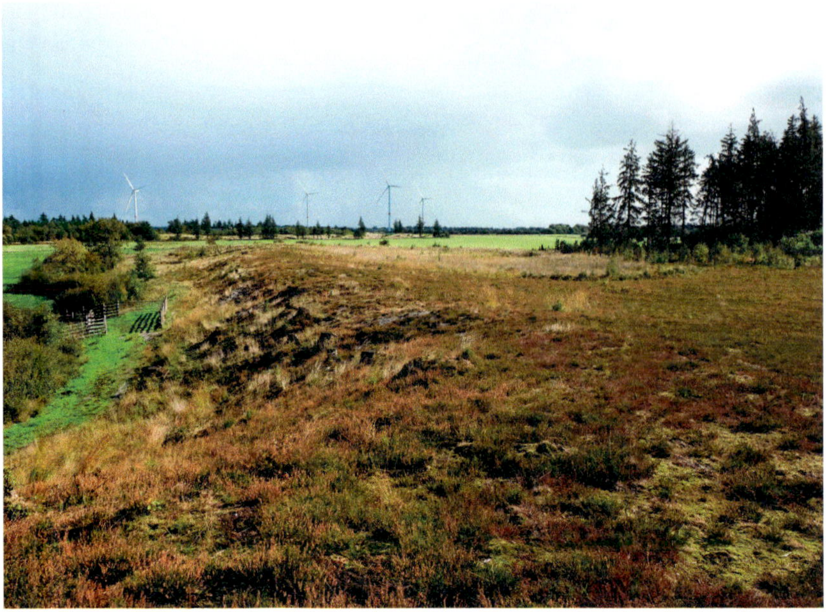

Abb. 4.4: Blick über den Galgenberg Im Bildervordergrund: Die Besenheide ist in kurzer Zeit flächenhaft aufgekommen. (Blickrichtung: Osten)

Wer ein Stück ostwärts über die Düne geht, wird am Dünenfuß im Übergang zur Niederung auf feuchte bis vermoorte Stellen mit großen Beständen des Gagelstrauches auf moorigem Untergrund stoßen. Das Nebeneinander von Düne als Trockenlebensraum und einem Feuchtgebiet – in diesem Fall eine „Heidedünen-Moorlandschaft" – ist schon etwas Besonderes.

Im Südwesten wurde mittlerweile ein Pflanzstreifen mit Eiche und Weißdorn zur Abschirmung der Heide gepflanzt. Schaut man auf dem höchsten Punkt der Binnendüne nach Westen, bemerkt man hinter der L 4 in Richtung Bredstedt ein Gelände, das ein Naturschutzgebiet mit Magerlebensräumen sein könnte. Tatsächlich ist es ein Standortübungsplatz der Bundeswehr, der mit seinen knapp 200 ha weitaus größer als die Fläche des Galgen- und des Megelberges zusammen ist und nicht betreten werden darf.

Wer den Aufstieg zur Binnendüne scheut, kann sie auf einem Pfad am Dünenfuß umwandern. Die Niederung kann an dieser Stelle nicht gequert werden, der Blick über die Grünlandsenke der Kleinen Au ist

aber beeindruckend. Am Ende geht man auf einem Pfad über die Düne hinweg in Richtung Norden, sofern man die Wanderung hier beendet. Folgende Alternative bietet sich an: Man geht nicht durch das dortige Gatter zurück, sondern orientiert sich in Richtung der L 4. Nach ca. 500 m Fußweg auf dem neuen Radweg an der Straße südwärts biegt man links auf einen asphaltierten Wirtschaftsweg („Moorweg") ein und ist nach etwa 500 m wieder auf einem naturbelassenen Weg. Dabei kommt man der Kleinen Au ganz nahe. Das in alten Karten ausgewiesene Gehölz Megelberg (auch Megelbarg) wurde ebenfalls vor den bereits erwähnten Stürmen abgeräumt, der Oberboden abgezogen und Heidesaat eingebracht. Etwa hundert Meter vor dem Ende der eingezäunten Fläche würde man sich wünschen, das deutlich schmaler gewordene Tal der Kleinen Au auf einem schmalen Steg und einer kleinen Brücke passieren zu können – ggf. mit einem Durchlass für Weidetiere und zwei Klapptoren an den Querungsstellen. So bekäme man den Anschluss an das Wegenetz auf der gegenüberliegenden Seite und könnte nach Lütjenholm zurückkehren. Schön wär's, doch leider ist das zurzeit nicht möglich.
Auch eine andere vorhandene Gegebenheit spräche dafür: Auf der östlichen Seite der Kleinen Au verläuft am Ortsrand von Lütjenholm ein asphaltierter Weg in Richtung Süden, der in keinem guten Zustand ist. Wie wäre es, den Asphalt aufzunehmen und den Weg zu einem gut begehbaren bekiesten Weg umzugestalten, der auch besser zum Landschaftsbild passen würde? Dieses Wegstück ist in der Karte von Abb. 4.1 mit einer schwach gepunkteten Linie kenntlich gemacht. Unter Einbeziehung dieses Weges würde sich die zu schließende Lücke für einen künftigen Rundweg von überschaubarer Länge deutlich verkürzen lassen. Mit Blick auf die Naherholungsmöglichkeiten tut sich hier eine wichtige kommunale Aufgabe auf. Der mögliche Einwand, es gäbe bereits einen Rundkurs über Mirebüll, vermag nicht zu überzeugen, da sich die Streckenlänge fast verdoppelt und die Route im südlichen Teil landschaftlich nicht mehr sonderlich attraktiv ist. Gegenwärtig bleibt also nichts anderes übrig, als auf der bisherigen Route an den Ausgangspunkt zurückzukehren, wenn man nicht vorher schon am östlichen Ende des Galgenberges wieder umgekehrt ist. In der Karte von Abb. 4.1 ist auch die gesamte Routenführung bis zum

Megelberg mit einer Folge stark ausgemalter Punkte markiert – aus den angegebenen Gründen leider (noch?) nicht als Rundweg.

Anmerkungen: Angaben über die Durchführung des Projektes „LIFE Aurinia" werden der Projektleiterin Frau A. Walter von der Stiftung Naturschutz verdankt. Ein vergleichbares Heideprojekt der Stiftung Naturschutz gibt es auch südöstlich von Goldebek in der Gemeinde Joldelund. Darüber und über eine historisch bedeutsame West-Ost-Wegeverbindung wird in dem Grundlagenwerk „Die Schleswigsche Geest" Näheres ausgeführt. Wer den Galgen- und Megelberg erkundet hat, tut gut daran, sich auch in der näheren Umgebung umzuschauen. Das südlich gelegene Dörpum hat anders als die vielen Reihendörfer Nordfrieslands einen kompakten Dorfkern mit einigen schönen und landschaftstypischen Häusern. Ein kleines Stück östlich des Dorfes liegen zwei größere Gewässer. Sie sind kulturhistorisch bemerkenswerte Reste früherer Tagebaue mit steil abfallenden Ufern. Tatsächlich wurden hier früher große Mengen an stark kalkhaltigem Mergel abgebaut und als Dünger auf die ertragsschwachen Geestäcker gestreut. Heute sind die mit Wasser gefüllten ehemaligen Mergelgruben beliebte Angelgewässer.

Anfahrt

Von der B 4 in Höhe Langenhorn nach Osten in Richtung Lütjenholm, wo man die Wanderung am westlichen Ortsrand beginnt. Wer aus östlicher Richtung kommt, biegt nördlich von Wanderup von der B 200 nach Westen ab und fährt über Goldelund direkt auf Lütjenholm zu, durchquert den Ort und parkt fast am Ortsrand.

Koordinaten des Startpunktes: 54.684056, 9.020528

5 Ein naturkundlicher Rundgang durch das Naturschutzgebiet Bordelumer und Langenhorner Heide

Dr. Jürgen Eigner

Kurzbeschreibung: *Ein Kleinod im Norden der Bredstedt-Husumer Geest ist seit langem die Bordelumer mit der Langenhorner Heide. In den folgenden Ausführungen beschreibt ein versierter Biologe auf einem Rundgang seine Beobachtungen und gibt einen Überblick über die vorliegenden wissenschaftlichen Untersuchungen zu diesem Gebiet.*

Der Kern der Bordelumer Heide wurde bereits 1938 mit etwa 25 ha unter Naturschutz gestellt. Das Naturschutzgebiet wurde 1991 um die Langenhorner Heide und erhebliche Teile der umgebenden Landschaft mit Grünland und Waldbereichen auf eine Gesamtfläche von 195 ha erweitert. Seit 1880, verstärkt in den 1930er Jahren, wurden auch größere Teichanlagen durch Aufstau von Gewässern angelegt. Aufgrund des nährstoffarmen sandigen Untergrundes innerhalb der Heidelandschaft können sie heute durch schonende Bewirtschaftung und ein entsprechendes Management zur Bildung einer zeitweilig auftretenden Teichbodenflora mit in die Schutzziele einer charakteristischen nährstoffarmen Landschaft einbezogen werden. Diese Teichbodenflora enthält zum Beispiel vom Aussterben bedrohte Pflanzen-Arten wie den Wasserpfeffer-Tännel (*Elatine hydropiper*) und den Flutenden Sellerie (*Apium inundatum*) sowie zahlreiche seltene Moose, insbesondere Lebermoose. Die Landschaft ist somit mit sehr vielfältigen Lebensräumen ausgestattet und enthält auf sehr kleinem Raum eine reichhaltige Pflanzen- und Tierwelt. Das Gebiet ist daher Teil des europäischen ökologischen Netzes Natura 2000 geworden.
1931 erschien ein erster Artikel über die Bordelumer Heide in der Zeitschrift „Die Heimat“ von dem Botaniker Fritz Koppe. Er beschrieb sie als „Ein Bild von den ursprünglichen Pflanzenbeständen der Heide“ mit den auch heute noch gut ausgeprägten unterschiedlichen Feuchtestufen der Heide und nennt hier auch unter anderen viele inzwi-

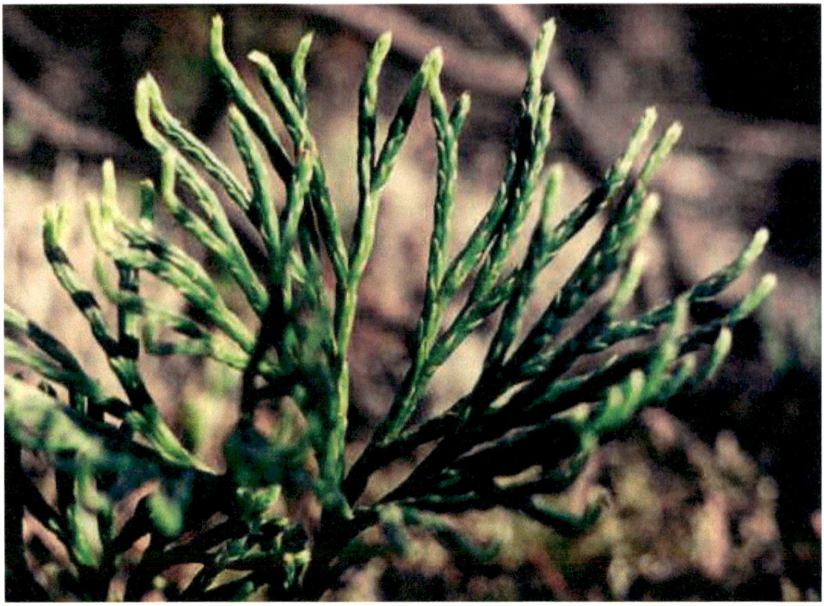

Abb. 5.1: Der ausgestorbene Zypressen-Bärlapp 1961

schen im Gebiet ausgestorbene Pflanzenarten, so z. B. den Zypressen-Flachbärlapp (*Diphasium tristachium*), den ich als Schüler noch 1962 im Gebiet fotografieren konnte und der heute in ganz Schleswig-Holstein ausgestorben ist (Abb. 5.1).

Weitere seitdem im Gebiet ausgestorbene Pflanzenarten sind das Rundblättrige Wintergrün (*Pirola rotundifolia*), der Baltische Enzian (*Gentianella baltica*), die Preisel- oder Kronsbeere (*Vaccinium vitisidea*), das Übersehene Reitgras (*Calamagrostis neglecta*), der Kolbenbärlapp (*Lycopodium lavatum*), die Saumsegge (*Carex hostiana*), alles Arten, die heute auch in ganz Schleswig-Holstein stark gefährdet oder vom Aussterben bedroht sind. Eine kleine Population der Saumsegge wurde erfreulicherweise 2014 wieder entdeckt (E. Garve und S. Lütt 2015/2016). M. Lindner und J. Schrautzer haben 1983 eine Beschreibung der Pflanzenwelt des Gebietes erstellt, in der trotz der Verluste immer noch eine stattliche Liste sehr seltener und auch typischer Pflanzenarten aufgeführt sind. Sie beschreiben insgesamt 32 verschiedene natürliche und naturnahe Pflanzengesellschaften, wobei die ehemals angepflanzten Nadelholzbestände nicht mit berücksichtigt werden.

Entsprechend dem floristischen Reichtum dieser Lebensräume findet sich auch eine reichhaltige Tierwelt der verschiedenen trockenen bis feuchten Heideformationen über die Teichgebiete bis hin zu den Weidengebüschen, Laubwäldern und Nadelforsten. Die Teiche enthalten u. a. eine besondere Amphibienfauna, darunter den Moorfrosch und die seltene Knoblauchkröte. Aus der Welt der Libellen wurden 30 Arten nachgewiesen, darunter 10 Arten der Roten Liste wie die Große Moosjungfer (*Leucorrhinia pectoralis*) und die Grüne Mosaikjungfer (*Aeshna viridis*). Hinzu kommen 210 Schmetterlings-Arten mit 18 Arten der Roten Liste, darunter der sehr seltene Enzian-Bläuling (*Maculinea alcon*). Diese und weitere Angaben finden sich bei S. Lütt und C. Hobohm 2014. Im Gebiet wurden praktisch alle heimischen Reptilien-Arten Schleswig-Holsteins gefunden. Besonders charakteristisch ist die Kreuzotter. Die vom Aussterben bedrohte Schlingnatter hat(te?) eines ihrer letzten Vorkommen in der Bordelumer Heide. Im offenen Heideland können besonders im Frühjahr die Vögel der halboffenen Heidelandschaft mit ihren charakteristischen Gesängen beobachtet werden, z. B. Heidelerche, Baumpieper, Fitis, Schwarzkelchen, Birkenzeisig , Goldammer u. a.
Ein eindrucksvolles Bild von der Vielfalt der Lebensräume und von den charakteristischen und schönen, auch sonst seltenen Pflanzen kann man auf einem ausgeschilderten Rundweg in der Langenhorner Heide westlich der Bundesstraße anhand eines dort vorrätigen kleinen Prospekts erleben. Der gesamte Rundweg ist auf der Karte in Abb. 5.2 eingezeichnet und gut zu begehen. Der Weg führt zunächst durch die charakteristisch trockene Besenheide-Landschaft auf der Altmoräne der Hohen Geest mit dem prächtigen zur Blütezeit rotlila leuchtenden Aspekt des Heidekrautes (*Calluna vulgaris*). Schöne Begleiter sind die blauen Blütenglocken der Rundblättrigen Glockenblume (*Campanula rotundifolia*) oder die gelben Blüten des Englischen Ginsters (*Genista anglica*). Hin und wieder findet man hier auch die vom Aussterben bedrohte Thymian-Seide (*Cuscuta epithymum*), die manchmal größere Flächen des Heidekrautes „überspinnt". Weitere auffällige Pflanzen sind die gelb-blühende Arnika (*Arnica montana*) und als weiteres Heidekrautgewächs die Krähenbeere (*Empetrum nigrum*). Einen Eindruck von diesem ersten Abschnitt vermitteln die Bilder der Abbildung 5.3.

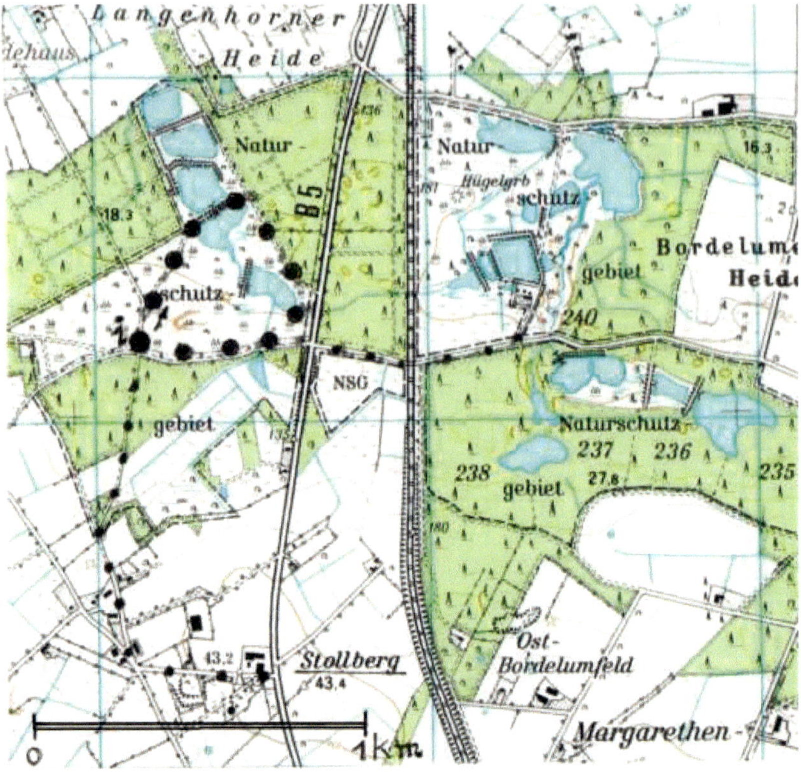

Abb. 5.2: Die Routenführung des Rundweges. Startpunkt: Info-Schild. Die schwächeren Punktfolgen geben den Zugang vom Stollberg und den Weg in die Bordelumer Heide an. (Ausschnitt aus der TK 25 Blatt 1319 Bredstedt)

Bald wendet sich der Weg nach rechts und führt auf einem Bohlenweg über eine vermoorte Heidesenke, die mit Torfmoosen bewachsen ist und neben den Wollgräsern auch die stark gefährdete Rasensimse (*Trichophorum caespitosum*), die Glockenheide (*Erica tetralix*) und das sehr seltene Braune Schnabelried (*Rhynchospora fusca)* (Abb. 5.4) enthält. Der weitere Verlauf des Weges führt uns auf einen Damm zwischen zwei Fischteichen, die von einem schmalen Schilfgürtel umfasst sind. Hier kann man besonders die Wasservogelwelt, z. B. Graureiher, Höckerschwan, Kormoran, verschiedene Entenarten, Blässhuhn, hin und wieder auch seltenere Arten wie den Zwergtaucher oder regelmäßig auch zur Zugzeit den Fischadler neben dem Seeadler und den Kleinvögeln der Schilf- und Uferzone beobachten. Man kann nun das Teich-

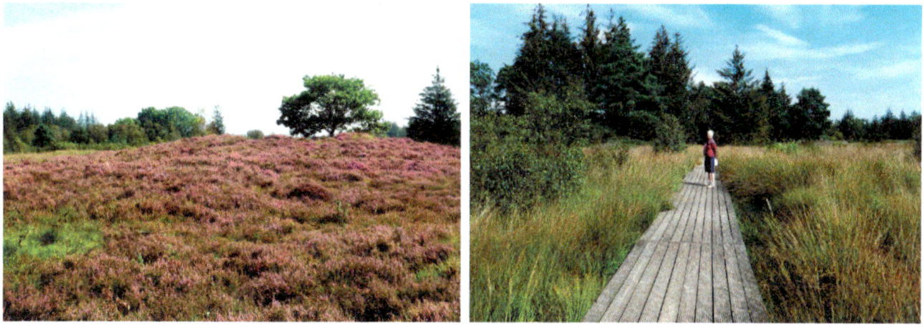

Abb. 5.3: Links die Trockene Sandheide mit dem Blühaspekt der Besenheide (Calluna vulgaris), rechts ein Bohlenweg in der Langenhorner Heide

system nach links mit drei weiteren Teichen umrunden, wobei man auch einen Eindruck von den naturnahen Laubgehölzen und den angepflanzten Nadelholzbeständen erhält. Die seltene Teichbodenflora ist bei einem normalen Spaziergang allerdings schwer aufzuspüren. Sie ist abhängig von schwankenden Wasserständen, die u. a. durch ein spezielles Management erzeugt wird. Sie gedeiht im Wesentlichen auf den nackten Schlammflächen abgelassener Teiche.
Für die an der Pflanzenwelt besonders interessierten Besucher und Besucherinnen ist aber ein etwas verborgener ansteigender Weg nach rechts in östlicher in Richtung sehr attraktiv und in einem großen Teil des Jahres gut erlebbar. Hier finden sich prächtige Feuchtheide-Aspekte, umrahmt vom würzig duftenden Gagelstrauch-Gebüsch (*Myrica gale*). Auf nacktem anmoorigem, teils abgeplaggtem feuchtem

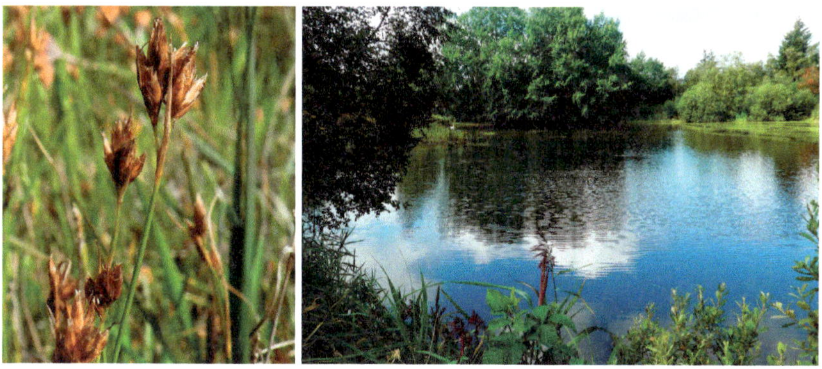

Abb. 5.4: Braunes Schnabelried (Rhynchospora fusca); links im Bild; rechts ein idyllischer Teich in der Langenhorner Heide

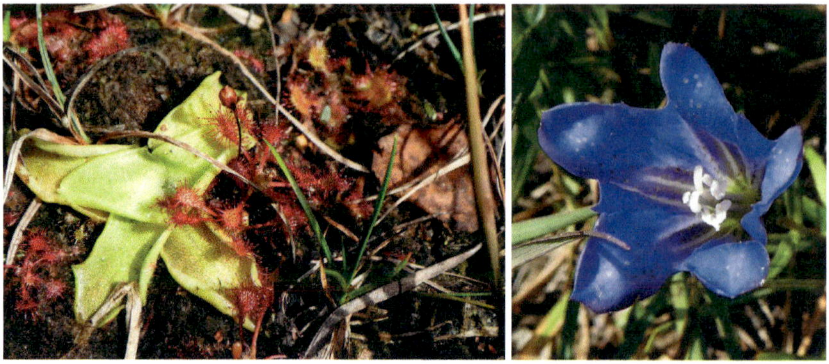

Abb. 5.5: Die drei fleischverdauenden Pflanzenarten Echtes Fettkraut (Pinguicula vulgaris), Mittlerer Sonnentau (Drosera media) und Rundblättriger Sonnentau (Drosera rotundifolia) links im Bild. Rechts leuchtet das intensive Blau des Lungen-Enzians (Gentiana pneumonanthe)

Heideboden wachsen hier u. a. drei Insekten fangende Pflanzenarten, nämlich der Rundblättrige und der Mittlere Sonnentau (*Drosera rotundifolia* und *Drosera intermedia*) sowie das Echte Fettkraut (*Pinguicula vulgaris*) – zu sehen im linken Teil von Abb. 5.5. Hinzu kommen der Sumpfbärlapp (*Lycopodiella inundata*) in recht ausgedehnten, hellgrün leuchtenden Beständen, der Lungen-Enzian (*Gentiana pneumonanthe*) das Wald-Läusekraut (*Peducularis silvatica*) und auch große Bestände der Moorlilie (*Narthecium ossifragum*), die nicht nur in Hochmooren sondern u. a. auch besonders im atlantischen Klimakeil Schleswig-Holsteins, u. a. auf den Nordfriesischen Inseln, auch die mehr mineralischen Feuchtheideböden besiedelt. Hierzu gehört auch noch das schon erwähnte Braune Schnabelried, das in Schleswig-Holstein schon immer auf diesen atlantischen Bereich beschränkt war und heute in der Bordelumer Heide eines seiner letzten Vorkommen hat.

Die Wanderung kann auf der östlichen Seite der Bundesstraße in der Bordelumer Heide fortgesetzt werden (siehe Karte). Hier laden große trockene und feuchte Heiden sowie die teilweise romantischen Teichflächen zu weiteren ausgedehnten Spaziergängen und damit zum Erleben dieser einzigartigen Landschaft ein. Alle Landschaftsteile bedürfen einer andauernden Pflege nach einem speziell entwickelten Konzept zur Erhaltung der Baumfreiheit der Heideflächen und zur Bewirtschaftung der Teichflächen im Sinne des Naturschutzes.

Anfahrt

Das Exkursionsgebiet erreicht man bequem über die B 5. An einer kleinen, unscheinbaren Kreuzung nördlich des Stollbergs, die nach Osten nach Dörpum führt, biegt man links ab und kommt direkt zum Ausgangspunkt der Wanderung, wo sich zwei unbefestigte Wege kreuzen. Die für die Anfahrt gewählte, nicht asphaltierte Straße mit dem Namen Heideweg ist mit Schlaglöchern übersät, recht breit und verbreitert sich sogar im weiteren Verlauf noch etwas, sodass hier am Wegrand geparkt werden kann. Während der Heideblüte im August/September kann es zu Parkproblemen kommen. Wer dagegen einen regulären Parkplatz ansteuern möchte, findet ihn etwas weiter südlich zwischen der B 5 und dem Sendemast des Stollbergturmes. Die Zufahrt erfolgt von der B 5 über die Straße „Am Stollberg“. Hier hält auch der Bus eines Nahverkehrsunternehmens. Geht man die Straße „Am Stollberg“ ein kurzes Stück westwärts und hält sich dann zweimal rechts, kommt man auf einen unbefestigten, breiten Fahrweg, der hier schon Heideweg heißt. Nach einiger Zeit gelangt man an die Wegkreuzung mit einem Informationsschild und ist damit ganz nahe am Ausgangspunkt des Heidepfades in die Langenhorner Heide. Wer von der Langenhorner in die Bordelumer Heide gehen möchte, muss die vielbefahrene B 5 queren und danach den Bahnübergang der Marschbahn. Dabei ist größte Vorsicht angebracht. Das Besuchsprogramm kann vor oder nach der Heidewanderung mit dem Aufstieg zur 20 m hohen Aussichtsplattform des Sendeturmes erweitert werden. Von oben hat man einen schönen Rundumblick. Die nähere Umgebung des Stollbergs ist zu einem Naturerlebnisraum (NER) mit weiteren lohnenswerten Besuchszielen entwickelt worden. Geradezu sensationell ist der Fund eines großen Raseneisenerzpanzers am Rande von Büttjebülllund, der durch Überdünung vor der Verhüttung im zweiten Weltkrieg bewahrt wurde (siehe hierzu W. Riedel in Teil VIII des Geestbuches).

Koordinaten des Startpunktes: 54.653136, 8.940224

6 Eine Kurzexkursion: Auf dem Waldlehrpfad in der „Joldelunder Schweiz"

Kurzbeschreibung: *Hier wurde ein Ausschnitt aus der Schleswigschen Geest durch die Initiative Einzelner landschaftlich stark aufgewertet. Er heißt „Joldelunder Schweiz". Erschlossen wird das Gebiet durch eine Vielzahl von Wegen mit Info-Schildern. Die angrenzende Altmoränenkuppe hat sich als archäologisch bedeutsame Fundstätte erwiesen.*

Joldelund ist ein zentral gelegenes Dorf mit rund 750 Einwohnern im Amt Mittleres Nordfriesland. Am südwestlichen Ortsrand gibt es einen größeren Waldbestand – die „Joldelunder Schweiz". Diese anspruchsvolle Namensbezeichnung wird nachvollziehbar, wenn man das jetzige Naherholungsgebiet mit seinem früheren Zustand vergleicht. Größte Erhebung ist in Joldelund die Altmoränenkuppe des Kammberges aus der vorletzten Vereisungsperiode (*Saale-Kaltzeit*). Sie ragt mit knapp 30 m über Normalhöhennull (NHN) aus der Hohen Geest hervor.

Joldelund ist ein vergleichsweise altes Dorf mit ungewöhnlichen Höhen und Tiefen in seiner Geschichte. Es hat nicht viel gefehlt, dass die dörfliche Siedlung hätte aufgegeben werden müssen. Dazu ein kleiner Rückblick auf frühere Jahrhunderte. Die Sanderflächen bei Joldelund boten dem Wind eine freie Anblasfläche, sodass vor allem südwestliche Winde am Südhang des Kammbergs ein ausgedehntes Dünenfeld schufen. Schon die Karte des Landvermessers *du Plat* aus dem letzten Viertel des 18. Jahrhunderts zeigt dies deutlich. Für die Landwirte mit ihren kleinen Ackerflächen bei hoher Heidebedeckung im Gemeindegebiet war die Übersandung katastrophal, zumal sich die Bodenverwehungen, auch durch Ostwinde im trockenen Frühjahr ausgelöst, regelmäßig wiederholten und die aufgelaufene Saat bedeckten. Erste bescheidene Gegenmaßnahmen begannen 1926. Die Umkehrung der Entwicklung gelang in den Jahren nach 1946–1950, als die Sandverwehungen besonders schlimm waren. Sie brachte tatkräftige Einzelpersonen dazu, sich dagegen zu stemmen und fachkundige

Hilfe von außen zu holen. In der Folge wurden ein Windschutzverband und ein Forstverband gegründet, für die es bisher keine Vorbilder gab. Treibende Kraft war vor allem der Landwirt Markus Nielsen. Prof. Jens Iwersen aus dem Landwirtschaftsministerium in Kiel nahm sich des Problems an und entwickelte einen umfassenden Windschutzplan und betreute das Projekt. M. Nielsen hat mit Mitstreitern, mit Arbeitslosen und dem Jugendaufbauwerk in jahrzehntelanger Arbeit die Pflanzung im Gelände angelegt – überwiegend mit dem Spaten.
Das Ergebnis konnte sich sehen lassen: Es wurden 150 km Windschutzpflanzungen und 4 000 Alleenbäume gepflanzt. Ein vorhandener 20 ha großer, lückiger Waldbestand wurde aufgewertet, rund 80 ha Waldfläche neu gepflanzt. Dabei halfen den Aktiven die geologischen Verhältnisse. Der Untergrund enthält sandigen Geschiebelehm aus der Saale-Kaltzeit. Wenn das Wurzelwerk der Bäume diese Schicht erreicht, ist ihre Versorgung mit Wasser und Nährstoffen weitgehend gesichert. Aus Gründen der besseren Risikoverteilung entschieden

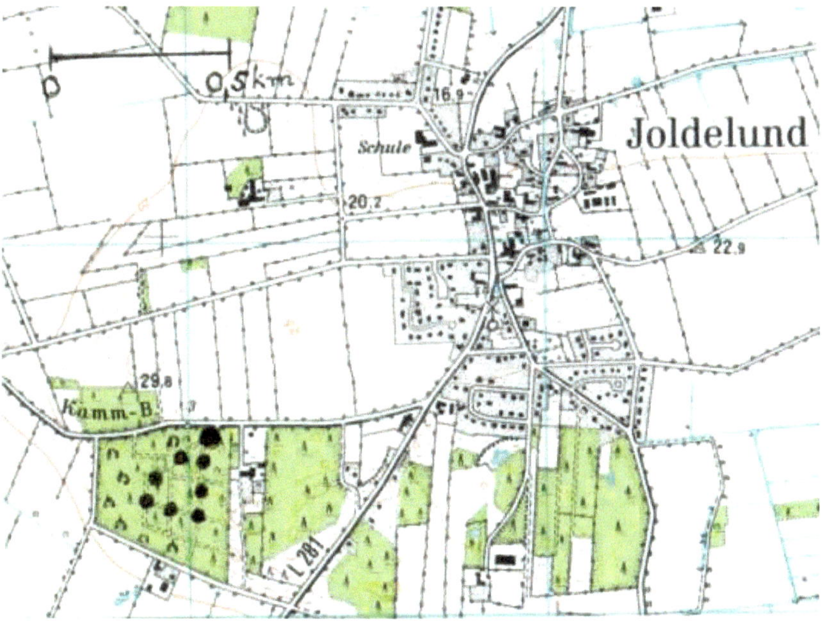

Abb. 6.1: Die Gehroute in der „Joldelunder Schweiz". Der Startbeginn ist mit einem dicken Punkt versehen.(Ausschnitt aus der TK 25, Blatt 1320 Drelsdorf)

sich M. Nielsen und seine Mitstreiter für eine breite Streuung der anzupflanzenden Gehölze. So wurden sowohl heimische Laubbaumarten als auch Nadelgehölze (Fichte, Weißtanne, Nordmanntanne, japanische Lärche u. a) gesetzt, ergänzt durch Büsche und Sträucher. Jahre später konnte M. Nielsen mit Genugtuung feststellen: *„Die Joldelunder Flur ist eine bewaldete Landschaft geworden"* (M. Nielsen, in: Joldelund einst und jetzt, S. 108).

Die Waldplanung sah schon zu M. Nielsens Lebzeiten Waldwege in einer Länge von vier km vor, davon 1,1 km für einen Waldlehrpfad auf dem äußeren Wegering. 50 Nistkästen schufen bessere Brutmöglichkeiten für Waldvögel, auf Farbtafeln wurden die heimischen Vogelarten auch optisch dargestellt. Es hätte ihm vermutlich das Herz gebrochen, 26 Jahre später im Spätherbst bzw. Winter 2013 den weitgehenden Zusammenbruch des Waldes durch die schweren Stürme „Christian" und „Xaver" erleben zu müssen. Seine Nachfolger begannen sofort mit dem Aufräumen der Windwurffläche und der Wiederaufforstung, Studierende der Europa-Universität Flensburg nahmen sich im Rahmen eines Projektes im Fach Weltkunde der Neugestaltung des Lehrpfades an. Abb. 6.1 zeigt in einer Übersichtskarte Joldelund und seine Umgebung mit der „Joldelunder Schweiz" südwestlich des Ortes.

Vom Parkplatz am Zugang zum Waldgebiet schaut man sich zunächst die Orientierungskarte mit den Waldwegen genauer an. Dabei ist zu beachten, dass diese Karte nach Süden und nicht nach Norden ausgerichtet ist. Zwei selbstschließende Tore führen in die eingezäunte Neuaufforstung hinein bzw. heraus. Offensichtlich ist das rechte Tor als Zutritt vorgesehen, sodass man den Waldlehrpfad im entgegengesetzten Uhrzeigesinne abgeht. Bei einer Ersterkundung scheint der umgekehrte Weg der zwingendere zu sein. Deshalb wird der Lehrpfad auch in dieser Abfolge beschrieben.

Bereits nach wenigen Schritten kann man einen Blick auf die Umgebung werfen und sieht vom Windwurf verschont gebliebene Altbäume auf einer Düne stehen. Der Streifen zwischen Naturlehrpfad und Zaun ist mit einzelnen Buchen und mit Douglasien aufgeforstet. Die Douglasie ist eine eigene Gattung innerhalb der Nadelhölzer und stammt aus dem küstennahen Nordwesten Nordamerikas. Sie ist an

ihren weichen Nadeln und ihrem schnellen Wuchs zu erkennen und soll standfester sein als die europäische Tannen- und Fichtenarten. Die nächste Stelle, die Aufmerksamkeit erregt, ist eine kleine Grube. Hier kann man den Wechsel von der Humusschicht zu einem fast weißen Bleicherdehorizont beobachten, dem eine verhärtete und mit Eisen angereicherte Schicht – Ortstein genannt – folgt. Es ist ungewöhnlich, dass unterhalb des Podsolprofils noch ein zweiter Podsolboden existiert (Abb. 6.2). M. Nielsen berichtete, dass er bei seinen Arbeiten im Gebiet ein Bodenprofil gefunden habe, das eine Folge von sage und schreibe fünf dieser Schichtenfolgen aufwies. Die Mehrfachschichtung ist ein Beleg dafür, dass die Podsolierung immer wieder von einer erneuten Überdünung unterbrochen wurde und dann oben von neuem begann.
Im weiteren Verlauf des Weges geben kleine, grüne Schilder die Namen der Bäume und Sträucher an. Inhaltlich sind sie einfach gehalten und sollen wohl Kindern und Jugendlichen erste Artenkenntnisse vermitteln. Zusätzlich gibt es 13 Anlaufstationen, denen man detaillierte Zusatzinformationen entnehmen kann. Sie sind auf einer dreh-

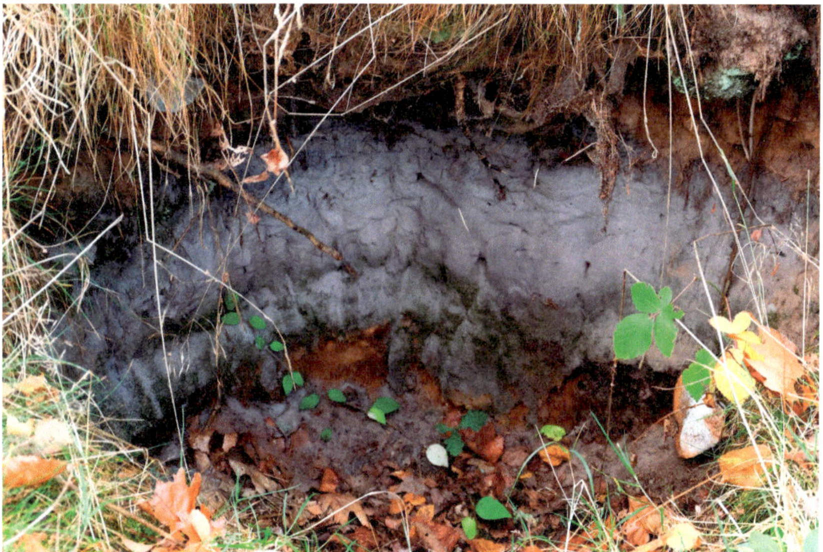

Abb. 6.2: Ein zweifaches („mehrphasiges“) Podsolprofil in einer ausgehobenen Grube

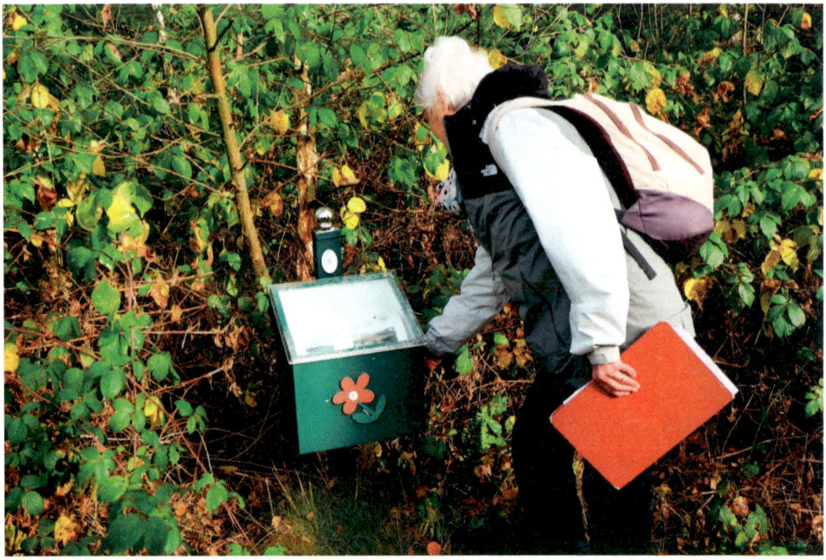

Abb. 6.3: An einer der 13 Info-Stationen. Betätigt man die Drehvorrichtung, kann der Text auf der Rolle weitergelesen werden.

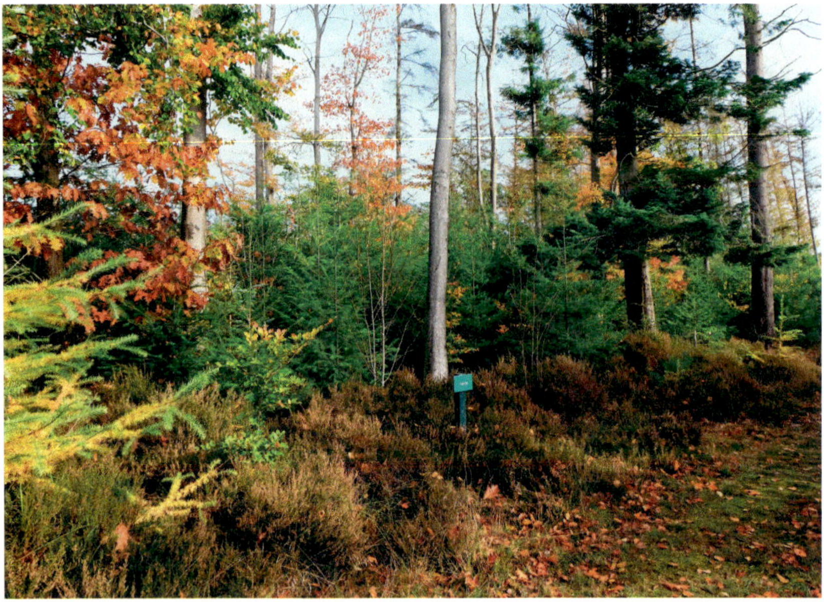

Abb. 6.4: Ein Ausschnitt aus dem Waldbild mit Nadel- und Laubgehölzen sowie Besenheide am lichten Wegrand.

baren Rolle in einem Kasten angebracht (Abb. 6.3). Leider beschlagen die Scheiben an nassen Tagen, sodass die Texte dann schwer zu entziffern sind.

Auf dem Rundganges wechseln die Waldbilder. Einen besonders schönen Anblick bietet die Abb. 6.4, wo ein Schildchen auch auf die Besenheide hinweist, die sich an den lichten Wegrändern angesiedelt hat. Während im südlichen Teil des neu aufgeforsteten Waldes die Eiche dominiert, wurde im zentralen Teil Lärche in Reinkultur aufgeforstet. Ob der ebenfalls neu gepflanzte Gürtel mit Eichen bei zunehmenden Starkwindereignissen die Lärchen vor dem Ende der Umtriebszeit vor dem Windbruch zu schützen vermag, erscheint nicht sicher.

Am Ende des Rundganges gelangt der Besucher auf den Versammlungsplatz. Hier sind die Hauptakteuere des langjährigen Aufforstungsvorhabens mit einem Gedenkstein geehrt worden, so auch Prof. Jens Iwersen. An seinem Stein macht der Sockel neugierig. Er besteht aus Schlackensteinen, die aus der Eisengewinnung aus Raseneisenerz in vorgeschichtlicher Zeit stammen. Etwas abseits davon wird diese

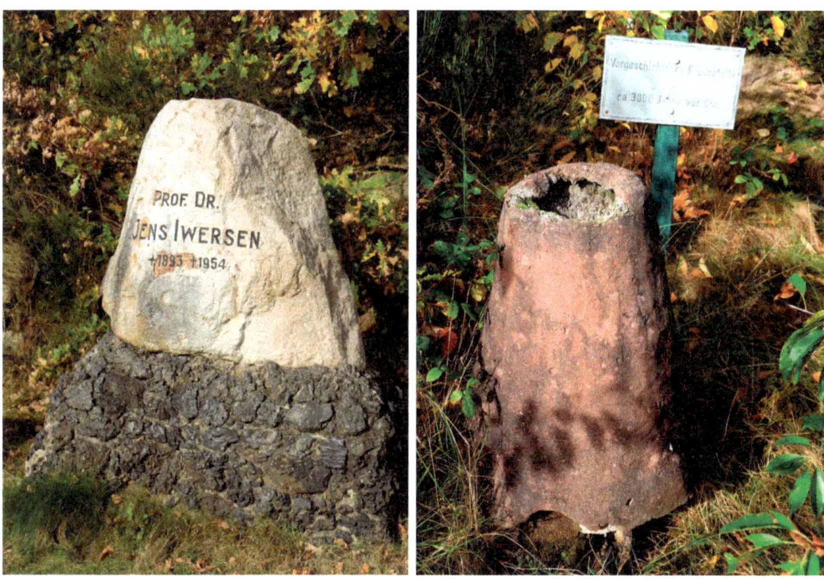

Abb. 6.5: Links ein Gedenkstein auf einem Eisenschlackenfundament; rechts ist die Nachbildung eines Rennfeuerofens zur Eisengewinnung (mit korrekturbedürftiger Zeitgabe) zu sehen.

Annahme bestätigt: Hier wurde die Nachbildung eines sogenannten Rennfeuerofens zur Eisengewinnung errichtet (Abb. 6.5). Es ist durch Ausgrabungen belegt, dass das Gelände am Kammberg ein frühgeschichtlicher Standort der Eisenverhüttung war, der später übersandet wurde.

Anfahrt

Wer von Norden kommt, nimmt die Straße L 12 zwischen Wanderup und Bredstedt und biegt in Höhe von Goldebek nach Süden auf die L 281 ab. Nach etwa 3 km ist Joldelund erreicht. Von dort fährt man in südwestlicher Richtung weiter. An der südlichen Abzweigung nach Högel biegt man in die Straße „Na de Schweiz" ab und erreicht kurz darauf den gesuchten Parkplatz. Wer von Süden kommt, erreicht das Ziel südwestlich von Joldelund über Kolkerheide oder Löwenstedt.

Koordinaten der Startpunktes: 54.646895, 9.124918

Quellenangaben (Teilgebiet „Nordwesten"- Kapitel 1 bis 6)

Carstensen, H. (2019): Die Soholmer Au, in: Jb. für die Schleswigsche Geest, 67. Jg., S 82–86

Garve, E. und Lütt, S. (2015/2016): Ein Wiederfund von Carex hostiana im NSG „Bordelumer und Langenhorner Heide mit Umgebung", Kieler Notizen zur Pflanzenkunde in S.-H., 41. Jg., S. 50–53

Heidrich, C. (1980): Die Kirche zu Enge, in: Jb. für die Schleswigsche Geest, 18. Jg., S. 141–146

Heintze, U. und Riedel, W. (2021): Die Schleswigsche Geest, hrsg. vom Heimatverein Schleswigsche Geest, Husum

Koppe, F. (1931): Die Bordelumer Heide und ihre Pflanzenwelt, in: Die Heimat, 41. Jg. S. 179–184

Landesamt für Landwirtschaft, Umwelt und ländliche Räume (LLUR) – Herausgeber (2009 und 2012): Naturführer durch Schleswig-Holstein, Bd. 2, Neumünster, S. 106–111; Band 3, S. 178–185

dasselbe – Herausgeber – (2015): Projektgruppe Natura 2000 in Zusammenarbeit mit der UNB des Kreises Nordfriesland, den SHLF und Eigentümern und Eigentümerinnen: Managementplan für das FFH-Gebiet DE-1219-329 Heide- und Magenrasenlandschaft am Ochsenweg/Westerheide

dasselbe: Jahresbericht des LLUR 2007/2008
Lindner, M. und Schrautzer, J. (1983): Die Vegetation der Bordelumer und Langenhorner Heide im Kreis Nordfriesland, Kieler Notizen zur Pflanzenkunde in Schleswig-Holstein und Hamburg, 15. Jg., S. 1–36
Lütt, S. und Hobohm, C (2014): Bordelumer und Langenhorner Heide, Hamburger Hallig, Tuexenia Beiheft 7, S. 65–73
Ministerium für Energiewende, Landwirtschaft, Umwelt und ländliche Räume – MELUR) (o. J.): Managementplan FFH-Gebiet DE-120-302 Lütjenholmer und Bargumer Heide, Teilgebiet Galgenberg und Megelberg
dasselbe (2015): Managementplan für das Fauna-Flora-Habitat-Gebiet DE-1219-391 „Gewässer des Bongsieler Kanalsystems“, Teilgebiete Linnau, Soholmer Au, Bottschlotter See; Projektgruppe Natura 2000
Nielsen, M. (1970): Der Gemeindewald von Joldelund, in: Jb. für die Schleswigsche Geest, 18. Jg., S. 66–72
ders. (1972): Joldelund einst und jetzt; in: Jb. für die Schleswigsche Geest, 20. Jg., S. 103–109
ders. (1978): Der Waldlehrpfad in der „Joldelunder Schweiz“, in: Jb. für die Schleswigsche Geest, Jg. 1984, S. 39–46
Panten, A. (1970): Alte Wege auf dem Südabhang des Langenberges; in: Jb. für die Schleswigsche Geest , 18.Jg., S. 109–113
ders. (2004): Aus der frühen Geschichte des Dorfes Lütjenholm und des Gutes Mirebüll, in: Jb. für die Schleswigsche Geest, 52. Jg., S. 33–51
ders. (2014): Vom Augenschein zur Aktenlage: Kirchenbaugeschichte auf dem Prüfstand; in: Jb. für die Schleswigsche Geest, 62. Jg. S. 129–133; hier: die Kirche zu Enge
Richter, G. (1967): Kaiserzeitliche Waldverwüstung in der Schleswiger Geest, in: FID Biodiversitätsforschung – Mitteilungen der Floristisch-Soziologischen Arbeitsgemeinschaft, hrsg. von der Universitätsbibliothek J. Chr. Senckenberg, Frankfurt a. M., S. 223–229
Stolz, C. (2023): Landschaftswandel seit der letzten Kaltzeit im Landesteil Schleswig: Forschungsergebnisse aus den Jahren 2011 bis 2021; in: Zwischen Wildnis und Energielandschaft. Fallstudien zum Landschaftswandel heute; hrsg. von W. Riedel, Husum
van der Ende, M. (2007): Zur naturschutzfachlichen Situation der Binnendünen in Schleswig-Holstein; in: Jahresbericht des Landesamtes für Natur und Umwelt des Landes-Schleswig-Holstein 2007/08
Zölitz, R. (1989). Landschaftsgeschichtliche Exkursionsziele in Schleswig-Holstein, Neumünster
Faltblätter, Internetbeiträge, Beiträge in Zeitungen u. a.: Informationsblatt zum Wander- und Erholungsgebiet Langenberger Forst – Wanderwege (2006): Konzept: Förster i. R. J. Lorenzen, ehemals Försterei Langenberg

Im Nordosten

7 Im Jardelunder Moor

Kurzbeschreibung: *Ein Rundgang in einem durch Torfabbau geprägten Hochmoor nach erfolgreicher Wiedervernässung.*

Das Jardelunder Moor ist Teil eines größeren Moorkomplexes, der sich beiderseits der deutsch-dänischen Grenze erstreckt. Das Moor entwickelte sich über Jahrtausende in einem etwa neun qkm großen Flachwassersee, der im Zusammenhang mit der Gletscherschmelze in der letzten Vereisung (Weichsel-Kaltzeit) entstand. Der Wasserabfluss in Richtung Westen wurde seinerzeit von einem älteren Moränenzug blockiert. Der nördliche Teil des Moores heißt Frösleer Moor (dän. Frøslev mose) und ist größer als das Jardelunder Moor auf deutscher Seite. Beide Moorbereiche zusammen heißen Fröslev-Jardelunder Moor. Die Moorfläche beträgt insgesamt 225 ha. Die maximale Moormächtigkeit könnte 5 Meter und mehr betragen haben. Dies heute exakt anzugeben ist schwierig, da sich mit Beginn der Moorentwässerung zur Torfgewinnung der Kohlenstoff der oberen, trockenen Torfschichten nach und nach mit dem Sauerstoff der Luft verbunden hat (= Oxidation oder Veratmung) und als Kohlendioxid in die Atmosphäre entwichen ist. Die klimaschädliche Reaktion verläuft deutlich schneller als die Zunahme der Moormasse bei einem intakten Hochmoor. Einen Eindruck vom früheren Torfabbau im Jardelunder Moor vermittelt die Abb. 7.1.
Der Torfabbau fand auf deutscher Seite viel intensiver statt als im Frösleer Moor. Dies ist in der Karte von Abb. 7.2 an der Vielzahl der Moorseen und Kuhlen („*Moorkolke*") abzulesen. Die größeren Moorgewässer deuten auf maschinellen Torfabbau hin, kleinere Moorkolke auf Handtorfstiche. Wahrend der maschinelle Torfabbau im Jardelunder Moor Ende der 1950er Jahre eingestellt wurde und die kleinflächige Torfentnahme noch bis zu Beginn der 1980er Jahre andauerte, wurde der Torfabbau auf dänischer Seite bereits nach dem 2. Weltkrieg beendet. Die Flächen blieben sich selbst überlassen und begannen zu verbuschen, sofern sie nicht zu Grünland umgewandelt wurden.

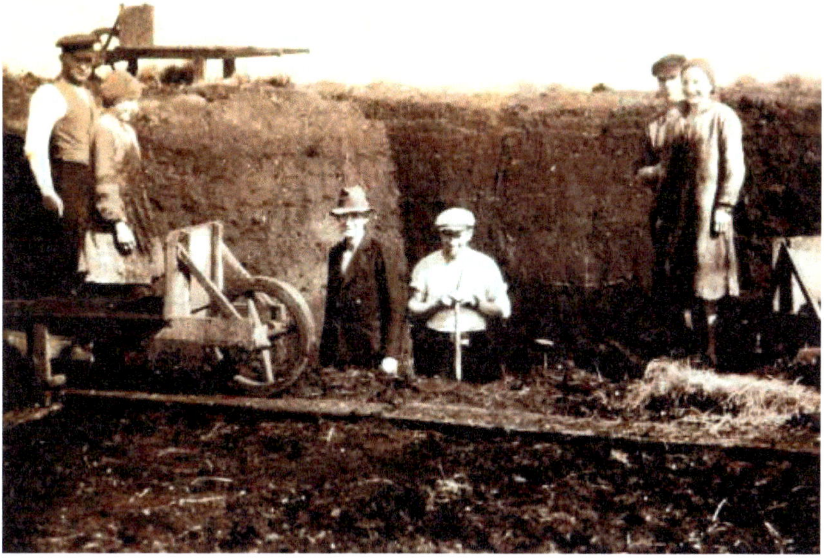

Abb. 7.1: Eine historische Aufnahme zu den Hochzeiten des Torfabbaus (Quelle: Info-Gebäude am Jardelunder Moor)

Nachdem der Torfabbau in Mooren zum Erliegen gekommen war, wurden Rufe nach einem Umdenken im Umgang mit Mooren laut. Die ersten systematischen Untersuchungen zum Zustand der verbliebenen moortypischen Vegetation im Jardelunder Moor und ihrer Umgebung setzten ein (H. Christiansen 1966, W. Probst 1975 und 1978, W. Riedel 1978, später auch D. Zölitz 1989). Die Untersuchungsergebnisse ließen den Schluss zu, dass die Voraussetzungen für die Wiederbelebung großer Teile des Moores gut waren. 1984 gelang die NSG-Ausweisung für das Jardelunder Moor, Dänemark folgte ein Jahr später mit dem „Naturreservat Frøslev Mose". 1988 wurde ein grenzüberschreitendes Renaturierungsprogramm unter Beteiligung der Europäischen Union entworfen. 1993 und 1995 setzten konkrete Maßnahmen zur Moorrenaturierung ein. Ziel war es, den ursprünglichen Wasserhaushalt möglichst annähernd wieder herzustellen, Nährstoffe zu entfernen und die Verbuschung rückgängig zu machen. Einzelheiten, wie man dabei vorgeht, sind z. B. in dem Buch „Die Schleswigsche Geest" von B. Rickert für das Ahrenviölfelder Westermoor anschaulich dargestellt.

Da das grenzüberschreitende Fröslev-Jardelunder Moor mit seinen Umgebungsflächen groß genug ist, konnte Interessierten auch der Zugang gestattet werden. Die Karte in Abb. 7.2 enthält deshalb Wandervorschläge, deren Etappen an späterer Stelle näher beschrieben werden.

Mittlerweile ist das Fröslev-Jardelunder Moor mit einer minimalen Vergrößerung auf deutscher Seite auch FFH-Gebiet und Vogelschutzgebiet der EU und damit Teil des europaweiten Schutzgebietsnetzes Natura 2000 geworden. Als erschwerend für die Wiederherstellung der natürlichen Moorverhältnisse erweisen sich fast immer die zer-

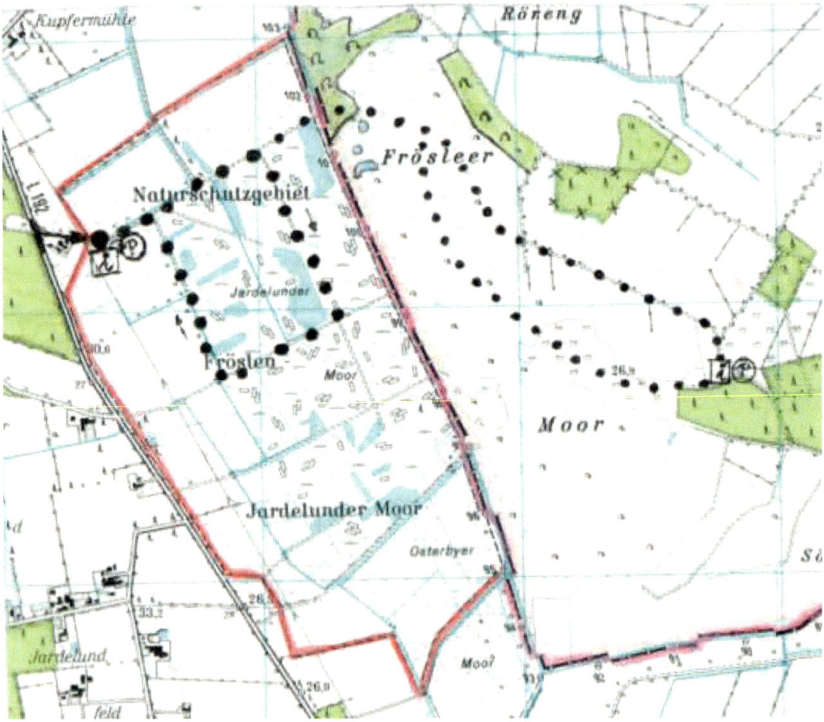

Abb. 7.2: Wandern im Fröslev-Jardelunder Moor (Ausschnitt aus der TK 25, Blatt 1121 Medelby). Die Grenzen des NSG sind auf deutscher Seite rot hervorgehoben, die deutsch-dänische Staatsgrenze lilafarben. Die mit großen Punkten versehene Punktfolge markiert die Wanderroute um den Westteil des Jardelunder Moores, die schwächere Punktfolge den Anschluss an einen Rundweg auf dänischer Seite. Gehölzflächen, die mit x x x umrandet sind, wurden gerodet.

splitterten Eigentumsverhältnisse, so auch in diesem Fall. Inzwischen ist die Stiftung Naturschutz S.-H. der größte Flächeneigentümer des NSG „Jardelunder Moor“. Die Stiftung kümmert sich neben der Wiedervernässung des Moores auch um die Grünländereien, die sich wie ein Hufeisen um den eigentlichen Moorkern legen. In Abstimmung mit der EU setzt sie Förderprogramme für bedrohte Arten um. Bemerkenswert ist das unterschiedliche Pflegevorgehen: Der zentrale Teil des Jardelunder Moores wird im Sommer von Hüteschafen und einigen Ziegen beweidet, um Nährstoffe auszutragen und die Verbuschung zurückzudrängen; dagegen werden die angrenzenden Grünländereien von Robustrindern gepflegt.

Ausgangspunkt der Wanderung ist die Jagdhütte im Eingangsbereich des NSG. Von hier aus führt ein breiter, gut begehbarer Weg zwischen Moor und Dauergrünland an einer Baumreihe aus Erlen und Birken sowie einem begleitenden Graben tief in das Gebiet hinein. Der Weg wird durch regelmäßige Mahd offen gehalten. Beim Begehen empfiehlt

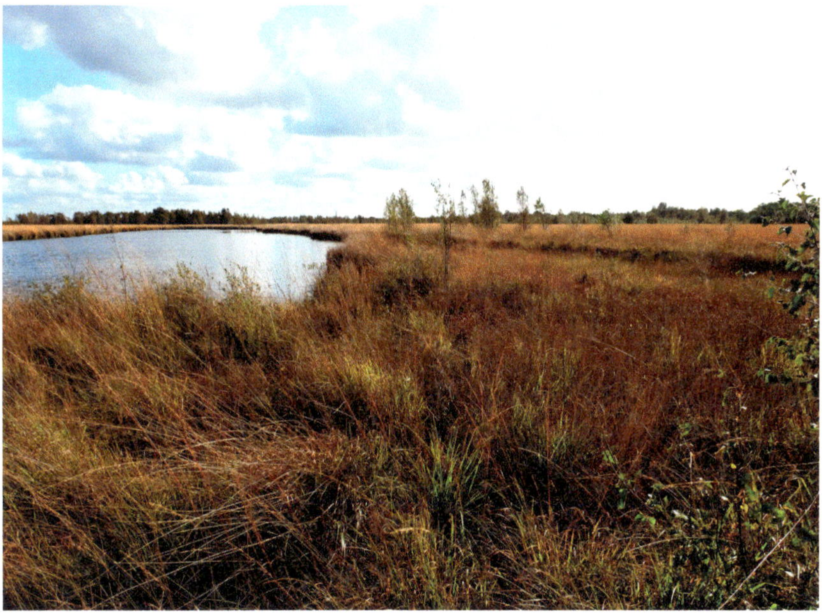

Abb. 7.3: Das Pfeifengras bestimmt das Aussehen weiter Teile im Jardelunder Moor. Im Herbst nimmt es eine gelb-braune Färbung an. Rechts im Bild ist eine alte Abtorfkante zu erkennen, die sich vom Moorsee fortsetzt.

sich festes Schuhwerk, bei Nässe sind Gummistiefel angebracht. Das Naturschutzgebiet wirkt je nach Jahreszeit ganz unterschiedlich auf den Betrachter: Im Spätherbst ist man überrascht von der goldgelben Färbung der Bulte des Benthalmes, auch Pfeifengras genannt (lat. *Molinia caerulea* agg.). *Molinia* kommt auch in intakten Hochmooren vor, ist aber nicht so bestandsbildend wie hier in Abb. 7.3 zu sehen.

Nach diesem ersten Eindruck wird die Wanderung in Richtung Norden fortgesetzt. Das erste Info-Schild mit einer Übersichtskarte ist in deutscher Schrift vom damaligen Sønderjyllandsamt aufgestellt worden. Es folgen zwei Info-Schilder in stark überaltertem Zustand, bei denen die Texterfassung einem Ratespiel gleicht. Dafür wird man kurz darauf auf einem zusammengeschobenen Erdhaufen mit einem weiten Blick über das Gelände entschädigt. Wie zur Begrüßung landete an jenem Besuchstag ein Exemplar der Großen Moorjungfer auf dem Notizblock des Berichterstatters. Diese Libellenart ist streng geschützt, ihr Bestand wird im Jardelunder Moor gezielt gefördert. Wenig später wird eine Abzweigung nach rechts auf den Viereckskurs angezeigt, der gefolgt wird. Der Weg wird bald zu einem Pfad auf einer Torfbank, der sich teilweise im Gelände verliert. Orientierung liefert der rechterhand beginnende große Moorsee. Die Moorlandschaft wird zunehmend kleinteiliger und abwechslungsreicher. Von trockenen und heidebestandenen Torfbänken aus nimmt man nasse Torfstiche mit dem für ein Hochmoor typischen kleinräumigen Wechsel von Bulten (erhöhte Stellen) und Schlenken (kleine Senken) wahr, in denen sich die Torfmoose (Sphagnen) dank des angehobenen Wasserstandes wieder ausbreiten. Im Frühjahr sieht das Moor hier ganz anders aus: Die weißen Fruchtstände der Wollgräser verleihen nun dem Moor ein besonderes Gepräge. Verschiedene Sonnentauarten, Rosmarinheide u. a. erkennt das geübte Auge und mit etwas Glück sieht man auch eine Bekassine, einen Kiebitz oder den scheuen Kranich. Die Bildkombination von Abb. 7.4 vermittelt einen Eindruck von der moortypischen Oberfläche.

Am Ende des langgestreckten Moorsees weist der Pfeil eines verwitterten Hinweisschildes nach rechts in Richtung Süden. Der Viereckskurs läuft nun auf die Grenzstraße zu. Bevor die dort verlaufende Hochspannungsleitung erreicht wird, biegt man wieder rechts ab und geht

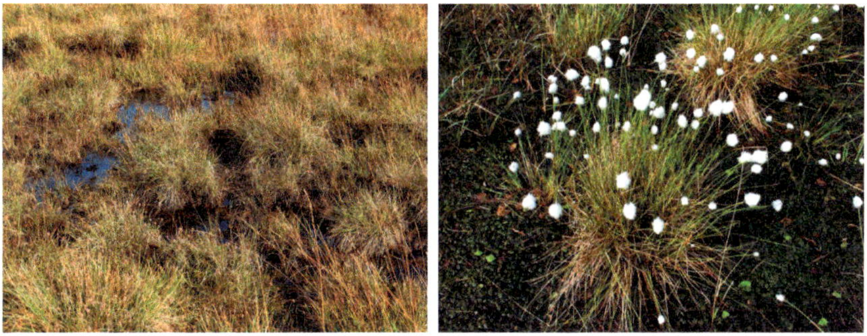

Abb. 7.4: Bulten und Schlenken im Bild links sind typisch für Hochmoore, fruchtende Wollgräser rechts im Bild überziehen im Frühjahr die Mooroberfläche mit einem weiß gepunkteten Teppich. Sie sind Anzeiger für den Übergang von einem Zwischenmoor zu einem Hochmoor.

nun auf einem gemähten Pfad inmitten des nunmehr verbuschten Geländes gen Westen. Die mit Brettern ausgelegten Stellen sollte man vor allem bei Nässe mit Vorsicht begehen. Vom Moor ist kaum noch etwas zu sehen. Es ist aber durchaus möglich, hier auf Rotwild zu stoßen, das fluchtartig seinen Ruheplatz verlässt.

Der Wanderweg stößt in Höhe des ersten Info-Schildes und etwa 100 m von dem Aussichtspunkt entfernt wieder auf den Hauptweg. Im Nachhinein hat man den Eindruck, dass dieser ca. 3 km lange „Rund"-Weg offenbar nicht sehr häufig begangen wird. Spaziergänger, die das Jardelunder Moor häufig aufsuchen, neigen dazu, ihren Gang auf dem breiten Weg in Richtung deutsch-dänischer Grenze fortsetzen. Hier sind die Wegeverhältnisse offensichtlich besucherfreundlicher. Setzt man den Weg nach Norden fort, schweift der Blick auch über das weite Grünland im Nordwesten, das von der Stiftung Naturschutz pflegerisch betreut wird. Die Wasserstandsanhebung scheint die Artenvielfalt auf diesen Flächen gefördert zu haben (Abb. 7.5). Im Rahmen von Hilfsprogrammen wurden im Grünland Tümpel angelegt, um vor allem dem Moorfrosch und der Knoblauchkröte bessere Laichmöglichkeiten und einen Verbund ihrer Lebensräume zu schaffen. Auch im Rahmen des EU-Projektes „LIFE-Aurinia" konnten die Lebensraumbedingungen offenbar verbessert werden (siehe hierzu auch das Kapitel über den Galgenberg bei Lütjenholm).

Wer weiter in Richtung Dänemark geht, quert bald darauf den zuge-

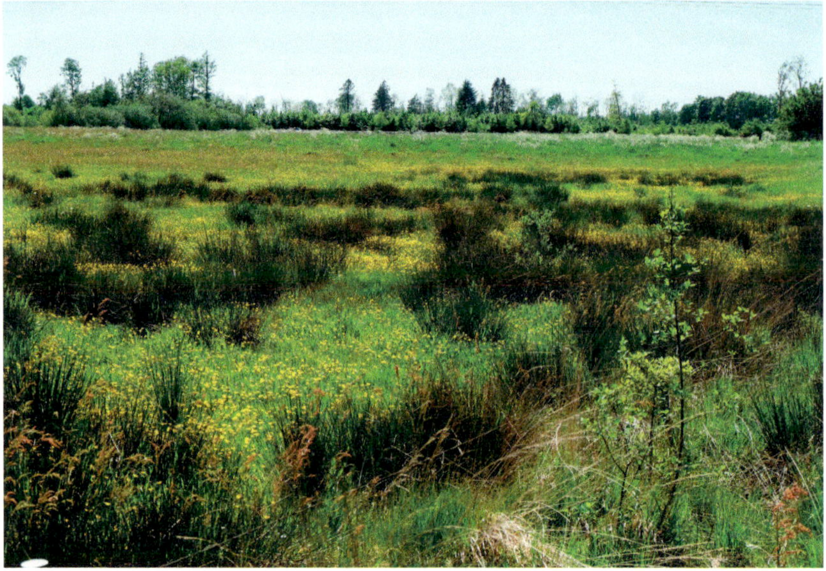

Abb. 7.5: Das nördlich an das Hochmoor angrenzende Grünland im Frühling. Es ist noch Teil des NSG „Fröslev-Jardelunder Moor".

schütteten Wassergraben, der einst die Grenze zwischen den beiden Ländern bildete. Die Grenze kann problemlos überschritten werden. Vom umstrittenen „Schweinezaun" ist hier nichts zu sehen. Er wurde außerhalb des Moores im dänischen Hinterland gesetzt. Der Wanderer findet auf dänischer Seite Anschluss an einen ca. 3,5 Kilometer langen Rundwanderweg, der ihn zu einem Informationsgebäude und Parkplatz führt. Dieser Rundweg auf dänischer Seite ist im Gegensatz zum eingangs beschriebenen Viereckspfad lediglich mit einer schwach gezeichneten Punktfolge in der Karte von Abb. 7.2 markiert worden. Die grenzüberschreitende Strecke sollte man wegen der häufig anzutreffenden Nässe mit wasserdichtem Schuhzeug begehen.

Anfahrt

Das Jardelunder Moor erreicht man über eine Zuwegung mit dem Hinweis „Zum Naturschutzgebiet" von der Landessstraße 192 – bekannter unter dem Namen Grenzstraße oder Betonstraße. Der Zugang erfolgt an der südwestlichen Seite . An dieser Stelle liegt auch ein kleines Gehöft. Hier verlässt man die Grenzsstraße und fährt in nördlicher

Richtung in das Gebiet hinein. An der Informationshütte des Landesjagdverbandes Schleswig-Holstein als dem ehrenamtlichen Betreuer des NSG kann man sein Fahrzeug abstellen und auch rasten.

Koordinaten des Startpunktes: 54.824273, 9.223987

8 Im Stiftungsland Schäferhaus am Ortsrand von Flensburg, Handewitt und Harrislee

Kurzbeschreibung: *Hier wird ein ehemaliger Standortübungsplatz durchwandert, der nach seiner Freigabe durch die Bundeswehr seine Naturnähe weitgehend bewahrt hat. Er weist im südlichen Teil NSG-Qualitäten auf und ist im Norden zu einem Naturerlebnisraum (NER) gestaltet worden.*

Eine Wanderung durch das Stiftungsland Schäferhaus (kurz: Stiftungsland) fällt so ganz aus dem Rahmen des sonst Üblichen. Das Stiftungsland liegt wie eine Insel in der intensiv genutzten Agrarlandschaft, mit der es wenig gemein hat. Es hat viel mehr Ähnlichkeit mit der Kulturlandschaft früherer Zeiten, die als Allmendewirtschaft bezeichnet wird und in der zweiten Hälfte des 18. Jahrhunderts durch eine ertragreichere Landbewirtschaftung abgelöst wurde. Damals gab es noch fließende Übergänge von Natur- zu Nutzflächen. Diese Agrarlandschaft war nach heutigen Maßstäben wenig produktiv, dafür aber reich an Wildpflanzen, Wildtieren und besonders an Insekten. Zum vollständigen Verständnis des Stiftungslandes muss man allerdings in der Erdgeschichte noch weiter zurückgehen, worauf später noch eingegangen wird.
Erdgeschichtlich liegt das Stiftungsland Schäferhaus im Übergangsbereich von Eisrandlage zur Vorgeest während der letzten Vereisung (*Weichsel-Kaltzeit*). Die Böden sind bereits Sanderflächen. Der Name Schäferhaus geht auf einen Krug am historischen Ochsenweg zurück,

der durch das Stiftungsland verlief – mit einer Abzweigung nach Flensburg.
Die heutigen Stifungsländereien wurden bereits 1933 aus der landwirtschaftlichen Nutzung herausgenommen und zu einem militärischen Übungsgelände umgewidmet. Vorher gab es hier schon einen preußischen Exerzierplatz. Die militärische Nutzung wurde nach dem 2. Weltkrieg fortgesetzt, als die Bundeswehr das Gelände als Standortübungsplatz übernahm. Es schloss sich nördlich an die Soldatenunterkünfte und die Gebäude für das militärische Gerät der Briesen-Kaserne an. Das militärische Übungsgebiet erfuhr in dieser Zeit seine Prägung: Es wurde im Inneren vom Strauch- und Baumbewuchs regelmäßig freigestellt, um freies Schussfeld zu haben. Diese Arbeit wurde durch eine Schafbeweidung unterstützt. Nur an den Randbereichen wurden Gebüsch- und Waldzonen, aber auch Knicks angelegt, um das Gebiet nach außen hin optisch abzuschirmen. Dünger und Pflanzenschutzmittel wurden nicht mehr eingesetzt.
Anders als bei einem Truppenübungsplatz, wo die Geländeoberfläche großflächig umgewühlt wird, hält sich die Beanspruchung von Standortübungsplätzen durch schwere Übungsfahrzeuge in Grenzen. Bodenanrisse blieben nicht aus, waren sogar erwünscht, denn sie schufen Möglichkeiten für neue Vegetationsansiedlungen. Diese sogenannten „Pionierstadien“ und die vergleichsweise zurückhaltende Nutzung haben auf den nährstoffarmen Böden die Ausbreitung von Arten mit geringem Nährstoffanspruch gefördert. Es entstand *„ein abwechslungsreiches Mosaik aus verschiedenen Lebensräumen und ermöglichte so seltenen Pflanzen und Tieren das Überleben bis auf den heutigen Tag“* (G. Kämmer, S. 20).
Die Situation änderte sich in der Nachwendezeit, als die Bundeswehr die Übungsfläche nicht mehr benötigte. 1999 erwarb die landeseigene Stiftung Naturschutz Schleswig-Holstein – daher der Ausdruck Stiftungsland – nahezu das gesamte Gelände für den Schutz von Pflanzen- und Tierarten (*Artenschutz*) und ihrer Lebensräume (*Biotopschutz*). Überdies sollte das Gelände auch für die Bevölkerung zugänglich sein. Die Stiftung stand nunmehr vor einer Herausforderung: Wie erhält man die vorgefundene Artenvielfalt auch in Zukunft? Die Fläche sich selbst zu überlassen und der Verbuschung und Bewaldung

anheim fallen zu lassen kam nicht in Frage. Es wurde ein Konzept entwickelt, das Rückgriff auf die Zeit vor Hunderttausenden von Jahren in einer Warmzeit innerhalb des Eiszeitalters nahm: savannenartige Landschaften, wie es sie heute noch am Rand tropischer Lebensräume gibt. In der Fachsprache wurde dafür der Begriff *„halboffene Landschaft"* geprägt, im allgemeinen Sprachgebrauch ist der Ausdruck „wilde Weide" üblich. Der Schlüssel für den angestrebten Zustand liegt in einer maßvollen Beweidung durch geeignete Weidetiere.

Das ehemalige Militärgelände ist keine kompakte Fläche, sondern wird durch die Bundesstraße von Flensburg nach Leck (B 199) in zwei ungleich große Teile zerlegt. In diesem Beitrag wird eine Wanderroute vorgeschlagen, die aus der Vielzahl der vorhandenen Wege zusammengestellt ist. Mit Blick auf die vielen Zugänge und Wege kommen auch andere Wegekombinationen in Frage.

I. Ein Rundgang durch den südlichen Teil des Stiftungslandes

Der südliche Teil des Stiftungslandes Schäferhaus ist mit ca. 120 ha der kleinere der beiden, gilt aber als der ökologisch wertvollere. Der Hauptzugang liegt am nördlichen Ende der Gartenstadt Weiche, die auf dem 62 ha großen Gelände der ehemaligen Briesen-Kaserne entstanden ist. Wem der jüngste Stadtteil Flensburgs unbekannt ist, der kann ihn vom Alt Husumer Weg in Weiche auf dem mitten durch den neuen Stadtteil führenden Weg mit dem Namen „Grüne Linie" kennenlernen (Abb. 8.1) Die „Grüne Linie" ist durchgängig von Hainbuchenhecken eingefasst. Dieser Stadtteil trägt wegen seiner vorzüglichen Durchgrünung zu Recht den Namen „Gartenstadt".

Am Ende betritt man den südlichen Teil des Stiftungslandes durch ein Gatter (Abb. 8.2). Das Landschaftsbild ändert sich abrupt. Man sieht für längere Zeit kein Gebäude mehr, nur der eine oder andere Mast am Horizont erinnert an die umgebende Zivilisation.

Passiert der Besucher das Gatter, dann steht er bereits auf der Weidefläche. Die Einzäunung und Flächenbeweidung werden nicht von der Stiftung Naturschutz in Eigenarbeit geleistet. Sie verpachtet die Fläche

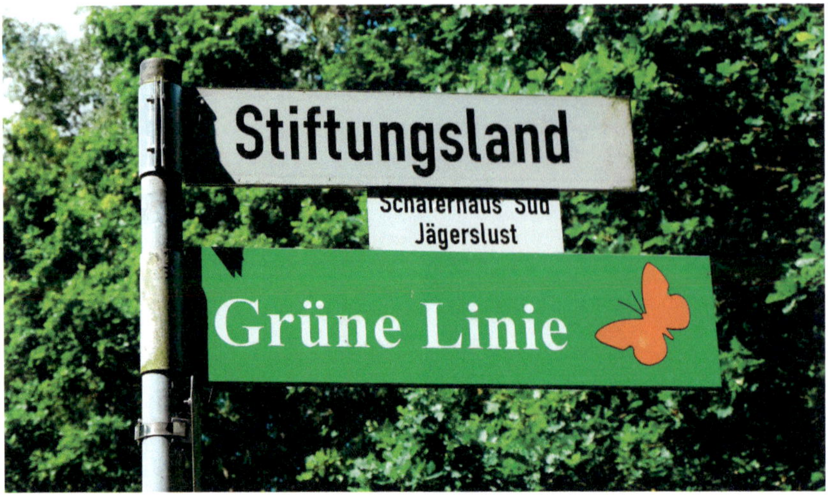

Abb. 8.1: Auf der „Grünen Linie“ durch die Gartenstadt in Flensburg-Weiche zum Stiftungsland Schäferhaus

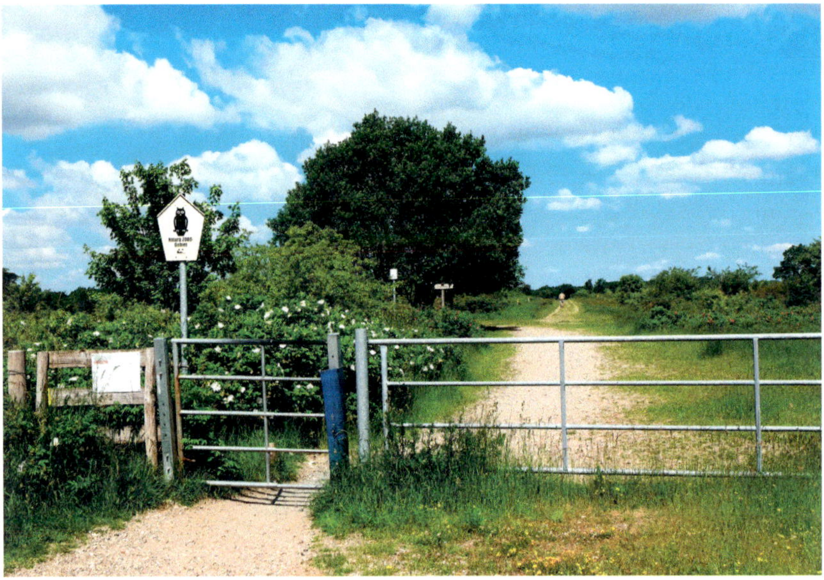

Abb. 8.2: Die Beschriftung auf dem fünfeckigen Schild lautet „FFH-Gebiet“. Es weist auf einen Schutzstatus der EU hin und bedeutet Fauna (Tierwelt), Flora (Pflanzenkleid) und Habitat (Lebensstätte). Blickrichtung: Norden. Die Stadt Flensburg will diesen Teil des Stiftungslandes zu einem NSG ausweisen lassen. (Blickrichtung: Norden)

unter bestimmten Nutzungsvorgaben an interessierte Landwirte oder Fachkundige, in diesem Fall an Bunde Wischen, heute ein Genossenschaftsbetrieb zur Erzeugung von Bioprodukten. Er arbeitet mit Robustrindern. Die Karte mit dem Routenvorschlag in Abb. 8.3 zeigt den Zugang zur Fläche neben der Bezeichnung „*Gartenstadt Weiche*". Die „Grüne Linie" und der angebotene Rückweg sind mit einer dünnen Punktlinie dargestellt, der vorgeschlagene Wanderweg mit dicker eingezeichneter Punkten.
Eine Anmerkung noch zum Wegesystem aus militärischer Zeit: Bis auf eine Ausnahme im nördlichen Teil des Stiftungslandes ist kein Weg asphaltiert und hat fließende Übergänge zum Weideland. Das hilft blühfreudigen Wildpflanzen mit geringen Ansprüchen an den Boden bei der Ansiedlung. So blühen hier ab Ende Mai bis Anfang Juli Horn- und Wundklee, Kleines Habichtskraut, mit etwas Glück sieht man auch die Heidenelke sowie das häufige Ferkelkraut, später Thymian und Augentrost u. a. m. Sie bieten den Insekten Pollen und Nektar im Übermaß, was wiederum für eine vielfältige Vogelwelt (Braunkehlchen, Lerche, Neuntöter u. a.) sorgt. Das ist heute selten. Lässt man den Blick über die Landschaft schweifen, so fällt die Vielzahl von Weißdornbüschen im Offenland auf. In ihrem Schutz kommt auch so mancher Baum auf. Reichlich schockierend ist dagegen am südlichen Zugang der dichte Bestand der Kartoffelrose („Kamtschatka-Rose"). Diese nicht heimische Wildrose aus Ostasien legt sich wie ein Gürtel zwischen Gartenstadt und halboffener Weidelandschaft. Sie wurde noch zu Bundeswehrzeiten gepflanzt, breitete sich unkontrolliert aus, unterdrückt die heimische Vegetation und ist nur schwer zurückzudrängen. Der Verbiss durch Galloway-Rinder und Ziegen reicht offenbar dafür nicht aus.
Im Januar 2024 ist die Stiftung dazu übergegangen, der Kartoffelrose mit dem Bagger zu Leibe zu rücken. Ob das ausreicht ist nicht eindeutig zu beantworten, eigentlich müssten auch die Wurzelreste aus dem sandigen Untergrund ausgesiebt werden. Auch die im Übermaß aufgekommenen Weißdornbüsche werden ausgedünnt.
Wir machen uns nunmehr auf den Weg. Der gut begehbare Gehweg gabelt sich kurz nach dem Start. Gewählt wird die rechte der drei Trassen, die etwas versetzt beginnt, bald aber direkt gen Norden ver-

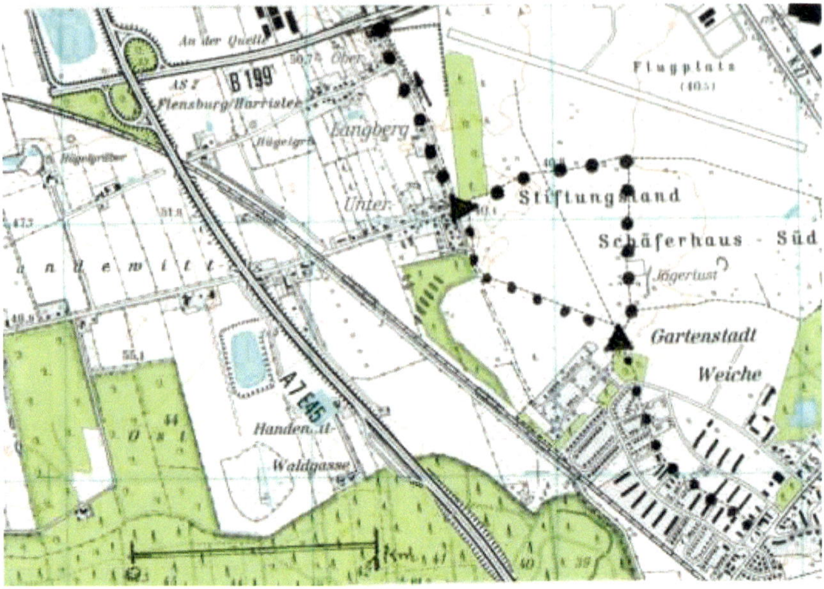

Abb. 8.3: Ein Rundgang durch das südliche Stiftungsland. Hinweise: Die Maßstabsleiste gilt auch für die Abb. 8.5; die Dreieckssymbole geben die Zugänge zum Stiftungsland an. (Ausschnitt aus der TK 25 Blatt 1222 Flensburg Süd)

schwenkt. Ein kurz darauf abzweigender Pfad in Richtung Osten bleibt unbeachtet. Unser Weg führt zum ehemaligen Gut Jägerslust, zu erkennen an den noch verbliebenen Großbäumen im Gelände (Abb. 8.3). Über den Betrieb gibt es Tragisches zu berichten. Die jüdische Familie Wolff vermittelte auf dem Gut – ehemals ein Vierkant-Hof mit gesonderten Unterbringungsgebäuden – auswanderungswilligen jungen Juden eine landwirtschaftliche Grundausbildung, damit sie in Palästina Fuß fassen konnten. In der Reichsprogromnacht überfielen Nationalsozialisten die Gutsanlage, ein Teil der Familie kam ins KZ und kehrte von dort nicht wieder lebend zurück.

Wir verlassen diesen Ort, an dem nur noch Informationstafeln an das Schicksal der Familie Wolff erinnern, und gehen nordwärts, bis ein Querweg unseren Pfad kreuzt. Ihm wird nach Westen gefolgt, denn im Norden schließt sich das Flugplatzgelände an. Auf dem Weg zum Zugang in das Stiftungsgelände von Langberg aus entdeckt man mit etwas Glück auch die Hauptakteure der Landschaftspflege im Stif-

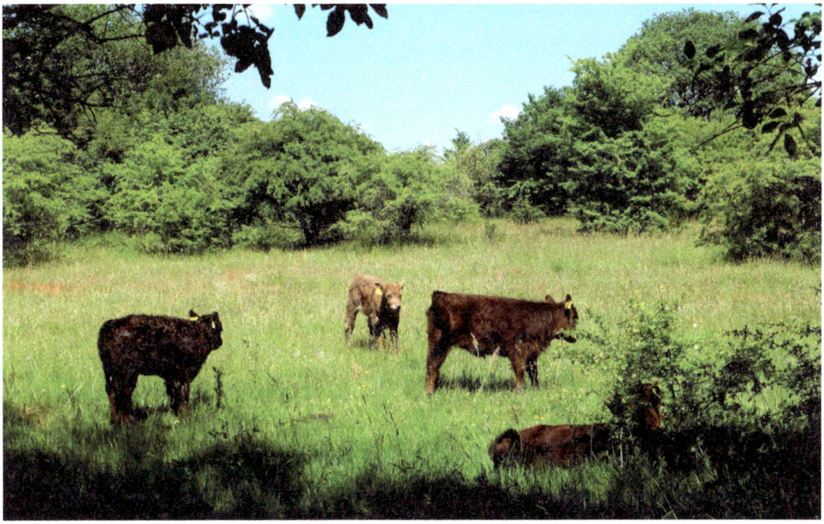

Abb. 8.4: Jungrinder von Galloways im südlichen Teil des Stiftungslandes

tungsland: eine Gruppe von Gallowaykälbern, die sich in Abb. 8.4 zum Schutz vor der Sonne Büschen und Bäumen nähern. 50 Stück Vieh sind es normalerweise im südlichen Stiftungsland. Die Galloways weiden ganzjährig auf der Fläche und hier bekommen die Kühe auch ihre Kälber. Das erklärt auch die geringen Besatzzahlen im Stiftungsland. Mit 3 ha Weidefläche je ausgewachsenem Rind (= „Großvieheinheit" – GVE, Jungtiere zählen viel weniger) rechnet man im Allgemeinen bei einer Ganzjahresbeweidung. Zugefüttert wird nur in strengen Wintern. Diese Form der *extensiven* Beweidung ist es, die in der halboffenen Weidelandschaft für Artenvielfalt sorgt.
Kurz darauf quert eine Mutterkuh mit ihrem Kalb den Weg. Ihr kommt eine Spaziergängerin mit einem vorschriftsmäßig angeleinten Hund entgegen. Sie bleibt stehen, redet beruhigend auf den Hund ein und wartet ab, bis Kuh und Kalb im Gebüsch verschwunden sind. So ist es richtig: Die hornlosen Galloways sind gutmütige Tiere, Rinder sehen aber in frei herumlaufenden Hunden einen Feind, vor dem sie fliehen oder notfalls ihren Nachwuchs schützen. Wer seinen Hund auf den Arm nimmt, der läuft Gefahr, selbst zum Angriffsziel zu werden. Es wäre auch verantwortungslos, Hunde im Weidegebiet frei herumlaufen zu lassen.

Das Stiftungsland inzwischen offener geworden. Bald darauf wird der Zugang von Langberg, Teil der Gemeinde Handewitt, erreicht. Die Karte von Abb. 8.3 weist mit einer Punktfolge in Richtung B 199 hin. Dies ist die Gehroute zum nördlichen Teil des Stiftungslandes. Auf einem Fußweg bzw. Straßenrandstreifen außerhalb des Stiftungslandes gelangt man zu einer etwas über 2 m breiten Unterführung unter der B 199. Man geht hindurch und hält sich rechts (s. a. Angaben zu „Anfahrt zum nördlichen Teil des Stiftungslandes Schäferhaus"). Wer nicht weitergehen möchte, strebt vom Zugang Langberg in südöstlicher Richtung auf dem Dreieckskurs an den Anfangspunkt zurück – siehe die schwächer punktierte Linie in der Karte von Abb. 8.3.

Anfahrt

Die Gartenstadt Weiche ist über den Alt Husumer Weg in Flensburg-Weiche zu erreichen. Mit dem Fahrzeug biegt man je nach Herkunftsrichtung in die Gartenstadtallee oder die Ebenezer-Howard-Allee ein. Am Scheitelpunkt dieser Ringstraße stellt man das Fahrzeug in einer der Haltebuchten ab und gelangt über den Käte-Wolff-Weg zum Zugangsgatter. Es gibt auch Busverbindungen (Aktiv Bus, Linie 11 oder 12, im 20 bis 30 minütigem Takt, die an der Haltestelle Gartenstadt halten). Die Linie 11 fährt sogar über den Ring in der Gartenstadt und hält direkt am Käte-Wolff-Weg. Wer über die „Grüne Linie" dorthin gelangen möchte, verlässt den Bus an der Haltestelle „Gartenstadt" im Alt Husumer Weg, geht zur „Grünen Linie" und erreicht am Ende des Weges den Käte-Wolff-Weg.

Koordinaten des Startpunktes: 54.634437, 9.376957

II. Auf verschlungenen Wegen durch den nördlich gelegenen Naturerlebnisraum

Das Stiftungsland Nord ist mit seinen 300 ha ungleich größer als der südliche Teil. Hier führen die Wege nur noch im Ausnahmefall über die Weideflächen. Für den Zugang bietet sich die Anfahrt über die „Lecker Chaussee“ an. Hier gibt es auch genügend Parkmöglichkeiten. Wer sich für die durchgehende Verbindung von Süden durch die Unterführung unter der B 199 entschieden hat, wendet sich nach der Passage der Unterführung nach Osten und kann auf einem Trampelpfad – vorbei an dem in Vergessenheit geratenen kleinen Naturerlebnisraum (NER) „Am Ochsenweg“ auf Flensburger Stadtgebiet – den Zugang am Parkplatz erreichen. Hier umgeht man ein breites Rolltor mit den Hinweisen „Achtung Fuchsfallen!“, „Wege einhalten!“ und „Hunde unbedingt anleinen!“. Der breite, feste Weg aus militärischer Zeit, der im 2. Weltkrieg zum Schutz dort abgestellter Flugzeuge auf beiden Seiten von Wällen eingefasst wurde, führt zuerst nach Norden,

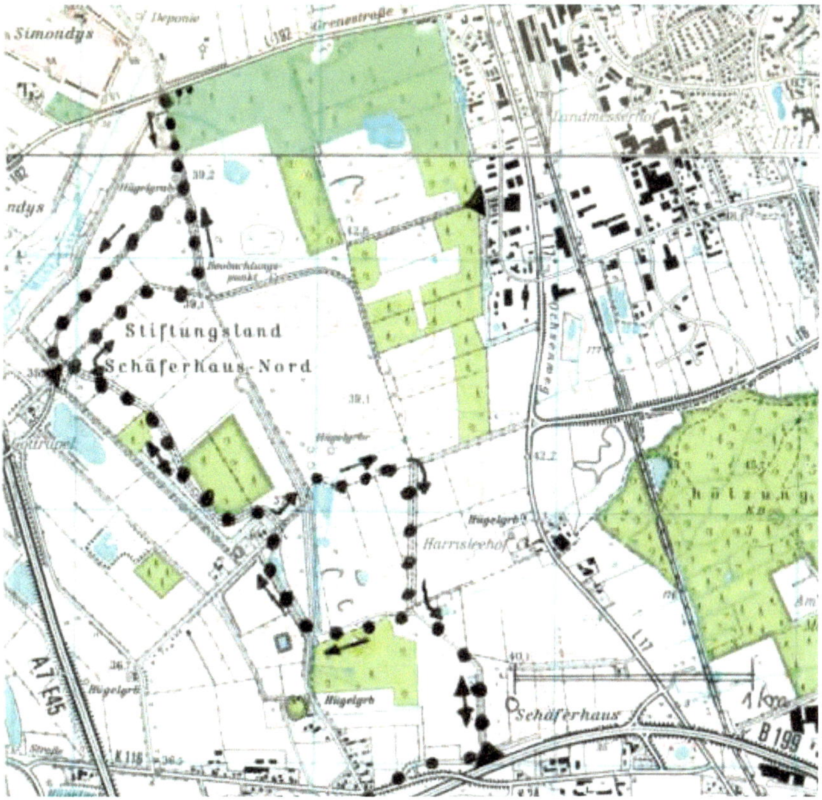

Abb. 8.5: Ein Routenvorschlag für die Erkundung des Stiftungslandes Schäferhaus Nord. (Ausschnitt aus der TK 25 Blatt 1222 Flensburg Süd und Blatt 1122 Flensburg Nord)

knickt dann etwas nach Nordwesten ab, bis man nach einem knappen Kilometer den eigentlichen Zugang zum nördlichen Stiftungsland (Zugang „Lecker Chaussee“) erreicht. Hier verläuft die Stadtgrenze von Flensburg, Harrislee beginnt. Das nördliche Stiftungsland ist zu einem Naturerlebnisraum entwickelt worden, wird aber ebenfalls beweidet. Über Grundsätzliches zu einem NER informiert der Beitrag „Mühlenau/Mildstedter Tannen“, zum vorgeschlagenen Routenverlauf: siehe Abb. 8.5.

Die Route weist zunächst in Richtung Westen, nach einem knappen Kilometer biegt sie ab in Richtung Norden. An der Wegbiegung warnt ein Schild unmissverständlich vor dem Betreten einer Betonpiste („Testgelände für Kettenfahrzeuge. Lebensgefahr! Betreten verboten! Eltern haften für ihre Kinder!“). Dieses breite, gerade Band aus Beton ist ein Relikt aus der militärischen Vergangenheit des Stiftungslandes. Hier ist einem Flensburger Reparaturbetrieb für Kettenfahrzeuge die Erprobung seiner gepanzerten Fahrzeuge zugestanden worden.

In einem Naturerlebnisraum werden an ausgesuchten Stellen Aktivitätsmöglichkeiten eingeräumt. Das erste Objekt ist eine sogenannte „Geologische Aktivfläche“, in der Steine aus dem tieferen Untergrund vorstellt werden. Da die Bänke und Info- Schilder dem Verfall preisgegeben sind, lohnt sich kein Verweilen. Beeindruckender ist das schon kurz darauf die nicht näher beschriebene Fläche mit abgezogenem Oberboden. Dort hat sich eine wüchsige Besenheide entwickelt.

Bald darauf erscheint am Wegesrand ein Hinweis auf die Silhouette des in grauer Vorzeit auch in Schleswig-Holstein lebenden Waldelefanten, der mit einer Schulterhöhe von bis zu vier Metern und bis zu 13 Tonnen Gewicht das mächtigste Landtier seiner Zeit war – größer als das Wollhaarmammut und die heutigen afrikanischen Elefanten. Das Tier nutzte die Baumkronen als Nahrungsquelle (Abb. 8.6).

Die Figur ist aus Holz gezimmert und wird von einem Metallgerüst gestützt. Bei dichter Belaubung der Gehölze kann man sie vom Hauptweg aus nicht sehen. An einem kleinen Hinweisschild achte man deshalb auf den schmalen Trampelpfad, der in das Gelände hineinführt.

Zurück auf dem Hauptweg gelangt man fast an den Wiesenweg am Westrand zum Stiftungsland. Hier gibt es zwei Alternativen zum Wei-

Abb. 8.6: Die Nachbildung eines prähistorischen Waldelefanten – nicht zu verwechseln mit den heutigen Elefanten in tropischen Wäldern Afrikas. Neben Riesenhirsch und anderen großen Pflanzenfressern hielt er in den Warmzeiten des Eiszeitalters die Naturlandschaft in unseren Breiten offen. Er nutzte die Baumkronen von Laubgehölzen als Nahrungsquelle.

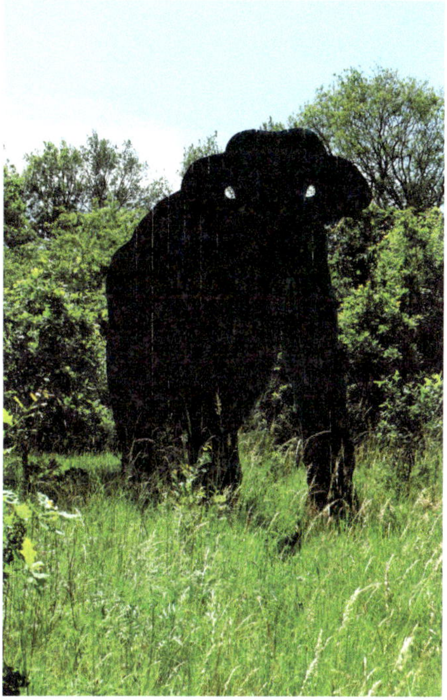

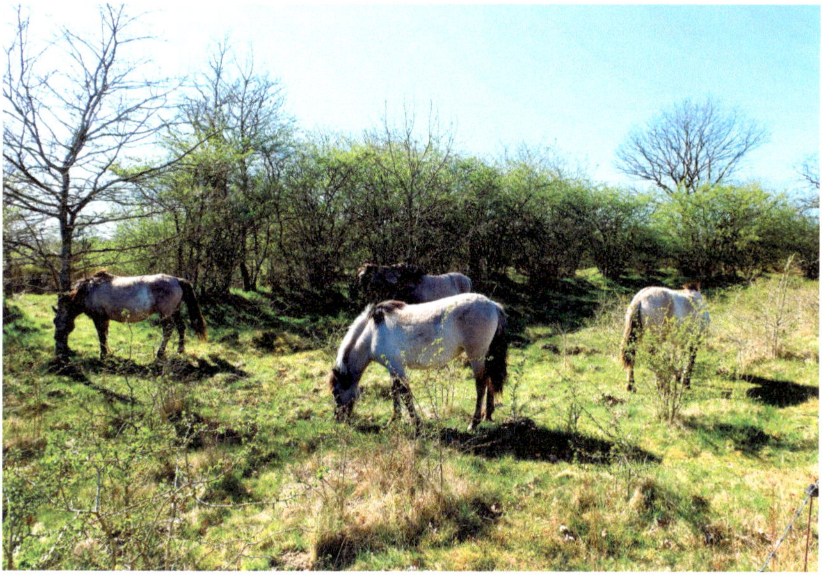

Abb. 8.7: Weidende Koniks im Stiftungsland Nord

tergehen. In der Routenkarte ist die Entscheidung auf den nach rechts abbiegenden Weg gefallen. Er quert eine Galloway-Weide und führt zum Hörnerplatz, einem der zentralen Punkte im nördlichen Stiftungsland. Von diesem beliebten Rastplatz lassen sich häufig auch die zweiten Weidegänger des Gebiets beobachten – Koniks (Abb. 8.7). Sie sind eine kleine Pferderasse, die durch Nachzüchtung ihren ausgerotteten Vorfahren ähneln und sich gut mit den Galloways vertragen. Hinter dem Hörnerplatz führt die Wanderung in nördlicher Richtung weiter auf dem „Diebsweg", einem von Sträuchern und Alteichen eingefassten Doppelknick („*Redder*") Der Diebsweg wird von den Archäologen als „*Grabhügelweg*" bezeichnet, denn nirgendwo im Gelände lassen sich so viele vorgeschichtliche Grabhügel sehen wie hier. Es ist nur noch ein kurzes Stück des Weges, bis man zum Ellunder Weg (spätere Grenzstraße – L 192) gegenüber einem Recycling- und Deponiegelände gelangt. Hier wird der nördlichste Punkt der Wanderung erreicht. Wer so weit gekommen ist, sollte es sich nicht nehmen lassen, auf dem diesseitigen Straßenstreifen noch ca. 50 Meter nach rechts zu gehen und einen Blick auf einen rekonstruierten Dolmen zu werfen (Abb. 8.8).

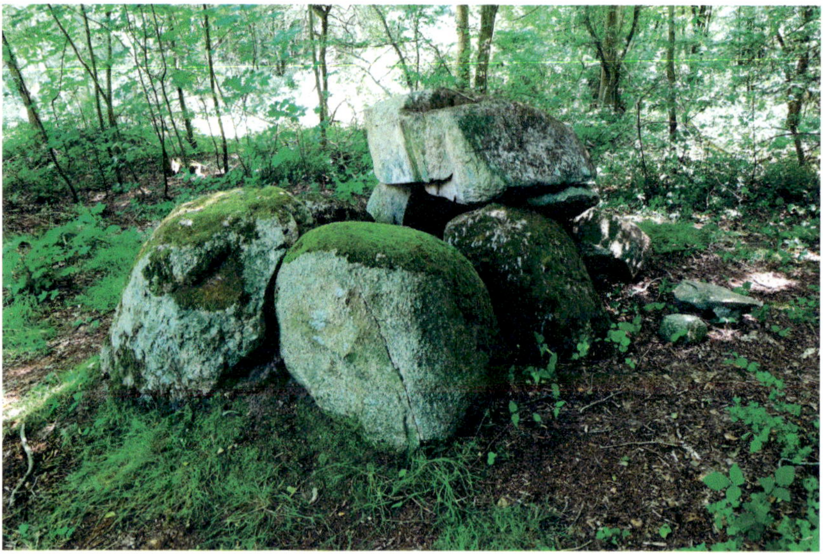

Abb. 8.8: Ein rekonstruiertes Großsteingrab aus der Bronzezeit mit Deckstein

Der Ellunder Weg wird zum Wendepunkt der Wanderung. Nach etwa halber Strecke auf dem Diebsweg zurück in Richtung Hörnerplatz wird empfohlen, diesmal den breiten Weg zu nehmen, der halbrechts in Richtung Südwesten abzweigt. Hier kann man sich im Juni an einer ungewöhnlichen Blütenpracht sowohl an den Wegstreifen als auch auf den benachbarten Weiden erfreuen. Nahe dem Zugang „Wiesenweg" zum Stiftungsland stoßen wir wieder auf den bekannten Streckenabschnitt und biegen nach über einem Kilometer Wegstrecke nach Osten ab. Plötzlich steht man an einem Gatter mit Blick auf die Panzerteststrecke. Der Text auf dem Hinweisschild fällt hier moderater aus (Achtung Gefahr. Teststrecke und die seitlichen Sicherheitsbereiche – je 30 Meter – unbedingt freihalten). Wenn kein Testbetrieb ist, dann einen kurzen Blick nach links und rechts werfen und schnell über die Betontrasse huschen. Kurz darauf steht der Wanderer vor einem Aussichtshügel inmitten der Weidelandschaft. Neu aufgeschobene Grabhügel und der Ihlsee als größtes stehendes Gewässer im Stiftungsland spiegeln das ursprüngliche Aussehen dieser Landschaft wider. Bänke laden zur Rast ein. Nach einem ausgiebigen Rundumblick folgt man einem schmalen Weg in östlicher Richtung, der bald scharf nach rechts in Richtung Süden abbiegt. Zwei Holzfiguren in wenigen hundert Metern Abstand tauchen auf. Sie symbolisieren das Ende und den Anfang einer Ochsenherde, wie sie früher jährlich zu Zehntausenden von Tieren gen Süden nach Wedel an der Elbe getrieben wurden. Dieser Wegeabschnitt ist noch Teil des alten Ochsenweges. Nach knapp 500 Metern knickt der Ochsenweg etwas nach rechts ab. Die Wälle rechts und links signalisieren, dass der Ausgangspunkt der Wanderung an der Lecker Chaussee in Kürze wieder erreicht ist.

Anfahrt

Die Straßenführung beiderseits der B 199 ist verwirrend. Es empfiehlt sich, mit dem Fahrzeug zunächst den Flugplatz Schäferhaus anzusteuern. Von hier aus fährt man auf der Lecker Chaussee westwärts, überquert auf einer Brücke die B 199, biegt an der ersten Abzweigung rechts ab und gelangt mit dem Fahrzeug zum eingangs beschriebenen einfachen Parkplatz, dem Startpunkt der Wanderung. Wer vom südlichen Stiftungsland Schäferhaus kommt und die Unterführung passiert hat, hält sich ebenfalls rechts und gelangt auf einem Trampelpfad zum Anfangspunkt der nun deutlich längeren Wanderstrecke.

Koordinaten des Startpunktes: 54.774144, 9.368559

9 Am Wallsbüller Strom entlang und an der Meynau

Kurzbeschreibung: *Wanderung am Rande einer eiszeitlich entstandenen Abflussrinne mit einem weitgehend unberührten Talraum. Endpunkt ist die restaurierte Wassermühle in Schafflund. Die Route kann über das Dorf Meyn mit ihrer alten Wassermühle auch zu einer Rundwanderung erweitert werden.*

Der Unterlauf der Wallsbek wird in topographischen Karten als Wallsbüller Strom bezeichnet. Er beginnt an der Unterführung der Bundesstraße 199 von Flensburg in Richtung Leck und endet kurz vor Schafflund. In diesem Abschnitt ist das Fließgewässer, das seinen Ursprung im Jardelunder Moor hat, so ganz anders als sein Oberlauf. Während der Oberlauf Mitte der 1950er Jahre zu einem kastenförmigen Profil und einer Einschnitttiefe von bis zu 1,50 m ausgebaut wurde, um die Entwässerung der umgebenden Flächen sicherzustellen, blieb der Unterlauf der Wallsbek bis zum Beginn des Schafflunder Gemeindegebiets von Veränderungen ausgenommen. Im oberen Abschnitt strömt der Wallsbeker Strom durch eine breite, eiszeitlich angelegte Schmelzwasserrinne, die von Hängen eingefasst ist. Auf den ersten Blick wirkt diese Geländesituation so, als hätte der Mensch sie nie angetastet. Die Fließgeschwindigkeit hat sich in diesem Abschnitt deutlich erhöht, die Abflussrichtung in Richtung Westen geändert. Die Hangneigungen und Tiefe des Tales ließen eine landwirtschaftliche Nutzung nur eingeschränkt zu. Auch die Forstverwaltung, die schon frühzeitig viele Teilflächen beiderseits des Wasserlaufs erworben hatte, war nicht an einem Gewässerausbau interessiert. Eine Gewässerunterhaltung hat ebenfalls nicht stattgefunden. Stattdessen wurden Pfade oberhalb des Talrandes angelegt und einfache Querungsbrücken gebaut, sodass sich das Gebiet zu einem attraktiven Ziel der Naherholung entwickeln konnte.

Startpunkt der Wanderung ist der Waldparkplatz südlich der Kreuzung der B 199 mit der Straße von Wallsbüll nach Meyn/Kleinwiehe, Endpunkt die Wassermühle von Schafflund. Die Entfernung zwischen Start und Ziel beträgt knapp vier Kilometer. Auf den letzten hundert bis zweihundert Metern heißt das Fließgewässer nach der Vereinigung mit der Meynau Schafflunder Mühlenstrom. Die Karte in Abb. 9.1 zeigt die gern begangene Route mit einer Rundwegalternative.

Vom Waldparkplatz geht man zunächst auf einem breiten Waldweg, der z. T. von mächtigen Rotbuchen und Lärchen gesäumt wird, in Richtung Norden. Eine bogenförmige Abzweigung wird links liegen gelassen. Der Weg geradeaus führt hinunter zum breiten Talraum, in dessen Mitte eine einfache Brücke die Wallsbek überspannt. Hier sollte man einige Minuten verharren und den Blick auf die Talaue auf sich wirken lassen. Die Wallsbek neigt hier zu leichter Mäanderbildung.

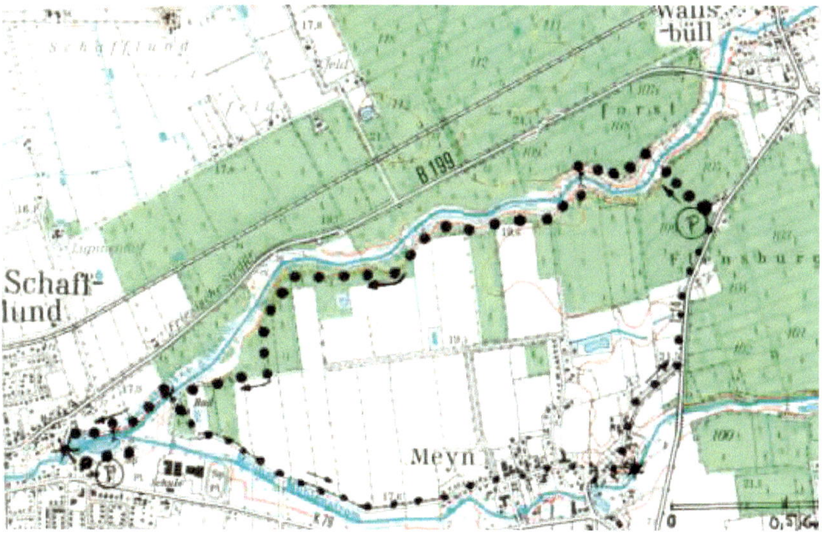

Abb. 9.1: Die Wegstrecke an der unteren Wallsbek bis zur Schafflunder Mühle mit einem Abstecher an den Meyner Mühlenstrom

Die Uferböschung wird von Schwarz-Erlen festgehalten, die den feuchten Talgrund besiedeln, anderseits aber weitständig genug sind, um eine üppige Krautschicht am Boden aufkommen zu lassen (Abb. 9.2). Am Fuß der Talhänge treten zahlreiche Quellwässer aus.
Angesichts der nahezu ungestörten natürlichen Verhältnisse ist zu erwarten, dass die Lebensbedingungen für Kleinlebewesen und für die Fischfauna in der unteren Wallsbek günstig sind. Das Gegenteil ist überraschenderweise der Fall. Bei Fangversuchen mit dem Kescher konnten lediglich Bachflohkrebse und Larven der Eintagsfliege festgestellt werden. Es fehlen z. B. die Larven der Köcher- und der Schlammfliege. Die Vielfalt der Wirbellosen bis hin zu Libellenlarven, Strudelwürmern, Egelarten etc. ist aber die Grundlage für die Fischernährung, ihr Fehlen ist ein deutlicher Hinweis auf eine Störung im Fließgewässer. Wo liegen die Ursachen dafür? Einen Fingerzeig gibt die bräunliche Färbung des Wassers: Die Wallsbek ist wie viele Gräben und Bäche auf der Schleswigschen Geest – auch auf dänischer Seite – durch bestimmte Formen von Eisenverbindungen belastet. Das Wasser

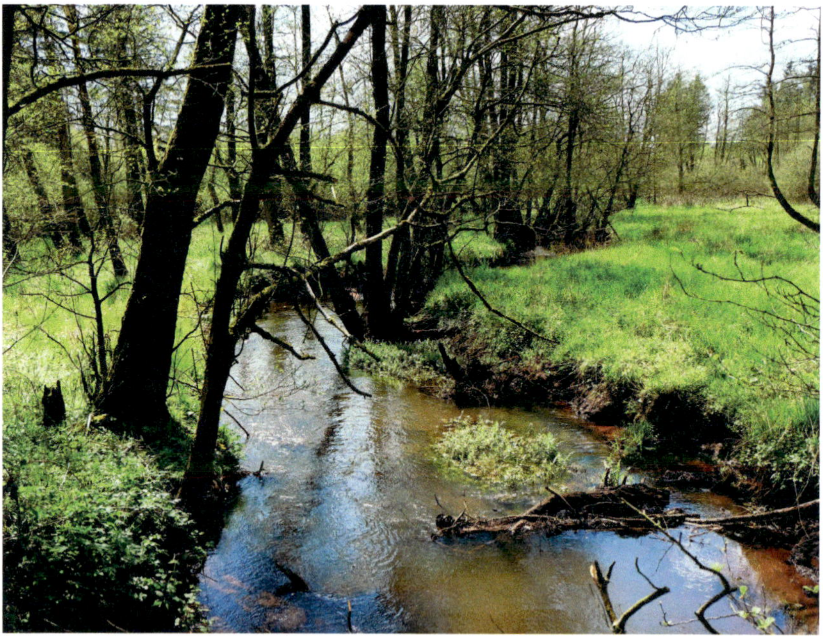

Abb. 9.2: Blick auf die Talaue der unteren Wallsbek zu Frühlingsbeginn

sieht aus, als würde es rosten. Fachleute sprechen von einer *Ocker-Belastung*. Näheres dazu ist im Grundlagenwerk „Die Schleswigsche Geest“ (kurz: das Geestbuch) nachzulesen.

Nach dem empfohlenen Brückenstopp wechselt man zweckmäßigerweise auf die nördliche Seite des Tals und geht dort in westlicher Richtung weiter. Von der hohen Talkante hat man ein guten Überblick über die stellenweise baumfreie Talaue. Schon nach einigen hundert Metern endet dieser schöne Pfad. Über eine weitere Brücke wird man wieder auf die Südseite der Niederung zurückgeführt und setzt hier die Wanderung fort. Von nun an folgt man einem gut begehbaren Weg, der stellenweise zu einem Pfad wird, aber immer gut sichtbar ist. Im Verlauf der Wanderung lassen sich folgende Beobachtungen machen:

- Verlandete Gräben weisen auf eine punktuelle frühere landwirtschaftliche Nutzung hin;
- statt Erlen haben sich vielfach Grauweidengebüsche ausgebreitet, auch eine kleinflächige Moorbildung ist zu beobachten;
- in die Gehölzsäume oberhalb der Talaue wandert die unerwünschte Späte Traubenkirsche massiv ein;
- südlich des Wanderpfades sind nach den schweren Windwurfschäden des Jahres 2013 Neuaufforstungen vor allem mit Eiche vorgenommen worden.

In Höhe einer Fischzuchtanlage mit einigen Fischzuchtteichen („Koi-Center“) kann das Fließgewässer über eine nagelneue hölzerne Brücke, die auf einer Stahlkonstruktion ruht, gequert werden, sodass man nun auf der Nordseite der Wallsbek in Richtung Schafflund gelangt. Nach einiger Zeit steht man am Zusammenfluss von Meynau und Wallsbek. Von hier ab heißt das Fließgewässer *Schafflunder Mühlenstrom*. Auf dem Weg weiter in Richtung Westen wird die asphaltierte Zufahrt zur Schafflunder Wassermühle erreicht. Hier hält man sich links und erreicht kurz darauf die Schafflunder Wassermühle. Sie ist mit ihren vielen Nebengebäuden ein attraktives Ziel (siehe Karte: Punkt mit Strahlen). Einzelheiten zum Mühlenkomplex liefert der Beitrag über Schafflund im Geestbuch. Blickfang vor Ort ist zum einen das vom dortigen Mühlenverein rekonstruierte Wasserrad, zum anderen eine merkwürdige Steinschichtung mit Pflanzenaufwuchs im Wasserabsturz. Den wenigsten Besuchern der Wassermühle wird auf

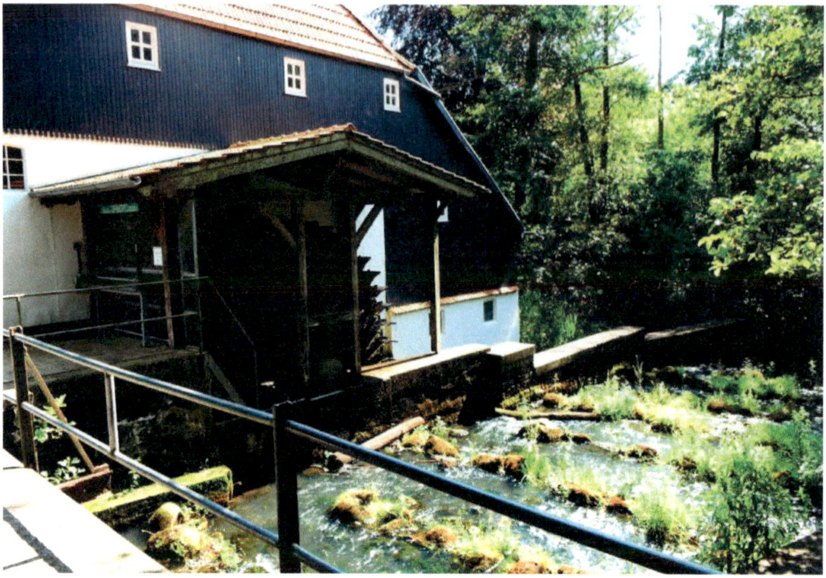

Abb. 9.3: In den Wasserabsturz ist eine Sohlgleite aus Steinreihen in sogenannter „Riegelbauweise“ hineingelegt worden. Sie verlängert die Stromstrecke auf engstem Raum. Die geringe Steigung pro Meter Laufstrecke ermöglicht Fischen und anderen Wasserlebewesen den Aufstieg in den oberen Teil der Au.

Anhieb die Bedeutung dieser künstlich angelegten Anlage klar sein: Sie ist eine Sohlgleite besonderer Art, um das Stauwerk für Wasserlebewesen durchlässig zu machen (Abb. 9.3).

Nicht verzichten sollte der Besucher auf den Rundgang um den noch vorhandenen Teil des Mühlenteiches mit angeschlossener Parkanlage. Derzeit bedeckt ein Massenbestand an Gelber Teichrose und Krebsschere fast die gesamte Wasserfläche. Das verlandende Stillgewässer wird von der Erdkröte als Laichgewässer gut angenommen. In den kommenden Jahren ist eine Teilentnahme der Vegetation und des schlammigen Gewässergrundes geplant. Auf diesem Rundgang erfährt der Besucher auf einer Vielzahl gut gestalteter Info-Tafeln viel Wissenswertes über die Geschichte der Mühle und die Pflanzen- und Tierwelt im Autal.

Über eine Brücke („Die blaue Brücke“) kann man auf die nördliche Uferseite zurückkehren. Wer sich nach der Brückenquerung rechts

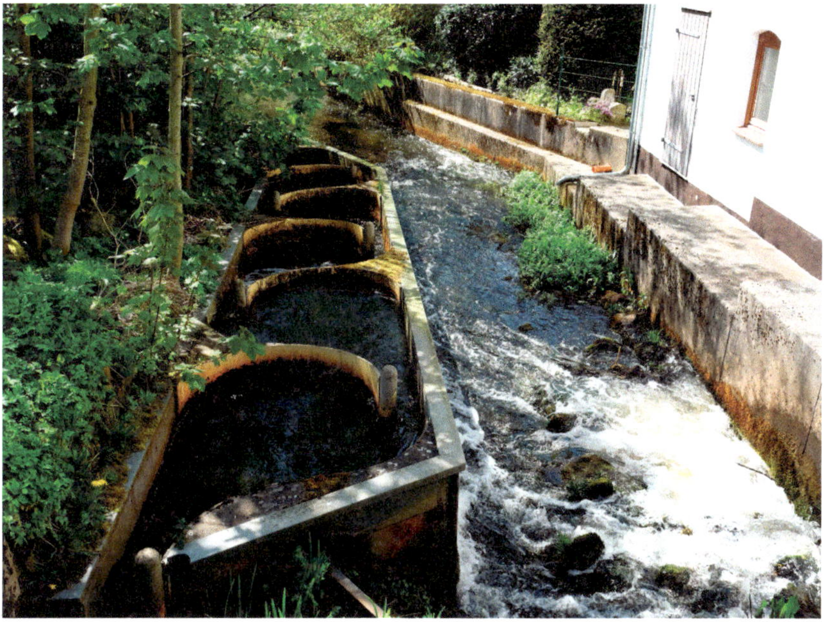

Abb. 9.4: Der eingeengte Meyner Mühlenstrom ließ für die neu zu schaffende Durchgängigkeit des Wasserlaufes für Wasserlebewesen keine Lösung wie am Schafflunder Mühlenstrom zu.

hält, kann auf demselben Wege, auf dem er gekommen ist, wieder an den Ausgangspunkt der Wanderung zurückkehren. Es gibt aber eine interessante Alternative. Sie führt über das Dorf Meyn und ist mit einer schwächeren Punktfolge in der Karte von Abb. 9.1 vermerkt. Auch hier wird zunächst ein Stück nach Osten zurückgegangen. Nachdem man über die neue Holzbrücke in Höhe der Fischteiche (Koi-Center) auf die Südseite des Wallsbüller Stromes gelangt ist, biegt man nicht links ab, sondern wandert nach der Brückenquerung geradeaus an den dicken, blauen Tauen des Waldbad-Parkplatzes entlang, bis man eine schmale, asphaltierte Straße mit Alleencharakter und gut begehbaren Seitenstreifen erreicht. In diese Straße „Zum Waldbad" biegt man links ein und hält Kurs in Richtung Osten. Rechterhand sieht man die Niederung eines Fließgewässers. Sie gehört zur Meynau – auch Meyner Mühlenstrom genannt. Dahinter verläuft die viel breitere Hauptstraße von Meyn nach Schafflund. Sowohl die Meynau als auch die Straße nach Schafflund werden auf dieser Route an keiner Stelle gequert!

Nach einem Kilometer auf der schmalen, nur zur Badezeit stärker befahrenen Allee wird der Ortsrand von Meyn erreicht. Ab hier geht man auf einem Fußweg an der Dorfstraße durch den Ort. Die Bebauung macht einen eher vorstädtischen Eindruck, nur hin und wieder unterbrochen durch ein landwirtschaftliches Anwesen. Ein Verkehrsdreieck mit einer mächtigen Eiche wird passiert und die Straßenabbiegung nach rechts – auch mit dem verwirrenden Namen „Dorfstraße" – nicht weiter beachtet. Die bisher begangene Dorfstraßenführung macht unmittelbar danach eine Linkskurve. Hat man ein lang gestrecktes, weißes Haus mit Reetbedachung passiert, wechselt man auf die rechte Seite der Straße und gelangt über einen Zugang zu einem hohen Gebäude mit der Inschrift „Meyn Mühle 1900" unterhalb des Holzdachüberstandes. Auf seiner Südseite fließt die hier in Beton eingefasste Meynau vorbeit. Wie in Schafflund wurde im Rahmen eines Förderprogramms der EU („Wasserrahmen-Richtlinie" – WRRL) kurz nach der letzten Jahrhundertwende eine Aufstiegshilfe an dem ehemaligen Mühlengebäude gebaut, diesmal nach einem anderen Baukonzept. Es handelt sich um einen sogenannten Mäander-Fischpass mit halbkreisförmigen Beckenelementen aus Kunststoff mit schlitzförmigen Öffnungen unterschiedlicher Breite – siehe Bachseite links (Abb. 9.4). Die Beckensohle der halbkreisförmigen Bauelemente wurde mit einem Material ausgelegt, das einem natürlichen Sediment nachempfunden ist, sodass auch Kleinlebewesen den Höhenunterschied von 1,35 m zum Oberlauf der Meynau bewältigen können.
Nach diesem kleinen Abstecher an den Meyner Mühlenstrom mit seiner Aufstiegsanlage kehrt man auf die Dorfstraße zurück und geht weiter in Richtung Nordosten. Vom Ortsausgang von Meyn bis zur Straße von Wallsbüll in Richtung Kleinwiehe (L 14) sind es nur wenige hundert Meter. Auf dem dortigen Fuß- und Radweg ist es etwas mehr als ein halber Kilometer in Richtung B 199 zurück zum Waldparkplatz.

Anfahrt

Mit dem Fahrzeug an der Kreuzung der B 199 mit der Straße von Wallsbüll nach Meyn/Kleinwiehe nach Süden abbiegen. Nach ca. 500 Metern weist ein blaues Schild auf einen Waldparkplatz hin. Hier beginnt die Wanderung zum Wallsbüller Strom. Der Rückweg kann auf derselben Route oder alternativ über das Dorf Meyn zurückgelegt werden.

Koordinaten des Startpunktes: 54.767078, 9.232620

10 Vom Handewitter Gehölz durch die Kiesseenlandschaft nach Wanderup Norderfeld

Kurzbeschreibung: *Das Gebiet zwischen Handewitter Gehölz und Wanderup Nord ist zurzeit das größte und ergiebigste Kies- und Sandabbaugebiet im nördlichen Schleswig-Holstein. Es umfasst ca. 1.500 ha (15 qkm). Nach jahrzehntelangem Materialabbau sind Vorkehrungen getroffen worden, auch bestimmte Formen der Freizeitnutzung im Gebiet zuzulassen.*

Die Lockergesteine wurden im Verlauf der letzten Vereisungsperiode (Weichsel-Kaltzeit) von den Schmelzwässsern der abtauenden Gletscher geschüttet. Begehrt ist vor allem der Kiesanteil für die Betonherstellung. Kiese sind mineralische Bestandteile mit einer Korngröße zwischen 2 und 6,2 mm. Bei einer geringeren Körnung liegt Sand vor. Qualitativ hochwertiger Kies ist heute zu einem begehrten, da knapper gewordenen Rohstoff geworden.
Begonnen hat der Kies- und Sandabbau sowohl südlich des Handewitter Gehölzes als auch nördlich von Wanderup in Norderfeld. Beide Abbaugebiete bewegen sich seitdem aufeinander zu. Da man bei der Materialgewinnung rasch in den Grundwasserhorizont auf der Sandergeest vorstößt, entstanden viele Kiesseen. Die Gewässer nehmen derzeit eine Fläche von rund 200 ha ein. Ausgekieste Gruben werden heutzutage grundsätzlich nicht mehr verfüllt, sondern der Natur überlassen und entwickeln sich zu artenreichen Lebensräumen für Wildpflanzen mit geringem Nährstoffanspruch und für Wärme liebende Tiere. Sie werden als „Lebensräume aus zweiter Hand“ oder „Sekun-

därbiotope" bezeichnet. In dem großräumigen Abbaugebiet zwischen Handewitt und Wanderup kam bei der Anschlussnutzung eine Ausnahmeregelung zum Zuge: Als Ausgleich für die jahrelangen Belastungen durch den Kiesabbau wurde den Gemeinden ein Badesee und ein Wegenetz für Spaziergänger und Radfahrer zugestanden, wobei für den Badesee eine naturschutzrechtliche Ausgleichsleistung erbracht werden musste. Die Planungen für das Wegenetz begannen früh, sodass bereits eine Vielzahl von Wegen entstanden ist. Da der Kiesabbau noch nicht in allen Gruben beendet ist, ist der Zustand der jetzigen Landschaft noch nicht endgültig. Dennoch ist der Vergleich mit der „Holsteinischen Schweiz", wie gelegentlich in der Presse zu lesen war, stark übertrieben. Was inzwischen an Wegen und Wegeverbindungen fertig ist und noch vorgesehen ist, wird hier vorgestellt. Dabei hat der Verfasser dieses Beitrags bei den Wegen differenziert zwischen dem Bedürfnis nach Erholung in landschaftlich attraktivem Gelände („Wohlfühlrouten") und nach Wanderrouten für diejenigen, die „Strecke machen wollen". Erstere Routen sind in den Karten mit dicken Punkten markiert, die dazugehörigen Richtungspfeile am Ende gefiedert. Die Langstrecken sind mit einer schwächer gezeichneten Punktfolge und einfachen Richtungspfeilen gekennzeichnet. Deckt ein Wanderwegabschnitt die Bedürfnisse beider Wandergruppen ab, gilt der gefiederte Pfeil.

I. Im nördlichen Teil

An mehreren Zugängen zu dem neu geschaffenen Wandergebiet ist ein Hinweisschild angebracht, das für einen Besuch wirbt. *„Willkommen im SeenLand um Flensburg"* heißt es dort und dazu ist eine Übersichtskarte eingefügt. Sie wird von zwei Sympathiefiguren aus einem Kinderbuch eingefasst (Abb. 10.1). In kräftiger Grünfärbung ist das Handewitter Gehölz oben zu sehen, darunter die Zone der Kiesgewässer, die in einen Nordteil (beige eingefärbt) und und einen Südteil (hellgrüne Farbe) gegliedert ist. Der Willkommensgruß bezieht sich auf die gesamte Gewässerzone südlich des Handewitter Gehölzes. Die diagonal verlaufende Trasse der Bundesstraße 200 (B 200) zwischen

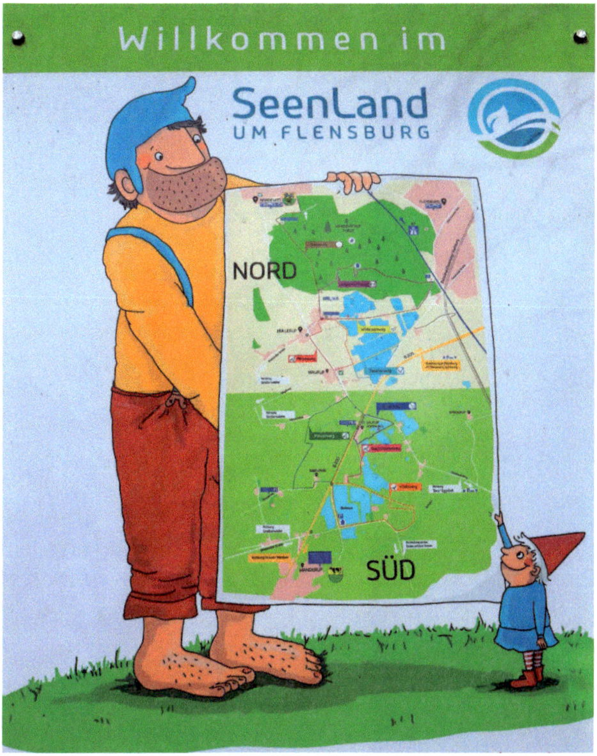

Abb. 10.1: Karte der Kiesseenlandschaft südlich von Flensburg mit dem Handewitter Gehölz im oberen Teil

Flensburg und Husum zerlegt das Gebiet in einen Nord- und einen Südteil. Die Wege und ihre Namen sind in Abb. 10.1 nicht gut zu erkennen, deshalb werden sie in erst in großmaßstäbigen Karten farblich unterschieden. Ihre Namen sollen schon einmal genannt werden: Im nördlichen Seengebiet einschließlich von Teilen des Handewitter Gehölzes sind es der Eichhörnchenweg, der Meisenweg, der Wildentenweg und der Fasanenweg mit einer Länge von insgesamt 23,4 km. In der Südhälfte kommen noch der Gänseweg, der Möwenweg und der Bachstelzenweg hinzu. Unklar ist noch, ob der für einen Rundkurs extrem wichtige Kiebitzweg umgesetzt werden kann. Die Wege überlappen sich zum Teil in den Karten. Für alle gilt ein einheitliches Logo. Auf dem Wegweiser in Abb. 10.2 ist zusätzlich ein Richtungspfeil angegeben. Die Grundfarbe variiert je nach Weg.

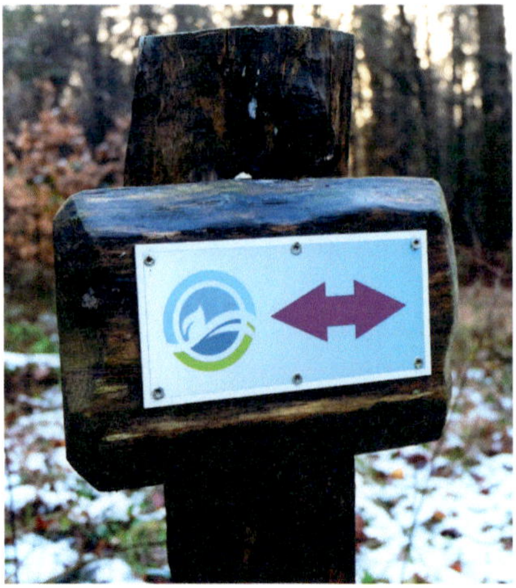

Abb. 10.2: Wegweiser mit Richtungspfeil und Logo

Die erste „Wohlfühl"-Wanderroute im Nordteil ist ein Rundwanderweg, der durch das südliche Handewitter Gehölz verläuft und dann über Hüllerup wieder an seinen Ausgangspunkt zurückgeführt wird. Diese Strecke ist identisch mit dem Eichhörnchenweg, der in der Karte von Abbildung 10.4 hellblau eingezeichnet ist. Startpunkt ist ein Parkplatz am südöstlichen Rand des Handewitter Gehölzes. Mit 590 ha ist dies der größte Forst im Kreis Schleswig-Flensburg und stockt auf einer am weitesten nach Osten reichenden Moräne der vorletzten Vereisung (*Saale-Kaltzeit*). Die Altmoräne erreicht die stattliche Höhe von 61 über NHN.
Zu Beginn verläuft der Eichhörnchenweg auf einem breiten, grob geschotterten Fahrweg in Richtung Westen. Schuhe mit fester Sohle sind zu empfehlen. Später reduziert sich der Weg auf zwei Fahrspuren, sodass weiterhin zwei Personen nebeneinander gehen können. Die Steigung auf dieser Waldstrecke ist gering. Nach Norden und Süden zweigen Forstwege ab, auf denen man nach Handewittbusch im Norden und in die Nähe der Betriebsflächen des Kies- und Schotterwerks Bahnsen im Süden gelangt. Es ist nicht möglich, den gesamten Weg am südlichen Rand des Gehölzes entlang zu gehen, zulässig ist dies nur auf auf kurzen Teilabschnitten zu Beginn der Strecke. Schon gar nicht ist es erlaubt, das Betriebsgelände des Kieswerkes zu queren. Wer das Gelände zum ersten Mal erkundet, der sollte sich konsequent an den Eichhörnchenweg halten.

Auf der Wanderung lohnt ein Blick auf die Waldstruktur. Der Forst ist überwiegend als Nadelgehölz angelegt worden mit mächtigen Fichten, Douglasien und Weißtannen in der oberen Baumschicht. Bei genauem Hinsehen sind Veränderungen im Bestandsaufbau zu sehen. Der Forst ist mit Rotbuchen unterpflanzt. Auf lange Sicht wird er wohl zu einem Laub- oder Mischwald. Auf den Altmoränen der Hohen Geest ist die Buche in früheren Jahrhunderten verbreitet gewesen, während auf den Sandböden der Niederen Geest der Eichen-Birken-Wald dominierte, bevor aus wirtschaftlichen Gründen Nadelhölzern der Vorzug gegeben wurde. Im Handewitter Gehölz sind historische Altholzinseln stehen gelassen worden, als die großen Staatsforstmaßnahmen begannen.
Auf dem Wege nach Westen stößt man auf einen Querweg. Es irritiert, an dieser Stelle rechts abzubiegen. Nach einigen hundert Metern und einem Blick auf eine Schutzhütte wird jedoch klar: Der bisherige Weg geht in einen breiteren und besser begehbaren Hauptweg über, auf dem man auf am Ende auf einen bemerkenswerten Altbuchenbestand mit zerzaustem Aussehen stößt, dessen Stämme mit dichten Moospolstern überzogen sind. In Höhe von Hüllerup wird der Südwestrand des Handewitter Gehölzes erreicht. Der Waldweg geht nun in Richtung Süden in einen breiten Fahrweg ohne Asphaltdecke über. Erst am Ortsrand von Hüllerup wird der Fahrweg zu einer asphaltierten Straße, die kurz darauf nach links abknickt. Der Eichhörnchenweg ist nun identisch mit dem in Abb. 10.4 rot eingezeichneten Meisenweg und später mit dem violett markierten Wildentenweg. Der Wanderfreund geht nun auf einem Geh- und Radweg an der Bredstedter Straße entlang in Richtung Osten. Dieser Abschnitt ist trotz der durchgehenden Baumreihe zugegebenermaßen nicht übermäßig attraktiv. Nach wenigen hundert Metern ändert sich das, man steht plötzlich vor einer Aussichtsplattform. Wenige Stufen treppauf und der Blick schweift über die alte Auskiesung des Kies- und Schotterwerkes Bahnsen (Abb. 10.3). Dem Gewässer ist nicht anzusehen, dass dem Boden jahrzehntelang Kies- und Sand bis in großer Tiefe entnommen wurde, so gut wurde die Grube nach beendeter Auskiesung wieder in die Landschaft eingegliedert („*renaturiert*“). Mit kleinen Inseln und vorstoßenden Halbinseln sowie einem abwechslungsreichen Uferverlauf

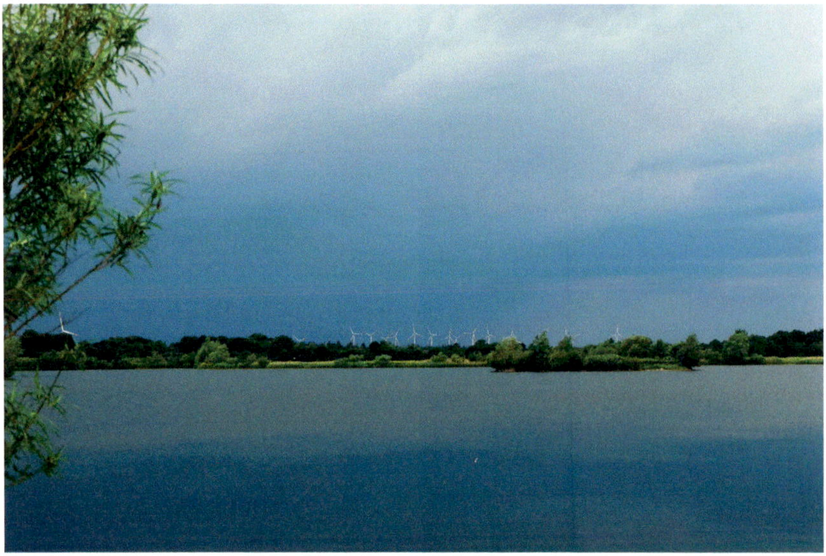

Abb. 10.3: Blick über die gut in die Landschaft eingepasste Altgrube eines Kies- und Schotterwerks. Diese Aufnahme entstand nicht von der Aussichtsplattform, sondern während einer Betriebsbesichtigung des Kiesabbaubetriebes. Dabei zog gerade eine Gewitterfront auf. (Blickrichtung: Osten)

ist eine erstaunliche Kontaktlänge im Verhältnis zur Größe des Kiessees entstanden, was der Ufervegetation und der Vogelwelt zugute kommt. Nach außen gut abgeschirmt, fallen zur Zeit des Vogelzuges Massen von Wasservögeln in das weitgehend ungestörte Gewässer ein. Bei Gruben, die noch ausgekiest werden, ist solch ein Blick nur im Ausnahmefall möglich, da das Abbaugebiet in der Regel von hohen Wällen eingefasst sind. Auf der Flurstücksgrenze stockt oft noch ein Knick mit dornigem Strauchwerk. Diese Gruben sind demnach (noch) nicht erlebbar. Eine Öffnung wäre gefährlich, sie ist mit dem Risiko eines tückischen Uferabbruchs verbunden. Nach einem Kilometer Wegstrecke nimmt man beiderseits des Eichhörnchenweges kleinere und weniger spektakuläre Gruben wahr. Auch hier ist der Abbau von Kies, Sand und Steinen weitgehend beendet, z. T. sind die Seenufer eingegrünt. Ein kurzes Stück später läuft der Handewitter Forst keilförmig auf die Bredstedter Straße zu. Der Wanderer verlässt den Gehweg und gelangt auf einem rund 750 m langen Waldpfad – er war einst ein Streckenabschnitt der ehemaligen Bahntrasse von Flensburg nach

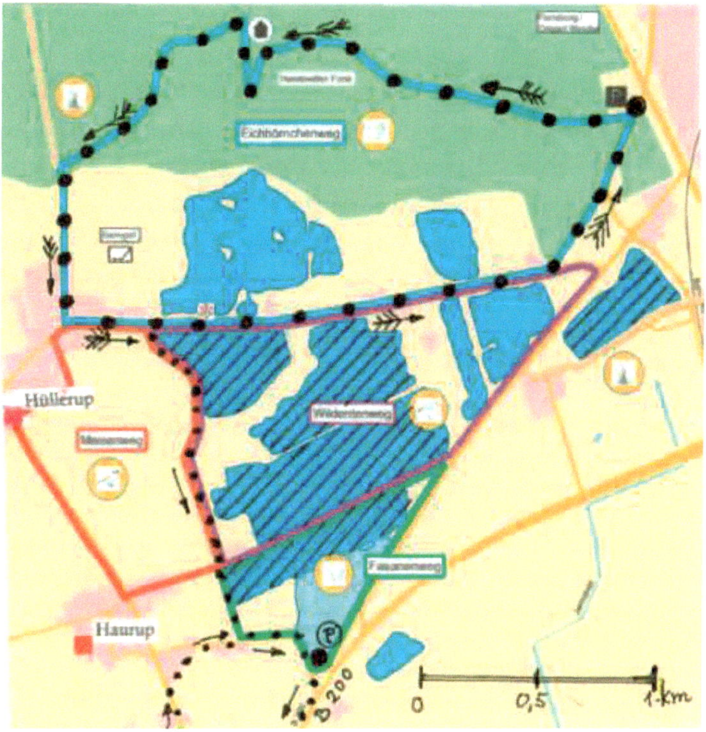

Abb. 10.4: Der Norden des Kiesseengebietes mit dem südlichen Handewitter Gehölz (Stand: 2021). Die Grundkarte von Abb. 10.4 und 10.6 zum Einzeichnen der Gehrouten wurde freundlicherweise vom Planungsbüro Pro Regione zur Verfügung gestellt. Zur Legende für beide Karte: siehe Abb. 10.6.

Bredstedt – zum Ausgangspunkt der Wanderung am Hundesportzentrum zurück. Die Karte in Abb. 10.4 zeigt den Nordteil des „SeenLand um Flensburg“.

Diese Karte lässt viele Details erkennen. So wird nicht nur das Wegenetz sichtbar, auch der Stand des Kiesabbaus ist ablesbar. Neben dem Rundkurs des Eichhörnchenweges mit seinen großen schwarzen Punkten sieht man auch eine schwächer gezeichnete Punktfolge. Sie stellt die Verbindung zum Auskiesungsgebiet Süd über den östlichen Abschnitt des Meisenweges (rot eingezeichnet) und den westlichen Teil des Fasanenweges (grün eingefärbt) her. Damit wird jenen Wanderern Orientierung gegeben, welche die gesamte Wegstrecke zwischen Handewitter Gehölz und Wanderup Nord abzugehen bereit sind. Kurz bevor man den Aussichtspunkt mit dem Einblick in den Kiessee von Abb. 10.3 erreicht, zweigt ein namenloser asphaltierter Wirtschaftsweg nach Süden ab und kreuzt den Hügelweg. Hier heißt es aufzupassen! Nach der Straßenquerung beginnt leicht nach recht versetzt ein bekiestes Wegestück. Es ist ein wichtiges Verbindungsstück, das auf den Kosweg zuläuft.Von dort ist es nur noch ein kleines Stück auf dem Fasanenweg zum Parkplatz am Altstraßenrest der früheren Alten Husumer Straße. Das kleine P (Parkplatz) in der Karte kann auch als Startpunkt für eine gesonderte Tour rund um den südlichen Teil des Kiesabbaugebietes genutzt werden.

Anfahrt zum Startpunkt am Handewitter Gehölz

Wer über die Straße Altholzkrug (= Verlängerung des Alten Husumer Weges in FL-Weiche) in Richtung südliches Handewitter Gehölz fährt, der erreicht den Parkplatz am Hundesportzentrum des Gebrauchshundevereins (GHV) auf direktem Wege. Fixpunkt für die Anfahrt mit dem eigenen Fahrzeug ist der Verkehrskreisel in Neuholzkrug. Fährt man von Flensburg aus die Husumer Straße stadtauswärts und unterquert die BAB A 7 und die Bahnunterführung kommt man direkt zu diesem Kreisverkehr. Hier nimmt man die erste Ausfahrt rechts. Wer dagegen auf der Tarper Straße aus Richtung Barderup kommt, verlässt den Kreisel geradeaus. Und wer über die Bredstedter Straße aus Richtung Hüllerup anreist, biegt in die Flensburger Straße ein und erreicht unmittelbar darauf den Kreisverkehr. Wanderfreunde aus Richtung Husum biegen von der B 200 rechtzeitig vor der Straßenzusammenführung des Alten Husumer Weges (heute: Flensburger Straße) links ab. Mit öffentlichen Verkehrsmitteln an den Startpunkt der Wanderung zu kommen, kann schwierig werden. Der Schnellbus Flensburg–Husum (Linie 1044) fährt vom ZOB in Flensburg ab und hält nach der Haltestelle am Flensburger Fördepark erst wieder in Wanderup. Mit dem Bus des Nahverkehrsverbund Schleswig-Holstein (NAH.SH) kommt man vom ZOB in Flensburg nach Weding-Neuholzkrug.

Koordinaten des Startpunktes: 54.743975, 9.378587

II. Im Südteil

Mit dem Luftbild in Abb. 10.5 verschafft man sich zunächst einen Überblick aus der Vogelperspektive über den südlichen Teil der großflächigen Auskiesungen. Der Blick ist dabei nach Süden gewandt, während für die Karten in Abb. 10.4 und Abb. 10.6 die übliche Nordausrichtung gilt. Alle Abbaugruben und gestalteten Kiesseen liegen südöstlich der B 200. Was schon im nördlichen Teil zu sehen war, gilt in größerem Maße für die Gewässer im Süden. Die Kiesseen sind nicht miteinander verbunden, um etwa im Falle eines Ölunfalls die Schäden auf das betroffene Gewässer zu begrenzen. Es kann auch ganz andere Gründe haben: Der Rohstoffabbau erfolgt in der Regel auf angekauften Flurstücken. Nicht jeder Eigentümer ist bereit, Flächen dafür abzugeben.

Das Wegenetz im Südteil ist der Karte in Abb. 10.6 zu entnehmen. Wie

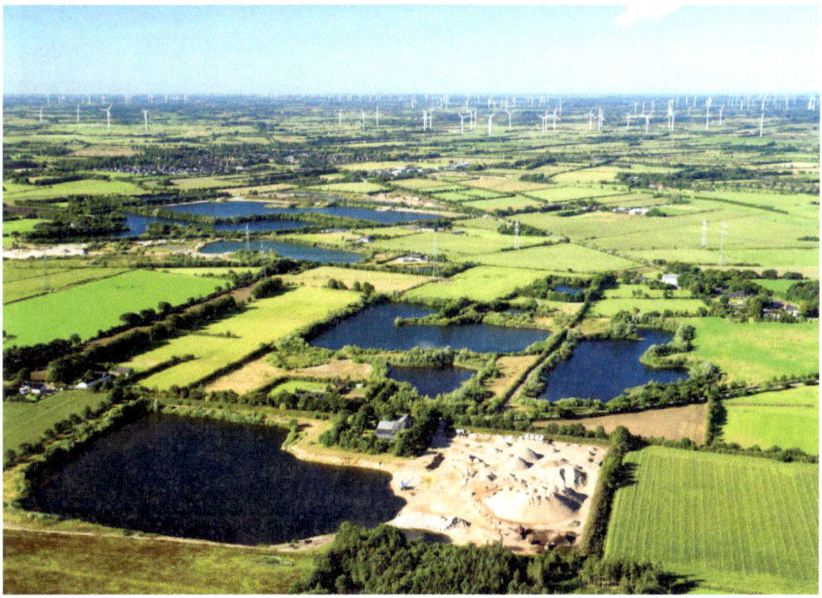

Abb. 10.5: Der Südteil des „SeenLandes um Flensburg". Die Grube im Bildvordergrund grenzt an den Oeverseering, dahinter befinden sich renaturierte Kiesseen. Im Hintergrund sind noch die Abbauflächen von Wanderup Norderfeld zu sehen. Am linken Rand in Höhe der Bildmitte werden zurzeit zwei neue Gruben erschlossen. (Blickrichtung: Süden)

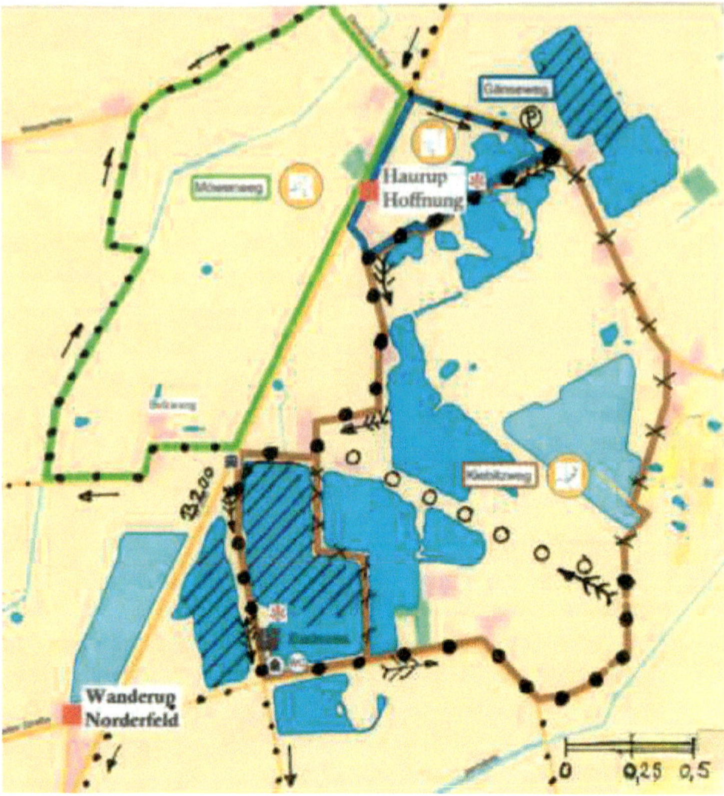

Abb. 10.6: Das Kiesabbaugebiet Süd mit Rundwegen (Stand: Anfang 2022; zur Legende: Fläche tiefblau mit Schraffur = Abbau aktiv, tiefblau ohne Schraffur = Abbau beendet; hellblau = Abbau geplant)

schon erwähnt, könnte für Streckenwanderer der Parkplatz (P) an der Zusammenführung von Alter Husumer Weg (heute Flensburger Straße) und BAB A7-Zubringer in Frage kommen (siehe hierzu den unteren Kartenrand von Abb.10.4). Die schnell befahrene B 200 in Parkplatzhöhe zu queren, ist risikoreich. Es wird empfohlen, vom Parkplatz auf dem Rad- und Gehweg an der B 200 in Richtung der beampelten Kreuzung mit dem Oeverseering zu gehen und dort die B 200 auf dem Fußgängerüberweg zu queren, der sich als Geh-/Radweg nach Osten fortsetzt. Im Verständnis der Wegeplaner ist dieser bereits Teil des in der Karte von Abb. 10.6 tiefblau eingezeichneten Gänseweges.

Nach etwas über einem halben Kilometer Fußweg fällt der Blick auf den Zugang zum Kieswerk Böwadt & Hansen auf der gegenüber liegenden Straßenseite. Macht man eine halbe Körperdrehung, bemerkt man einen neu angelegten bekiesten Fußweg. Hier biegt der Gänseweg (dunkelblau in der Karte) scharf nach rechts in Richtung Süden ab. An dieser Stelle findet der „Streckenwanderer" den Anschluss an das Wegesystem im Süden. Der „Wohlfühl-Wanderer" kann von hier eine Wanderung durch den Südteil der Kiesseenlandschaft beginnen, sofern er nicht sein Fahrzeug auf dem Parkplatz an dem Altstraßenstück an der B 200 abstellen will. In der Karte von Abb. 10.6 ist der Startpunkt mit einem verdickten Punkt kenntlich gemacht. Das eigene Fahrzeug stellt man auf dem Seitenstreifen des Olmarkweges ab.
Die Wanderung auf diesem neu angelegten Teilstück des Gänseweges ist für die Füße eine Wohltat. Der Weg führt in südwestlicher Richtung durch die dortigen Kiesseen hindurch. Von den kleinen bis mittleren Seen sieht man allerdings nicht viel, denn die linke Wegseite ist von einem hohen Wall eingefasst. Dankbar ist man beim Anblick einer Aussichtsplattform – baugleich mit der an der Bredstedter Straße (siehe Teil I). Sie sitzt dem Knickwall auf. Leider ist der Blick vom erhöhten Standort wenig ergiebig. Man schaut über eine Brache, an deren Ende Weidengebüsche die Sicht auf einen See einschränken. Diese Einschätzung wird auch von Anliegern geteilt. Die Plattform hätte wohl 50 Meter weiter versetzt besser hingepasst. Hier reicht das Gewässerende an den Knick heran und ein verstohlener Blick über den Kiessee wäre möglich.
Das letzte Stück des Neuweges geht in Höhe einer Hofanlage in eine Schotterstrecke über. Der Hofbetreiber macht mit einer Hinweistafel kein Hehl aus seiner Abneigung gegen die Rückkehr des Wolfes. Auf der linken Seite fällt der Blick auf ein kleines Gewässer mit zertretenem Uferrand – ein typisches Angelgewässer. Der Geräuschpegel von der immer näher kommenden B 200 nimmt zu, am frühen Morgen und nach Arbeitsende ist er beträchtlich. Dies ist der akustische Beleg dafür, dass die Schleswigsche Geest eine Auspendlerregion ist. Dankbar nimmt man zur Kenntnis, dass sich die Route auf dem nun folgenden Bachstelzenweg wieder von der B 200 wegbewegt. Auf dem nun wieder geschotterten Weg stößt man auf einen Querweg mit dem verhei-

ßungsvollen Namen „Hoffnung". Hier biegt man links ab. Kurz darauf wird die Gemeindegrenze nach Wanderup überschritten. Julianenhöh heißt es ab hier. Siedlungsnamen mit Friedrich, Christian oder eben auch Juliane, sind häufig ehemalige Kolonistenstellen. Kolonisten waren Zuwanderer aus dem süddeutschen Raum, die zwischen 1761 und 1765 in den Norden kamen und unter anfangs schwierigsten Bedingungen dem kargen Boden Erträge abgerungen haben. Sie führten auch den Kartoffelanbau in Schleswig-Holstein und Dänemark ein. Ein Gedenkstein, aufgestellt 2010 von der Gemeinde Wanderup und der AG Plaggenhacke sowie ein kleines Lesepult bestätigen diese Vermutung. Die drei Siedlungsstellen entstanden 1762, lagen dicht beieinander und bildeten die 7. Flensburger Kolonie von insgesamt 19 im alten Amt Flensburg.
Der Anschluss auf dem Weg nach Süden ist über den weiter westlich liegenden asphaltierten Kamplanger Weg möglich. Er verläuft durch zwei Kiesgruben mit aktivem Abbau hindurch. Die westlich gelegene Grube ist dabei von der B 200 überwiegend von einem Wall gegen un-

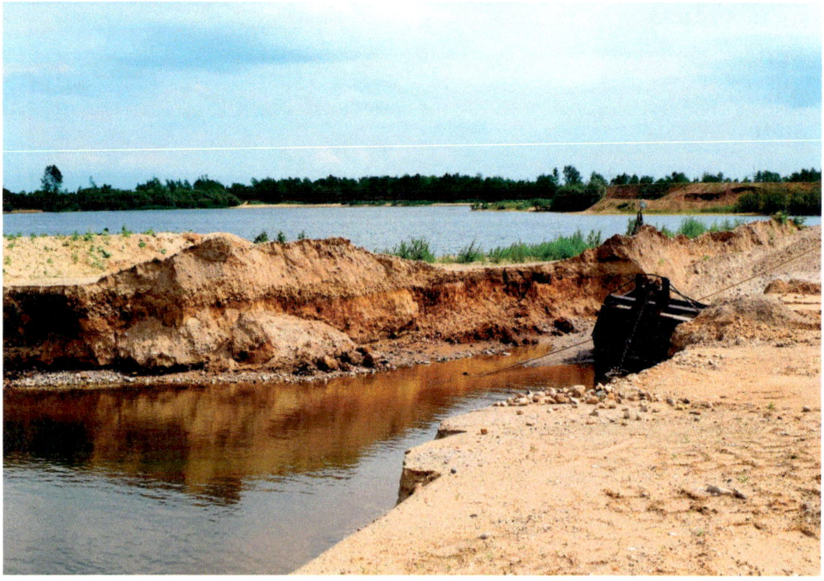

Abb. 10.7: Kiesgewinnung mit einem Schürfkübel („Scraper") zum Flachabzug von Material. Er wird mit Seilen durch den Untergrund gezogen und ist eine von mehreren Fördermethoden bei der Nassbaggerung.

erwünschtes Betreten abgeschirmt, den der Wanderer auf dem Kamplanger Weg als Lärmschutz zu schätzen lernt. Von dieser Straße aus hat man an einigen Stellen auch Einblicke in den Kiesabbau durch Nassbaggerung (Abb. 10.7). Das gewonnene Material läuft über Förderbänder und Rüttelsiebe, wird nach Korngröße getrennt und dann zu großen Haufen aufgeschüttet. Später wird es nach Normvorgaben zur gewünschten Korngrößenzusammensetzung zusammengeführt. Eine Anmerkung noch zur Wasserqualität in den dortigen Gewässern: Sie ist in den Kiesseen so hervorragend, dass Biologen der Kieler Universität den heimischen Flusskrebs in einigen der Gewässer erfolgreich ansiedeln konnten.
Parkplätze am linksseitigen Wall tauchen auf und kurz darauf fällt der Blick über die neue Badestelle in Wanderup Norderfeld. Sie ist mit einem Mehrzweckgebäude ausgestattet, eine Vielzahl von Hinweisschildern weist auf die Gewässerbedeutung hin und nennt Regeln

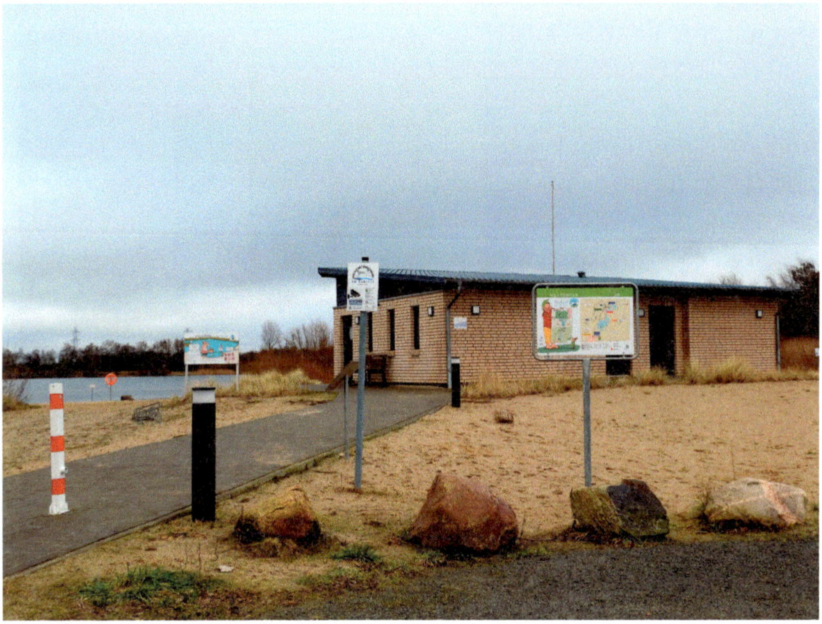

Abb. 10.8: An der neuen Badestelle mit ihren flach ausgezogenen Ufern und dem Mehrzweckhaus in Wanderup Norderfeld. Das Badegewässer ist mit Leinen und farbigen Schwimmkörpern abgegrenzt. Außerhalb des Badebereichs ist Wassersport nicht erlaubt.

zum umweltgerechten Verhalten (Abb. 10.8). Von der Sandqualität kann der angelegte Strand es mit nahezu jedem Fremdenverkehrsort an der Küste aufnehmen. Eine ältere Badeeinrichtung weiter östlich wurde dafür aufgegeben. Die Karte von Abb. 10.6 zeigt drei Möglichkeiten für den Weg nach Süden auf. Wer anschließend nach Wanderup weitergehen möchte, nutzt dafür den in Ost-West-Richtung verlaufenden Weg Norderfeld. Auf dem Geh- und Radweg an der B 200 gelangt man auf kürzestem Wege in das Ortszentrum. Der mittlere Weg führt von Norderfeld in das östliche Wanderup mit dem Schul- und Sportzentrum. Die schwach punktierte Linie weiter östlich stellt den Anschluss an die obere Treenelandschaft her.

Unser „Wohlfühlweg“ führt auf dem wenig frequentierten Norderweg nach Osten weiter. Nach einem längeren Streckenabschnitt stößt man linkerhand auf ein buntes Schild mit Hinweisen zum weiteren Verlauf des Kiebitzweges. Er knickt nach Norden ab und ist ein typischer Feldweg: unbefestigt und mitten durch die offene Feldflur – eine ideale Verbindung, um das Auskiesungsgebiet zu umgehen und zur Julianenhöh zurückzukehren. Leider gibt es neben dem *Hinweisschild einen entscheidenden Zusatz auf einem kleineren Schild: Sackgasse für Fußgänger und Radfahrer!* Enttäuschung macht sich breit, der Rundweg steckt noch in der Planungsphase. Sein mutmaßlicher Verlauf ist mit offenen Kreisen in der Karte von Abb. 10.6 angedeutet. Man kann noch 10 Minuten in ruhiger Umgebung weitergehen. Aber ca. 50 Meter vor der Hochspannungsleitung ist dann wirklich Schluss. Zurzeit bleibt nichts anderes übrig, als wieder den Rückweg anzutreten. Bei Manuskriptabschluss war der endgültige Wegeverlauf noch in der Schwebe. Die Gemeinde Handewitt beabsichtigt, einen Rad- und Fußweg an der Straße nach Oeversee (L 96) nach Süden herstellen. Die mit x x x versehenen äußeren Trassenvarianten in der Karte von Abb. 10.6 stehen nicht mehr zur Diskussion und wären auch kein Ersatz für den projektierten Kiebitzweg. Bei Manuskriptabschluss war der endgültige Wegeverlauf nach Westen noch in der Schwebe. Südlich der Streusiedlung Haurup Süd werden aller Voraussicht nach noch neue Kiesabbauflächen erschlossen, was eine Verschwenkung der ursprünglichen Wegeführung notwendig macht. Hier heißt es, sich in Geduld zu üben.

Für unseren „Streckenwanderer" gibt es eine weit ausgreifende Alternative. Er quert die gut einsehbare B 200 in Höhe von Julianenhöh und hält auf dem Birkwanger Weg auf die Streusiedlung gleichen Namens zu. Dieser längere Weg westlich der B 200 ist hellgrün in der Karte von Abb. 10.6 eingezeichnet. Nachdem Birkwang durchwandert ist, hält man Ausschau nach einem Bach, dessen Ufer von Erlen bestanden sind. Dies ist der Punkt, an dem ein neu angelegtes Teilstück des Möwenweges beginnt und am Bach auf einer breiten Graspiste nach Norden verläuft.
Wem vor der Abzweigung in den Möwenweg nach einer Stärkung zumute ist, der betritt noch nicht den Möwenweg, sondern geht auf dem Wirtschaftsweg geradeaus nach Kieracker weiter. Die Straße biegt einmal kurz nach links, dann wieder nach rechts ab, bis man „Christas Hofcafé" mit ländlich-heimeliger Atmosphäre erreicht. Nach dem Café-Besuch geht man in Richtung Birkwang bis zum Bach zurück und betritt nun den oben beschrieben Möwenweg.
Nach gut der Hälfte knickt der Möwenweg links und kurz darauf wieder rechts ab und entfernt sich dabei vom Bach. Der Wanderer sieht sich plötzlich unter mächtigen Starkstromleitungen und blickt auf die gewaltigen Trägermasten, dazu drehen sich Windkrafträder im Hintergrund. Energiewende hautnah! Ein seltenes Phänomen war am Erkundungstag zu beobachten: Die Wolken hingen so niedrig, dass immer nur das unterste Rotorblatt zu sehen war, während die oberen in den Nebel eintauchten...
Nach etwa halbstündiger Wanderung endete dieser naturbelassene Weg an einer Querstraße mit Namen Westerhöhe. Hier biegt man rechts ab und geht auf einem breiten Seitenstreifen in Richtung Oeverseering. Nach einer Linksabbiegung lässt sich die Wanderung auf dem vorhandenen Geh- und Radweg zum südlichen Ortseingang von Haurup fortsetzen. Schon an der ersten Straße zweigt der bereits bekannte Kosweg rechts ab. Ihm wird gefolgt und nach mehreren hundert Metern ist man wieder zurück am Parkplatz an der Flensburger Straße. Ein großer Kreis im „SeenLand um Flensburg" hat sich damit geschlossen. Den Rundkurs kann man auch mit dem Fahrrad abfahren.
Zum Abschluss ein kleines Fazit zu den Wanderwegen im neuen „SeenLand um Flensburg": Es ist kein neues, in sich geschlossenes

Wandernetz abseits der Straßen und Wirschaftswege geschaffen worden, sondern bereits vorhandene Verkehrswege wurden durch neu angelegte Verbindungswege miteinander verknüpft. Die Streckenabschnitte sind von ihrer Qualität her sehr unterschiedlich. Man mag das bedauern, sollte aber bedenken, dass in diesem Gebiet nach Jahrzehnten die nachteiligen Folgen einer zu weit gegangenen Flurbereinigung korrigiert werden konnten, als in den 1960er Jahren und später alte Wegeverbindungen wie Kirchsteige und Querfeldein-Pfade zwischen den Dörfern zugunsten einer ökonomisch begründeten Flächenneuschneidung aus der Landschaft verschwanden. Die hier im Seengebiet südwestlich von Flensburg umgesetzte Planung hat den Trend umgekehrt.

Anfahrt

Aus nördlicher Richtung auf dem Autobahnzubringer kommend, biegen „Streckenwanderer" kurz nach der Zusammenführung mit der Flensburger Straße (Husumer Straße auf Flensburger Stadtgebiet) nach etwas über 200 Metern rechts in den Kosweg ein. Rechts sieht man schon den langgestreckten Parkplatz auf dem alten Straßenrest, der einst nach Husum führte. Von Süden bzw. Südwesten aus fährt man kurz vor der Straßenzusammenführung entsprechend nach links ab. „Wohlfühlwanderer" zweigen an der beampelten Kreuzung des Oeverseerings links ab und fahren bis zur Zufahrt des Kiesabbauunternehmens Böwadt und Hansen, wo sie sich auf dem breiten Randstreifen des Ohlmarkweges ihr Fahrzeug abstellen.

Koordinaten des Startpunktes: 54.725005, 9.360342

11 Von Frörupmühle in die Fröruper Berge und durch die Ihlseestrom-Niederung zurück an die Treene

Kurzbeschreibung: *Eine längere Rundwanderung durch eine abwechslungsreiche Landschaft im Übergangbereich von der Niederen Geest in das östliche Hügelland.*

Wer sich die die obere Treene bei Frörup und die Fröruper Berge mit ihrem Umfeld erschließen möchte, dem sei die Rundwanderung mit Start und Ziel an der alten Fröruper Wassermühle empfohlen. Die hier beschriebene Route ist in ihrem Verlauf dem Faltblatt über die Obere Treenelandschaft nicht unmittelbar zu entnehmen. Zum Startpunkt: Hier schaut man zunächst auf die Idylle eines Stauteiches mit Wehr und Restgebäuden des alten Mühlenkomplexes im Ortsteil Frörup der Gemeinde Oeversee (Abb. 11.1). Der Mühlenstandort an der Treene ist

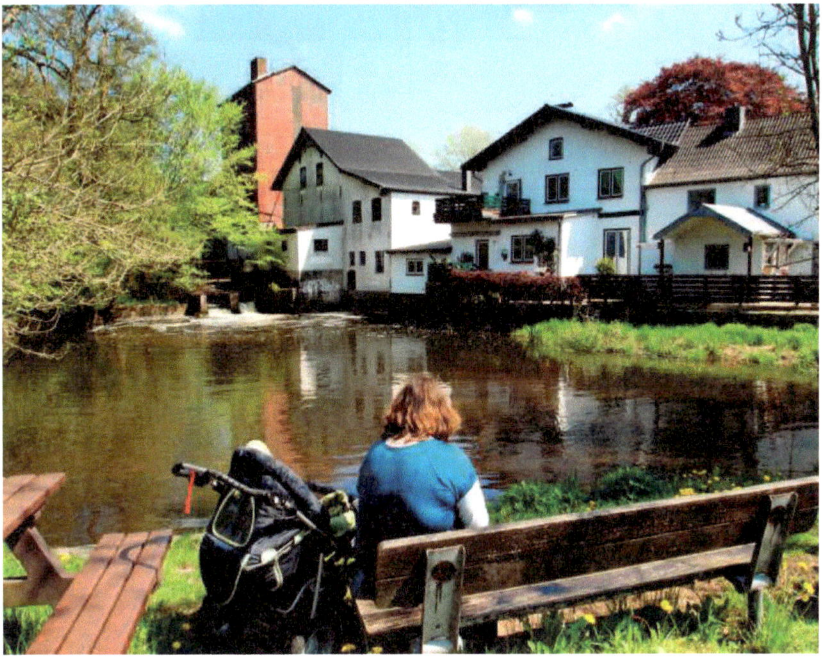

Abb. 11.1: An der alten Wassermühle am Oberlauf der Treene

ca. 600 Jahre alt; seine Geschichte wurde von N. Eggers in einem Beitrag aufgezeichnet.
Anschließend verlässt man das Treenetal auf dem ansteigenden Mühlenweg in Richtung Osten, biegt in die Straße Bäckerberg ein, hält sich kurz darauf links und gelangt durch eine Unterführung gefahrlos auf die andere Seite der L 317 (früher B 76). Ein befestigter kombinierter Fuß- und Radweg führt auf einer steigungsarmen Wegstrecke durch die Streusiedlung Frörupsand, die ihren Namen einem Flugsandfeld beiderseits der Straße in die Fröruper Berge verdankt.
Einen freien Blick auf die Fröruper Berge mit ihrer dichten Waldbedeckung („Frörupholz") hat man erst spät. Warum der Höhenzug den Zusatz „Berge" trägt, hängt mit dem bewegten Relief dieser gestauchten Endmoräne zusammen, die eine maximale Höhe von knapp 50 m über NHN erreicht. Am Ende der Straße steht der Besucher am Rande einer aufgelassenen Kiesgrube und sieht sich auf drei Seiten von Steilhängen umgeben, wobei an dem nach Süden hin ausgerichteten Hang kiesig-sandiges Material offen zutage tritt. In dieser Grube und ca. 500 m Luftlinie weiter südlich baute das „Kieswerk Frörup" von 1926 bis Anfang der 1960er Jahre große Mengen an Kies und vor allem Gesteinsblöcken ab, die von Feldbahnen auf einer südlichen, später nördlich gebauten Lorenstrecke nach Tarp gefahren, über eine Verladerampe in Waggons geschüttet und dann in Richtung Westen transportiert wurden, um im entstehenden Hindenburgdamm verbaut zu werden. Hierüber berichten A. Müller, 2002, und H.-W. Johannsen im Jahre 2023. Nur wenigen Besuchern dürfte auf dieser Wegstrecke bewusst sein, dass sie den historischen Ochsenweg gequert und die Geest hinter sich gelassen haben und sich nun im östlichen Hügelland bewegen. Das Gemeindegebiet von Oeversee wurde dabei nicht verlassen. Die Karte in Abbildung 11.2 informiert über das gesamte Gebiet sowie den Streckenverlauf einschließlich einiger Nebenrouten.
Nachdem die alte Kiesgrube erreicht ist, sollte erster Anlaufpunkt eine nahe gelegene Aussichtsplattform sein (Abb. 11.3). Dazu hält man sich an den rechten Grubenrand und folgt den Pfeilen eines kleines Hinweisschildes mit dem Umrissbild einer Plattform und eines Schmetterlings. Nach ca. 200 m Waldweg wird der attraktive Aussichtspunkt erreicht. Vom erhöhten Standort aus hat man einen ausgezeichneten

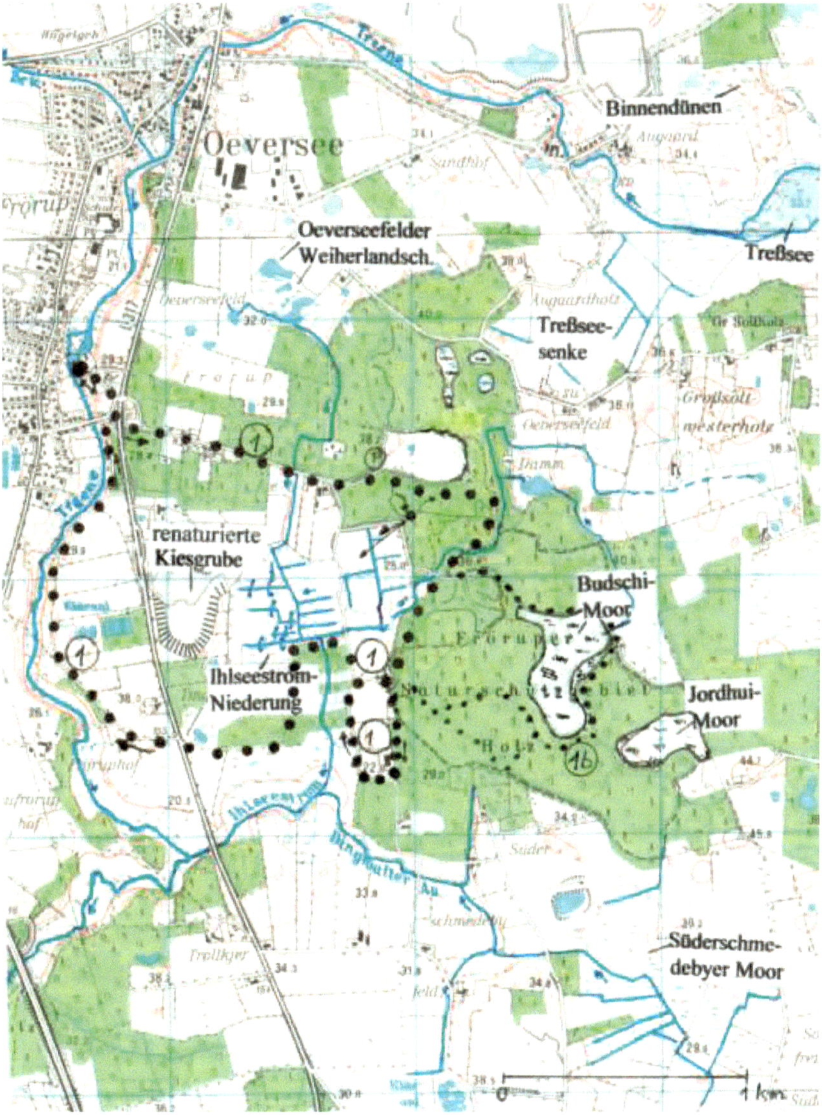

Abb. 11.2: Eine Wanderung in die Fröruper Berge, durch die Ihlseestrom-Niederung und an der oberen Treene entlang. Die Hauptroute ist mit großen Punkten und der Ziffer 1 versehen, Nebenstrecken mit kleineren schwarzen Punkten und der Angabe 1b.

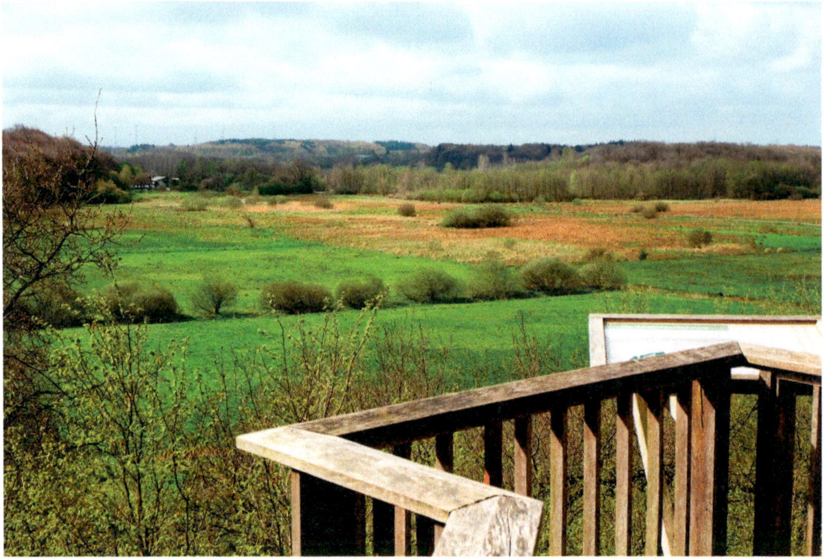

Abb. 11.3: Blick über die Ihlseestrom-Niederung von einer Aussichtsplattform für Besucher

Überblick über die weite Ihlseestrom-Niederung. Von einem Strom ist weit und breit nichts zu sehen, der Ausdruck wird hier im Sinne von Strömung gebraucht. Der Ihlseestrom ist ein kleines Fließgewässer mit spürbarem Gefälle. Am Aussichtspunkt ist der Höhenunterschied zwischen Plattform und Niederung beträchtlich, denn man steht auf einer alten Aufschüttungsfläche aus der Zeit des Kiesabbaus.
Die Niederung wirkt auf Außenstehende eher monoton: überwiegend grün, aber auch mit brach gefallenen Teilflächen, dazu ein asphaltierter Wirtschaftsweg, der die gesamte Senke in einen östlichen und westlichen Teil zerlegt. Ökologen sehen das Gebiet in seiner Gesamtheit dennoch anders. Nehmen wir bei aller Schwierigkeit, ihre Fachsprache bis ins Letzte zu verstehen, ihre Einschätzung der Faktenlage entgegen: *„Die enge Verzahnung ökologisch hochwertiger Biotopflächen unterschiedlicher Ausprägung von Niedermoor mit Sumpfstaudenfluren und intakten Großseggenbeständen über standortgerechtem, gut erhaltenem Eichenmischwald bis zu Heidmoorflächen mit randlichen Übergängen zu Borstgrasrasen ist eine für den Naturraum typische, aber selten ungestört erhaltene Formation: Hier sind Lebensräume seltener und z. T. sehr gefährdeter Pflan-*

zengesellschaften und Pflanzenarten erhalten" (in: Auswertungsband zur ersten Biotoperhebung für den Kreis Schleswig-Flensburg, S. 142).

Aber warum fällt der Blick von der Plattform in Richtung Südwesten nicht auf die flache Sandergeest, wie zu vermuten wäre, sondern auf einen leicht ansteigenden Höhenrücken? Die Ursache ist im späten Weichsel-Glazial zu suchen. Man schaut von der Plattform auf eine Zone ehemals hoher Gletscheraktivität. In Abkühlungsphasen innerhalb der Weichsel-Kaltzeit rückte die Gletscherfront mehrmals zwischen Kleinwolstrup und dem westlichen Frörup gen Westen vor (E. Strehl, 1998), schob Moränenmaterial vor sich her, stauchte es auf und riegelte damit die Niederung – die Durchbruchstelle des Ihlseestromes ausgenommen – nach Westen ab. Dieser schwache Höhenrücken wurde vor Jahren teilausgekiest und dann naturnah hergerichtet (renaturiert). Das ist nicht von Plattform zu sehen, sondern nur vom Zugang von einem Parkplatz an der alten B 76.

Nach dem beeindruckenden Überblick verlässt man die Aussichtsplattform, geht den Pfad, auf dem man gekommen ist, etwa hundert Meter zurück, biegt dann scharf rechts ab und folgt wieder dem „Schmetterlingsweg" am südlichen Grubenrand. Beim Blick auf die Grube ist Älteren noch bekannt, dass diese Altgrube eine wechselvolle Geschichte erfahren hat. Ursprünglich war sie mit Spielgeräten und einer üppigen Bepflanzung zu einer Freizeitlichtung gestaltet worden. Nicht endender Vandalismus veranlasste den Kreis Schleswig-Flensburg, das Gelände an die private Schrobach-Stiftung, die sich dem Naturschutz widmet, zu verkaufen. Die ließ weitere Kleingewässer graben und die Kieshänge wieder freilegen (Abb. 11.4). Das Gelände darf weiterhin betreten werden, nicht aber die Hänge.

Am Ende des Weges stößt man auf einen Querweg, an dem man sich rechts hält. Die Wanderroute – nunmehr als Schmetterlingsweg markiert – führt in Richtung Süden weiter. Nach einer kleinen Gefällstrecke biegt man an der nächsten Abzweigung links ab. Der Pfad führt auf eine Talung zu, die von einem Bach in Richtung Südwesten durchflossen wird. Diese Talform in der Endmoräne hat mit hoher Sicherheit einst die Urtreene während ihres ursprünglichen Verlaufes durch die Fröruper Berge geschaffen, bevor ein letzter Gletschervorstoß im Spätglazial die Abflussrinne abriegelte und die Treene zu einem Bogen

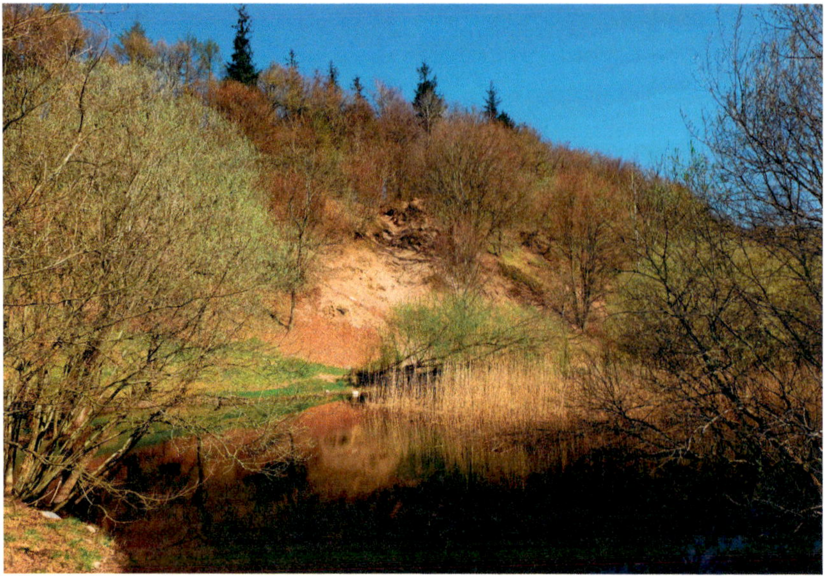

Abb. 11.4: Ein Blick über ein Gewässer auf den kiesigen, nach Süden ausgerichteten Steilhang der Altgrube. Er wird im Sommer stark erwärmt und ist bevorzugter Lebensraum von wärmeliebenden Insekten und der stark gefährdeten Zauneidechse.

nördlich um die Fröruper Berge zwang. Der Wanderer folgt dem Lauf des Baches und steht kurz darauf vor einer asphaltierten Straße mit einigen Parkplätzen und einer unscheinbaren Info-Tafel. Die Straße führt zu zwei Mooren (Budschi- und Jordhui-Moor) und wird in der Karte von Abb. 11.2 auch als „Moorrunde“ (1b) bezeichnet.

Die Asphaltstraße wird gequert, die Wanderroute führt zu dem Waldweg auf der anderen Seite der etwas versetzten Kreuzung und verläuft längere Zeit durch den Wald parallel zur Ihlseestrom-Niederung. Zum Baumbestand des Fröruphölzes einige Anmerkungen: Er wurde als Wirtschaftswald weitgehend „stillgelegt“. So nennen es die Forstleute, wenn die Holznutzung aufgegeben wird und der Wald einer weitgehend unbeeinflussten Entwicklung (*Sukzession*) überlassen wird, um einen Beitrag gegen die schwindende Artenvielfalt (*Biodiversität*) in Wäldern zu leisten. Nach dem Willen des Gesetzgebers sollen bis zum Jahre 2030 insgesamt 5 % des gesamten Waldbestandes in Deutschland Naturwald werden, davon 10 % in den Staatsforsten). Reinen Wirtschaftswäldern fehlt in der Regel der letzte Lebensabschnitt – die Alters- und Zerfallsphase. Altbäume und das natürliche Absterben der Bäume mit langsamer Holzzersetzung sorgen für eine unvorstellbare Artenvielfalt im Wald. Viele gefährdete Moos- und Flechtenarten („*kryptogame Epiphyten*") besiedeln ausschließlich alte Bäume, Höhlenbrüter unter den Vögeln und Waldfledermäuse nutzen die Hohlräume in Altbeständen, Holz zersetzende Käferarten erreichen in abgestorbenen Bäumen ihre höchsten Artenzahlen, um einige wichtige Aspekte zu nennen – siehe hierzu ein Beispiel aus dem östlichen Frörupholz (Abb. 11.5).

Die Förster des beauftragten Forstbetriebes silvakonzept streben im Frörupholz einen Totholzanteil von 5 % an. Die schweren Stürme „Christian" und „Xaver" von 2013 haben den Weg dort hin beschleunigt. Die Förster von silvakonzept nahmen die Katastrophensituation vergleichsweise gelassen hin und folgten der alten Einsicht „*Bäume*

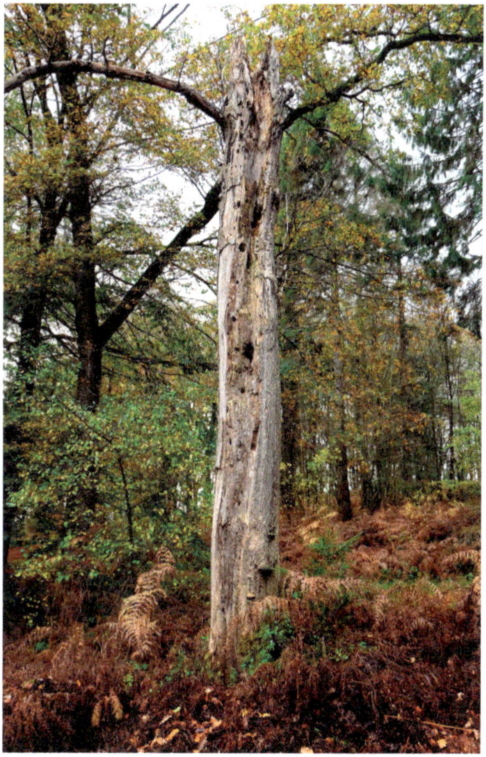

Abb. 11.5: Diese von Weißfäule befallene, geköpfte Buche im östlichen Frörupholz ist ein „Habitatbaum". Höhlenbildungen sind zu sehen, Zunderschwämme am Stamm unten zeigen die Zersetzung an. Muss der Baum aus Gründen der Standsicherheit gefällt werden, bleibt er als liegendes Totholz im Wald.

vergehen, aber der Wald bleibt" (Förster A. Petersen). Letztlich ist es Ziel, den Wald auf den 240 ha der Schrobach-Stiftung (von insgesamt 280 ha) zum ursprünglich hier stockenden Eichen-Hainbuchenwald im Übergang zum Eichen-Birken-Wald zurückzuentwickeln. Hinweisschilder auf dem weiteren Weg durch das Fröruper Gehölz machen darauf aufmerksam, dass man die Hauptwege nicht verlassen darf. Wer sich nicht daran hält, macht dies auf eigene Gefahr. Nur wenn nicht mehr standfeste Bäume an Hauptwegen für die Besucher zur Gefahr werden, wird zur Säge gegriffen.

Auf dem weiteren Weg südwärts werden die beiden Wohnhäuser im Schleswigschen Landhausstil am Waldrand rechts liegen gelassen. Kurz darauf erreicht man eine Weggabelung. Hier folgt man dem rechten Pfad mit dem Hinweiszeichen „Pilgerweg". An der Rasthütte vorbei hält man auf ein rustikales, scheunenartiges Gebäude zu. Es ist der Schafstall des Vereins „Obere Treenelandschaft". Hier tritt man auch aus dem Wald heraus. An Osterfeiertagen ist der Schafstall ein attraktiver Anlaufpunkt. Außerhalb von Veranstaltungen sollte man rasch vorbeigehen, um die Schäferin nicht bei der Arbeit zu stören. Auf dem Wege weiter in westlicher Richtung stößt man auf die Asphaltstraße, die mitten durch die Ihlseestrom-Niederung hindurch verläuft und in die man rechts einbiegt.

Die Hauptwanderroute führt nun trotz der asphaltierten Straße durch eine der ursprünglichsten Bereiche der oberen Treenelandschaft. Die Straße wird allerdings schon an der ersten Abzweigung nach links in Richtung der alten B 76 wieder verlassen. Auf einem unbefestigten und zeitweise gefluteten Weg ist ein Durchkommen auf dem dortigen erhöhten Holzsteg auch ohne Gummistiefel möglich. Linkerhand nimmt der Beobachter ein sumpfartiges Gelände wahr. Es ist ein selten gewordenes Niedermoor aus Blütenpflanzen und Laubmoosen, das seinen Nährstoffbedarf aus dem Grundwasser deckt. Auf dem nun ansteigenden Geländerücken stockt rechts des Weges ein uralt anmutender Eichenmischwald mit einzelnen Altbuchen und Altbirken sowie Haselnusssträuchern. Dieser Waldtyp ist ein „Hudewald" (auch Hutewald). Die knorrigen, überwiegend verdrehten Starkäste deuten darauf hin, dass früher Weidetiere in das Gehölz getrieben wurden und die Jungbäume verbissen haben. Einige Bäume sind im Oktober 2013

vom Orkan „Christian“ umgelegt worden und blieben fortan als Totholz liegen.
Wenig später wird die alte B 76 (mit größter Vorsicht!) gequert. Auf der östlichen Straßenseite kommt der Wanderer im Abstand von 100–200 m an den Hügelgräbern von Thinghy vorbei. Die Gräber gehören zu den größten vorgeschichtlichen Grabanlagen in unserer Landschaft. Der niedrigere der Grabhügel hat einen Durchmesser von 20 m und ist überpflügt worden, der größere bei einem Durchmesser von 25 m etwas über 6 m hoch (Abb. 11.6). Beide Grabhügel sind in der späten Bronzezeit entstanden und waren ursprünglich flacher. Ihre imposante Höhe entstand dadurch, *„dass man die Umgebung der Grabhügel auskieste“* (B. Zich, in: Von Wegen). Beide Gräber markieren auch den Verlauf des alten Heerweges. „*Thing*-hy“ deutet an, dass sich in früherer Zeit an dieser Stelle auch eine Versammlungs- und Gerichtsstätte befand. Die Nachsilbe -hy (auch -hoe und -hui) dürfte aus dem alten Angeldänischen stammen und bedeutet Höhe oder Anhöhe (hochdänisch høj).
Der Rundwanderweg führt jetzt an mächtigen Eichen vorbei auf das

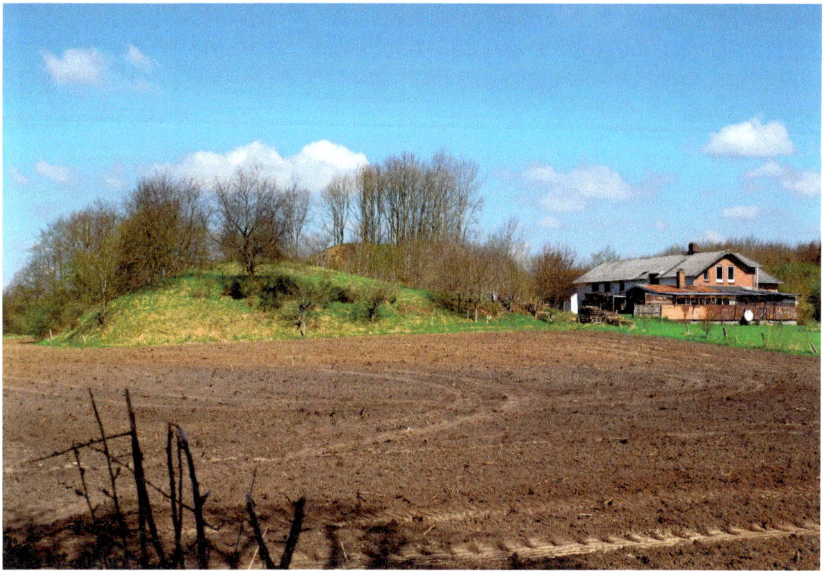

Abb. 11.6: Die Hügelgräber von Thinghy sind mehr als vorgeschichtliche Grabstätten. Das größere der beiden Gräber verbirgt sich im Hintergrund.

Treenetal zu; zur Linken setzt sich die Ihlseestrom-Niederung mit der gleichnamigen Au fort. Nach einer Rechtsbiegung wird der Weg dann zum Höhenpfad in parallelem Verlauf zum langgestreckten, schmalen Treenetal. Hin und wieder ist der Blick auf die Treene und auf den gegenüberliegenden Hang frei. Das Tal weist in diesem Abschnitt Merkmale eines Kerbtales („V-Tal") auf, weil sich die Treene tief in den Sander eingegraben hat. Die Geest ist wieder in Sichtnähe. Am Ortsrand von Frörup angekommen, hält man sich kurz hinter der Straßenunterführung erst etwas rechts und biegt gleich darauf links in den Mühlenweg ein. Der Ausgangspunkt der Wanderung ist nach ca. 2 Stunden wieder erreicht.

Anfahrt

Die Fröruper Berge liegen knapp 10 km südlich der Stadtgrenze Flensburg und weniger als 2 km östlich des namengebenden Ortsteiles Frörup der Gemeinde Oeversee. Man erreicht sie gut über die alte B 76 (jetzt L 137). Dazu biegt man bei der Freien Tankstelle an der Kreuzung Frörup–Fröruper Berge nach Westen ab und gelangt so in das schmale Treenetal. Einen Stellplatz für den PKW findet man am ehesten auf dem schmalen Randstreifen im Mühlenweg. Wer vom Stapelholmer Weg her kommt, fährt von Westen her in den Mühlenweg hinein. Wer es ganz eilig hat, in die Fröruper Berge zu kommen, biegt an der Kreu-zung nach Osten ab und folgt dem Hinweisschild „Fröruper Berge". Fahrzeuge oder Fahrräder können unmittelbar vor der alten Kiesgrube abgestellt werden.

Koordinaten des Startpunktes: 54.693586, 9.429555

Quellenangaben (Teilregion „Im Nordosten" – Kapitel 7 bis 11)

Christiansen, H. (1966): Unberührte Natur, Naturkundlich bemerkenswerte Gebiete Schleswig-Holsteins, Neumünster

Demuth, M. und Heintze, U. (2021): Kies- und Sandabbau zwischen Handewitt und Wanderup und die Folgenutzung; in: Die Schleswigsche Geest, S. 308–316. Hinweis: Da die aktuelle topographische Karte 1 : 25.000 (Berichtigungszustand: 2018) nicht den aktuellen Auskiesungsstand aufwies, wurde auf eine Kartierung des Planungsbüros Pro Regione zurückgegriffen.

Deutscher Verband für Landschaftspflege (DVL) und Stiftung Naturschutz Schleswig-Holstein (Herausgeber) – 2011: Wilde Weiden zwischen Nord- und Ostsee. Ein Naturführer

Eggers, N. (1960) Aus der Geschichte der Fröruper Wassermühle, in: Jb. für die Schleswigsche Geest, 8. Jg., S. 136–144

Heintze, U. (2010): Kiesabbau und Kiesnachnutzung auf der Schleswigschen Geest (I); in: Jahrbuch für die Schleswigsche Geest, 58. Jg., S. 79–97

Heintze, U: (2013): Die Fröruper Berge – mehr als ein beliebtes Naherholungsgebiet im nördlichen Schleswig-Holstein, in: Natur- und Landeskunde, 120. Jg., Heft 4–6, S. 68–88

Hill, T. und Zich, B. et al. (2002): Von Wegen; hrsg. von der Arbeitsgemeinschaft Ochsenweg e. V. und der Universität Flensburg, Institut für Geographie und ihre Didaktik, Reihe Flensburger Regionale Studien, Band 12

Johannsen, H.-W. (2023): Die Tarper Lorenbahn und die Findlinge aus den „Fröruper Bergen“, in: Jb. für die Schleswigsche Geest, S. 110–130

Madsen, B. L (2006): Ocker – ein Gewässerproblem, gegen das wir einiges tun können. Übersetzung einer 2004 erschienenen Broschüre aus dem Dänischen, hrsg. von der Edmund-Siemers-Stiftung, Hamburg

Ministerium für Energiewende, Landwirtschaft, Umwelt und ländliche Räume – MELUR (2000): Managementplan für das FFH-Gebiet DE-1219-391; Teilgebiet 1: Schafflunder Mühlenstrom

dasselbe (2017): Managementplan für das FFH- und Europäische Vogelschutzgebiet DE-1121-391 Frøslev-Jardelunder Moor; Bearbeitung durch die Gesellschaft für Freilandökologie und Naturschutzplanung – Freie Biologen

Ministerium für Energiewende, Klimaschutz, Umwelt und Natur Schleswig-Holstein (o. J.): Seen

Müller, A. (2002): Die ehemalige Kiesbahn von Tarp, in: Jb. für die Schleswigsche Geest, 50. Jg., S. 53–60

Petersen, H. (1976): Müller der Familie Kühl und die Schafflunder Mühle, in: Jb. für Schleswigsche Geest, 24. Jg., S. 115–136

Pletzing, C. (2022): 70 Jahre Akademie Sankelmark

Probst, W. (1978): Zur Vegetation des Jardelunder Moores, in: Die Heimat, Heft 10/11, S. 272–296

Riedel, W. (1976): Landschaftswandel und gegenwärtige Umweltbeeinflussung im nördlichen Landesteil Schleswig; hrsg. vom Institut für Regionale Forschung und Information im Deutschen Grenzverein e. V. – Forschungsrat, S. 46–52 und 135–141

Schmidt, H. (2011): Kolonistenatlas, S. 19 des Kartenteils im Maßstab 1 : 25.000

Schrobach-Stiftung (o. J.): Ein Streifzug durch die Wälder der Schrobach-Stiftung 1991–2011. 20 Jahre Kurt und Erika Schrobach-Stiftung.
Treene-Spiegel (1990): Thinghy, Denkmal und Gerichtsstätte, Ausgabe Nr. 176 der Gemeinde Tarp
Zölitz, D. (1989): Zur Vegetation des Jardelunder Moores; unveröffentlichte Diplomarbeit am Botanischen Institut der CAU Kiel
Faltblätter, Internet-Beiträge, Beiträge in Zeitungen, Sonstiges:
Faltblätter „Stiftungsland Schäferhaus", hrsg. von der Stiftung Naturschutz S.-H., der Stadt Flensburg und den Gemeinden Harrislee und Handewitt: Stiftungsland Schäferhaus. Früher Sperrgebiet – heute Naturerlebnisraum; „Naturerlebnisraum Stiftungsland Schäferhaus" – ein erlebnisreicher Rundgang
Internetbeitrag: spiegel.de/wissenschaft/natur vom 02.02.23 („Bis zu 13 Tonnen schwer: Neandertaler jagten riesige Waldelefanten")
Internetbeitrag der Freien und Hansestadt Hamburg, Behörde für Stadtentwicklung und Umwelt (o. J.): Eisen und Gewässer; Hinweise zur Beurteilung von Direkteinleitungen und über Auswirkungen auf Oberflächengewässer

Im zentralen Teil

12 An der mittleren Treene entlang

Kurzbeschreibung: *An der mittleren Treene lernt der Besucher einen der schönsten Fließgewässerabschnitte in Schleswig-Holstein kennen. Die Treene schlängelt sich in großen Windungen durch ihre breite Flussaue. Von den Wegen und Pfaden beiderseits dieser Niederung sind eindrucksvolle Ausblicke möglich.*

I. Von Trollkjer in das nördliche Tarp

Dieser Routenvorschlag beschreibt in seiner Gesamtheit eine der längsten Wanderungen im Wander- und Exkursionsführer. Da es schwierig ist, vom Ziel an den Startpunkt zurückzukehren, ist der gesamte Wandervorschlag in zwei Teile gegliedert, die unabhängig voneinander abgegangen werden können. Es werden auch immer wieder Querverbindungen angegeben, auf denen man vorzeitig zum Ausgangspunkt zurückkehren kann.
Trollkjer – wo ist denn das? Das mag sich mancher fragen, der die hier beschriebene Wanderung kennenlernen möchte. Zugegeben – diese Kleinstsiedlung ist ziemlich unbekannt und sie liegt nicht einmal auf Tarper Gemeindegebiet und auch noch nicht an der Treene. Ein sehr schöner Waldweg führt hinunter ins Treenetal und von da ab bewegt man sich mehr oder weniger nah am wohl beeindruckendsten Fließgewässer der Schleswigschen Geest. Zum Startpunkt der Wanderung: siehe hierzu „Anfahrt“. Wenn man rechts hinter einem Knick einen Reitplatz sieht und vor sich einen Weg in Richtung Westen, dann ist man richtig (Abb. 12.1). Die Flächen rechts des Weges sind kurz darauf bereits Bestandteil des Naturschutzgebietes „Obere Treenelandschaft“, das sich im weiteren Verlauf in seiner Breite stark verändert. Die NSG-Grenzen sind nicht in der Karte ausgewiesen und werden deshalb im Text grob skizziert. Der Waldweg in Richtung Westen führt auf das Treenetal zu. Er ist gut zu begehen und auf beiden Seiten von hochgewachsenen Buchen und Eichen gesäumt, hin und wieder von Auf-

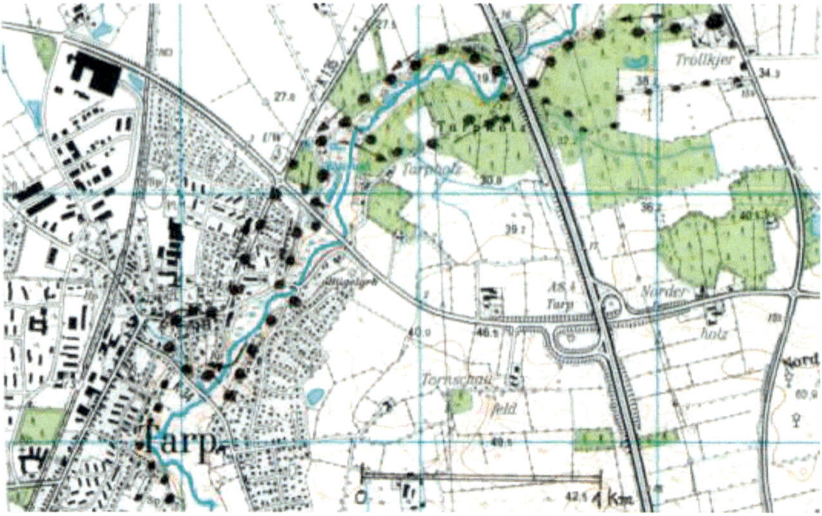

Abb. 12.1: Die Treene und der Wanderpfad zwischen Trollkjer und Tarp

forstungen unterbrochen. Bald geht es deutlich bergab, bis plötzlich das Treenetal in Sicht kommt. Hier knickt der Weg nach links ab, der Wanderer geht jetzt parallel zum Rand der Treeneniederung. Auf der linken Seite sieht man Moränenhänge, die wohl einst vom abfließenden Gletscherschmelzwasser der Weichselvereisung angeschnitten wurden. Dem Betrachter bietet sich ein sehr harmonisches Landschaftsbild (Abb. 12.2). Etwas verändert sich unmerklich, je weiter man vorankommt. Die Stille wird zunehmend von den Fahrgeräuschen auf der näher kommenden BAB A 7 verdrängt.

Diese Geräuschkulisse wird den Wanderfreund noch lange begleiten. Der Brückenbau, der die Treeneniederung überspannt, ist imposant. Bei dieser Fahrbahnhöhe bleiben die biologischen Funktionen (Tierwanderungen und Pflanzenausbreitung) und die klimatischen (z. B. der Luftaustausch) im Treenetal erhalten. Kurz vor der Autobahnbrücke wird auf ein Hinweisschild (Wanderweg/Radfahrweg) und die Wegebezeichnung „Forellenweg“ aufmerksam gemacht. Ab hier geht man zugleich auf einem Trimm-dich-Pfad, dessen Stationen der Wanderer fortan rückwärts abschreitet. Man hält sich etwas rechts und quert hinter der BAB-Talbrücke die Treene über die schmale *„Jägerbrücke“*. Dahinter verschwenkt der Weg kurz nach rechts, dann nach links.

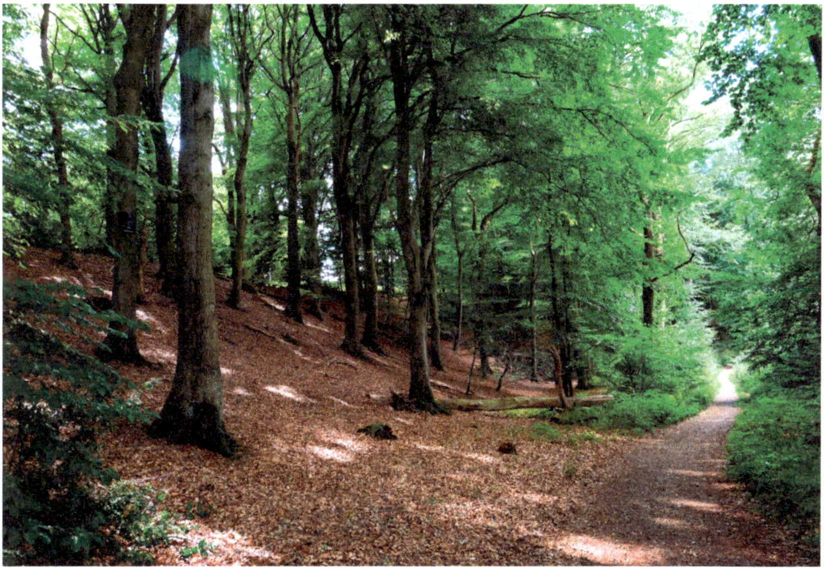

Abb. 12.2: Der Wanderweg verläuft parallel zur Flussaue der Treene (rechts außerhalb des Bildes) am Fuße des Moränenhanges entlang.

Auf dem schmalen, schnurgeraden und dammartigen Weg, auf dem früher eine Lorenbahn Kies und Steine zum Tarper Bahnhof transportierte, entfernt man sich in leicht nordwestlicher Richtung von der Autobahnbrücke, die Fahrbahngeräusche verstummen allmählich. Der Weg strebt einem breiten, geschotterten Fahrweg mit Namen Harkielweg zu, in den man links einbiegt. Dieser Fahrweg ist nicht mehr so attraktiv wie die bisher zurückgelegte Wegstrecke, er führt zum Tarper Waldfriedhof. Wem die bisher abgegangene Strecke genügt, der hat kurz vor dem Erreichen des Friedhofs die Möglichkeit, auf einem schmalen Pfad hangabwärts zu gehen und über eine weitere Brücke - *„Huberbrücke"* genannt – wieder auf die östliche Seite der Treene zu gelangen, danach allerdings mit deutlichem Anstieg. Die Brücke verdankt ihren Namen dem Nachkommen eines kurz nach Mitte des 18. Jahrhunderts aus dem Süden Deutschlands Angeworbenen für die Moor- und Heidekolonisierung. Über einen gut zu begehenden Höhenweg wird man wieder zur Autobahnbrücke geführt. Hält man sich nach der Unterquerung der BAB A 7 etwas rechts, dann gelangt man auf dem Ruiweg zurück zur alten B 76, von der es ein kurzes Stück

auf dem Geh- und Radfahrweg nach Norden zurückgeht. Hält man sich stattdessen hinter der Autobahnbrücke etwas links, kehrt man auf dem bereits bekannten Waldweg zum Ausgangspunkt zurück.
Wer stattdessen die Wanderung an der Treenefortsetzen möchte, sollte es nicht versäumen, sich die südliche Umgebung des Waldfriedhofs näher anzuschauen. Im Winkel zwischen der Flensburger Straße und dem Autobahnzubringer (L 15) liegt der Waldkindergarten-Park. Hier lassen sich Eulenskulpturen betrachten. Sie gehören zum Tarper Eulenpfad bzw. Eulenwanderpfad, der am Friedhof beginnt und hier auch wieder endet. Er entstand auf Initiative des gestaltenden Künstlers U. Appold zwischen 2007 bis 2011 durch Auszubildende renommierter deutscher Berufsfachschulen für das Holzbildhauerhandwerk. Die angehenden Holzbildkünstler kamen zu 14-tägigen Eulen-Workshops zusammen und schufen überwiegend aus Eichenstämmen Eulenskulpturen, die an Tarper Wegen und Straßen aufgestellt wurden.

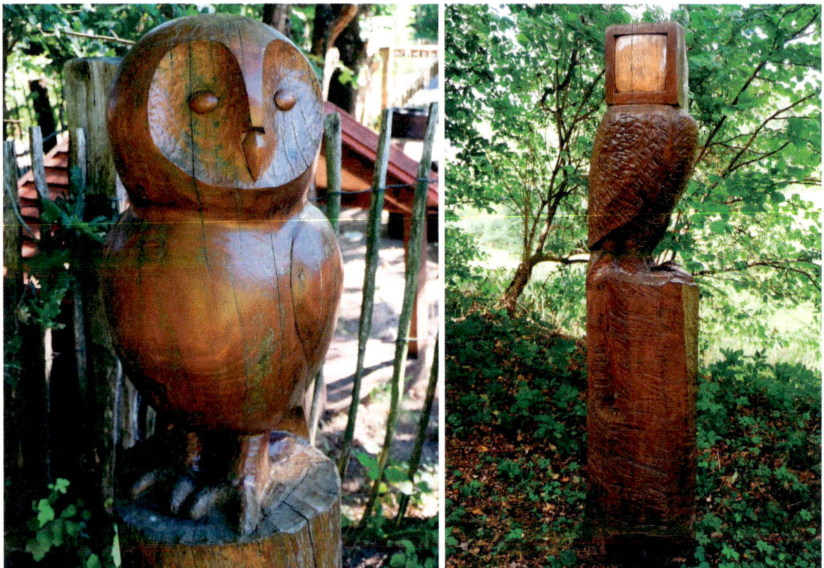

Abb. 12.3: Eulenskulpturen auf dem Tarper „Eulenwanderpfad": Links eine etwas pummelig wirkende Skulptur vor dem Stöckerzaun des Waldkindergartens. Rechts im Bild ist eine verfremdete Skulptur zu sehen. In ihrer linken Kralle hält sie eine Computermaus als Beute fest. Insofern war es konsequent, das Eulengesicht als Monitor zu gestalten.

64 sind es insgesamt geworden, sodass der Eulenpfad zu einem 5,8 km langen Rundkurs wurde. Warum gerade Eulenskulpturen? Die Eule ist das Wappensymbol der Gemeinde Tarp und dies hat etwas mit der Verwaltungsgliederung aus vorpreußischer Zeit zu tun, als Tarp zur Uggelharde gehörte. „*Ugle*“ ist das dänische Wort für Eule. Mitte der 1980er Jahre stand an dieser Stelle eine inzwischen abgerissene Voliere zur Auswilderung des vom Aussterben bedrohten Uhus. Dazu passt, dass die Kinder des Waldkindergartens sich „Waldeulen“ nennen. Aus den vielzähligen Arbeitsergebnissen der angehenden Holzbildkünstler werden hier zwei Skulpturen beispielhaft herausgegriffen (Abb. 12.3), von denen die linke im Bild am Stöckerzaun des Waldkindergartens aufgestellt ist. Die Gegenüberstellung lässt erkennen, dass die angehenden Holzbildkünstler keine Vorgaben für die Gestaltung „ihrer“ Eulenskulptur erhielten, sie also ihrer Phantasie freien Lauf lassen konnten. Gearbeitet wurde mit Axt, Kettensäge und Schnitzeisen. Das Ergebnis war eine Vielzahl höchst unterschiedlicher Individuen von naturnaher Gestaltung bis hin zu abstrakten Formen. Wer sich näher über den Eulenpfad in Tarp informieren möchte, der kann sich die Broschüre „Eulenpfad Gemeinde Tarp“gegen eine Schutzgebühr von 2 € im Tourist & ServiceCenter der Gebietskörperschaft Grünes Binnenland e. V., Dorfstraße 8, oder beim Amt Oeversee in Tarp in der Tornschauer Str. beschaffen. In diesem Beitrag wird der Eulenpfad nicht abgegangen.
Die Wanderung wird auf der Straße „Am Köhlbarg“ fortgesetzt. Es geht auf dem ersten Stück bergab, am Klärwerk mit seinen Abwasserteichen vorbei, dann folgt man einem U-förmigen Straßenstück unter dem Autobahnzubringer und steht unvermittelt im Treenetal. Nach einem kurzen Stück gabelt sich die Straße. Die hier vorgeschlagene Route orientiert sich am Hinweisschild von Abb. 12.4. Die Fischerhütte ist das nächste Ziel und dazu geht man an der befestigten Straße links der Treene weiter, die über eine Brücke erreicht wird. Der Wanderer bzw. die Wanderin ist jetzt im Tarper Ortsteil Tornschau und geht rechts weiter, während der Eulenpfad links abknickt. Wer meint, auf dem zweiten Grundstück mit der Fischerhütte auf eine schlichte Behausung zu stoßen, wird überrascht sein. Die Fischerhütte gleicht eher einem Einfamilienhaus mit einem achteckigen Grundriss. Sie hat ein

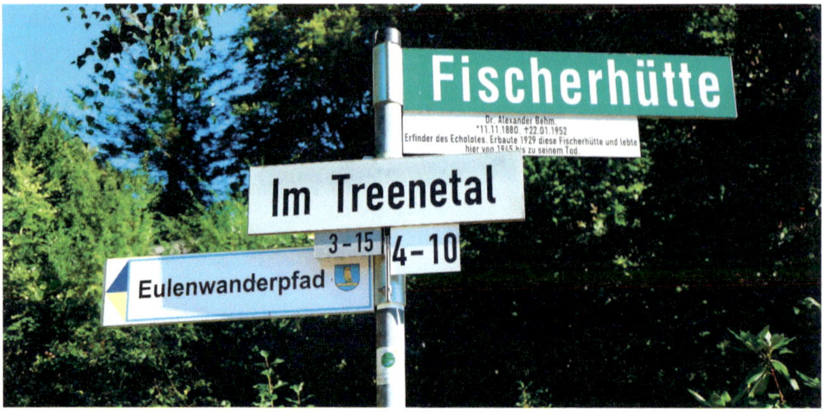

Abb. 12.4: Die Wanderroute folgt dem grünen Hinweisschild „Fischerhütte".

tief gezogenes Dach, das mit Reet eingedeckt ist (Abb. 12.5). Diese eigenwillige Konstruktion hat sich ein prominenter Erfinder aus Berlin einfallen lassen, der auch leidenschaftlicher Angler und Jäger war. Sein Name: Alexander Behm, Erfinder des Echolotes. Er hat nach seinem Eintritt in den Ruhestand viele Jahre in Tarp gelebt und nach ihm wurden die Tarper Gemeinschaftsschule und eine Straße benannt. Die Fischerhütte ging nach seinem Tode in private Hände über.

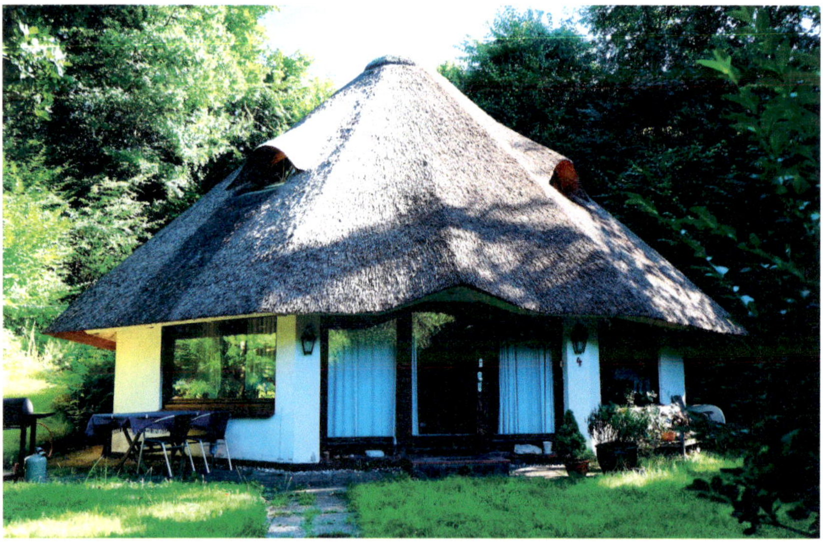

Abb. 12.5: Die Fischerhütte des Echolot-Erfinders *Alexander Behm*

Auf dem nun folgenden treenenahen Wegeabschnitt kommt man in Richtung Süden gut voran. Am Rande eines kleinen Sportplatzes verschwenkt der Weg nach rechts und wird kurz darauf zu einem Hochweg mit Blick durch den Hangbewuchs auf die Treene. Er nähert sich wieder dem Autal. Der Glockenturm der evangelischen Versöhnungskirche schaut von der gegenüberliegenden Treeneseite zwischen den Baumwipfeln hervor.

Im Treenetal entspricht der Blick auf die Vegetation so gar nicht dem Bild, das sich dem Wanderer außerhalb des Ortes geboten hat. Hohe Staudenfluren, eine starke Verbuschung und aufgekommene Bäume prägen die Niederung. Befremdlich ist die flächenhafte Verbreitung des Drüsigen Springkrautes. Die Pflanze ist ein sogenannter Neophyt („Neupflanze"), und verhält sich „invasiv", d. h. sie neigt zu dichten Beständen und verdrängt die einheimische Vegetation. Abb. 12.6 vermittelt einen Eindruck vom innerörtlichen Teil des Treenetals.

Der Pfad wird nun zusehends schmaler und führt über eine einfache Holzbrücke zurück auf die rechte Seite des Treenetals in Richtung

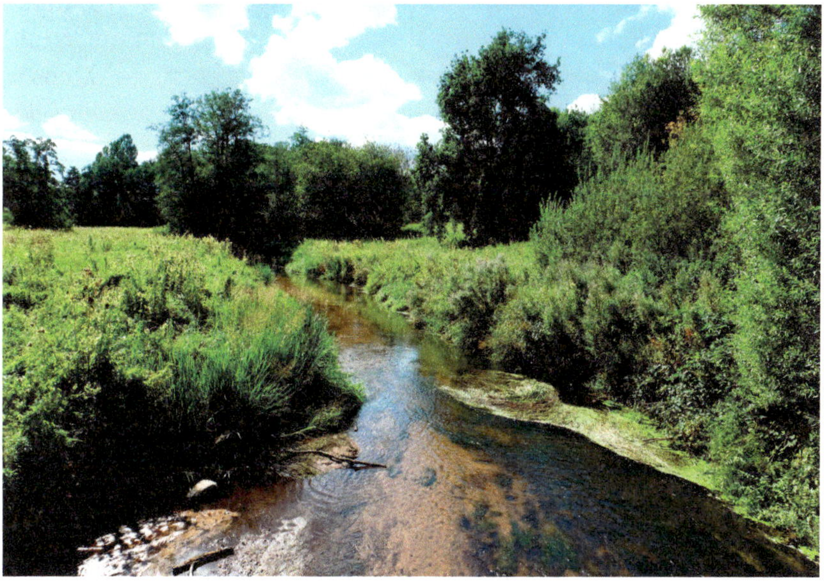

Abb. 12.6: Die Verbrachung des Treenetals ist hier weit fortgeschritten, die Fließgewässersituation lässt auf ein Überangebot an Pflanzennährstoffen schließen. (Blickrichtung: Süden)

Tornschauer Straße. Der Wanderer ist gut beraten, sich nach der Treenequerung an den bekiesten Fußweg zu halten. Er führt an einem eingezäunten Teich vorbei und danach in leichter Steigung an einem kleinen Bach entlang.

Nur wer die Wanderung weiter nach Süden fortsetzen will, quert die Tornschauer Straße und geht auf einem schmalen Pfad mit dem schönen Namen „Liebesweg" weiter in Richtung Tarp Süd. Wer hingegen an den Startpunkt der Wanderung zurückkehren möchte, geht auf dem bekiesten Weg am Bach bis in Höhe eines hellen und stattlichen Gebäudes weiter. Es ist der Sitz der Amtsverwaltung des Amtes Oeversee in Tarp. Hier gibt es eine Bachüberführung, der gefolgt wird. Man stößt auf einen Zaun mit einem Durchlass: Dies ist der kürzeste Weg zur Hauptstraße, die in diesem Abschnitt Dorfstraße heißt. Im Einmündungsbereich liegt linkerhand das Tourist & Service-Center der „Gebietsgemeinschaft Grünes Binnenland e. V.". Während der Öffnungszeiten erhält man hier Informationsmaterial über Tarp und die weitere Umgebung, bekommt Antworten zur örtlichen Orientierung, über ein Ferienquartier u.v.m. Um zum Friedhofspark in Tarp zurückzukommen, hält man sich auf der Dorfstraße rechts in Richtung Nordosten. Ab der nächsten Biegung wird die Dorfstraße zur Flensburger Straße. Kurz vor dem Kreisverkehr wird der Ortsbesucher noch auf den Tarper *„Findlingsgarten"* aufmerksam gemacht. Hier sind Steine unterschiedlicher Größe und Art aufgestellt. Sie stammen aus Kiesgruben dieser Gegend und belegen den Steinereichtum der Endmoränen. Nachdem der Kreisverkehr gequert ist, ist es nur noch ein Katzensprung bis zum Harkielweg am Tarper Friedhof.

Für den Rückweg zum Ausgangspunkt der Wanderung in Trollkjer wird empfohlen, diesmal vom Waldfriedhof hinunter die Treene über die *Huberbrücke* zu queren, um auf dem sehr schönen Höhenweg wieder die *Jägerbrücke* und die Talbrücke der A 7 zu erreichen. Hier entscheidet man, ob man auf dem Ruiweg oder auf dem vertrauten Waldweg zurückkehrt.

Anfahrt

Nördlich des Tarper Kreisverkehrs an der früheren B 76 (heute L 317) zweigt in etwa 1 km Entfernung von der alten Bundesstraße eine kleine Straße mit Namen „Trollkjer" westlich ab, verläuft fast parallel zur alten B 76 an einer kurzen Häuserreihe entlang und führt dann in einem leichten Linksbogen zu einer grün gestrichenen Bank und einem Schild für Wanderungen in der Gemeinde Sieverstedt. Auf dem kleinen Randstreifen kann man sein Fahrzeug abstellen.

Koordinaten des Startpunktes: 54.674725, 9.438288

II. Von Tarp nach Langstedt

Am südlichen Ortsrand von Tarp zweigt die Walter-Saxen-Straße vom Stapelholmer Weg zum Freibad ab. Hier hält man nach einer Abstellmöglichkeit für sein Fahrzeug Ausschau, um dann die Straße und einen Weg hangabwärts in das Treenetal zu gehen. Streckenwanderer von Trollkjer, die die Wanderung nicht an der Tornschauer Straße beendet haben, sondern auf dem „Liebesweg" weitergegangen sind, halten sich etwas links und gehen den unteren Hashauweg bis zum Ende durch, um zur unteren Walter-Saxen-Straße zu gelangen. Die nächste Treenebrücke ist nicht zu verfehlen. Die recht breite Querungsmöglichkeit heißt *„Fischerbrücke"* und führt den Wanderer auf die östliche Seite des Treenetals zurück. Überraschenderweise trifft man am Ende des Weges wieder auf den Eulenwanderpfad, der von Tornschau in das Treenetal hinabsteigt und auf die Fischerbrücke zuläuft. Noch auf der Westseite der Brücke macht eine schneeweiße Eulenskulptur auf sich aufmerksam (Abb. 12.7). Stilistisch knüpft sie an *„Marterln, Bild- oder Wegstöcke in südlichen Regionen als Ausdruck der Volksfrömmigkeit an"* (U. Appold).
Die Wanderung wird nicht nach Tornschau fortgesetzt, sondern folgt hinter der Brücke dem nach rechts abbiegenden Pfad am Rande des Treenetals, der mal breit ist, dann sich wieder verengt. Dieser fast zwei km lange Pfad wird dem Naturschutzverein „Obere Treenelandschaft e. V." verdankt, der dafür eigene Flächen zur Verfügung stellte und ein fehlendes Teilstück am Hang von einem Landwirt erwarb. Dieses Wegstück wird von Spaziergängern und Wanderern gut angenommen. Es verläuft zunächst in mittlerer Hanghöhe und wird von

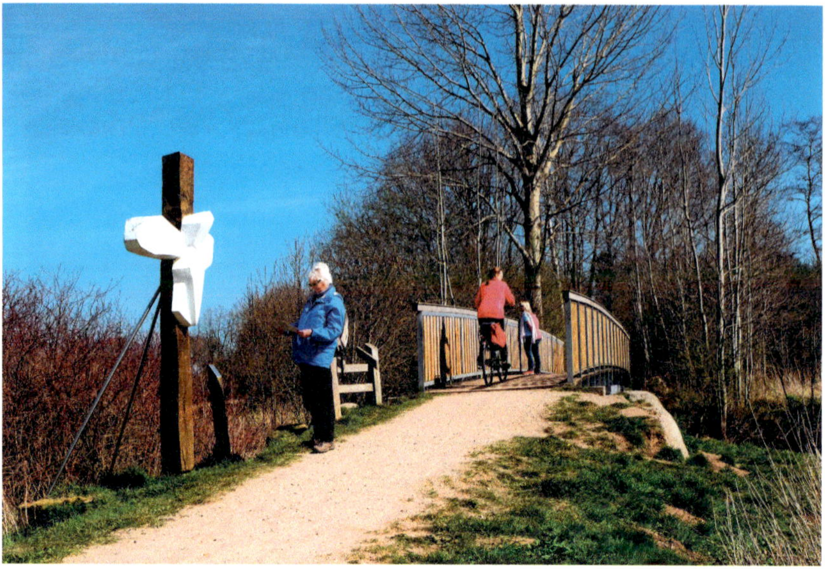

Abb. 12.7: Die „Fischerbrücke" über die Treene mit der weißen Eulenskulptur links im Bild. (Blickrichtung: Osten)

Alteichen mit ausladenden Ästen sowie Haselsträuchern gesäumt. Dieser Pfad ist Teil des „Storchenweges" im Wegenetz der oberen Treenelandschaft. Das gleichnamige NSG wird hier wieder breiter und erreicht mit seinen östlichen Begleitflächen knapp 1 km Ausdehnung. Überhaupt verändert sich die Landschaft, sie wird offener. Diesseits der Treeneniederung geht man streckenweise auch durch Wald. Eingebettet in dieses Gehölz ist ein länglicher See in Ost–West–Richtung. Er muss nicht umgangen werden, der Abfluss aus dem Gewässer ist mit Betonplatten abgedeckt und gut passierbar. Die geplante Wanderung vom südlichen Tarp bis nach Langstedt ist in der Karte von Abb. 12.8 ausgewiesen.

Dem Waldstück folgen Äcker. Die Treene windet sich in diesem Flussabschnitt in einer kaum zu überschauenden Zahl von Mäanderschlingen durch die Niederung. Die seitlichen Hangkanten, auf denen der Wanderpfad verläuft, werden höher, später wechseln sich Steigungen und Gefälle ab. Auf einer Lichtung wird ein rustikaler Unterstand erreicht. Er wurde vom besagten Naturschutzverein aus Holz errichtet und ist mit Info-Tafeln ausgestattet. Draußen lädt eine Bank zum Ver-

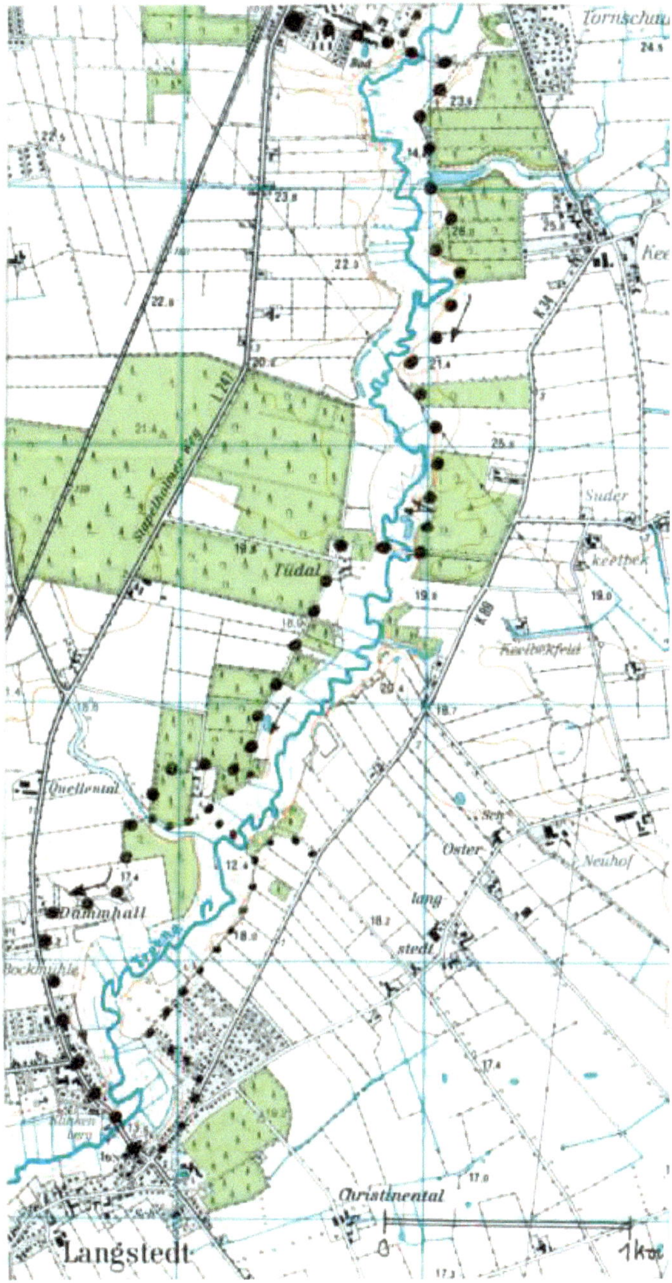

Abb. 12.8: An der Treene entlang nach Langstedt

weilen ein. Vom erhöhten Standort hat man einen eindrucksvollen Blick auf die windungsreiche Treene und ihre Auenlandschaft (Abb. 12.9). Das NSG reicht im Westen bis an den Stapelholmer Weg (L 247) zwischen Tarp und Eggebek und im Osten an die Kreisstraße zwischen Keelbek und Langstedt heran. Nach Süden hin endet der Geestanteil des Groß-Naturschutzgebietes nach wenigen hundert Metern. Wer die Lichtung im zeitigen Frühjahr aufsucht, dem fällt eine mehrstämmige, hohe und mit ihren ausladenden Ästen auffällige Kirschpflaume – oft als Wilde Mirabelle bezeichnet – in der Nähe auf, zwar noch blattlos, aber mit einer enormen Blütenfülle in Weiß.

Das Gebiet wird am Ostrand der offenen Fläche verlassen. Nach einigen hundert Metern erreicht man einen in West-Ost-Richtung verlaufenden Weg. Er ist ein kurzes Teilstück eines historischen Weges und hält auf Sieverstedt zu. Da er zu den Bewohnern der Landschaft Angeln führte, wurde er in dänischer Zeit *„Angelboweg"* genannt, ein Name, der sich erhalten hat. Er ist einer von mehreren West-Ost-

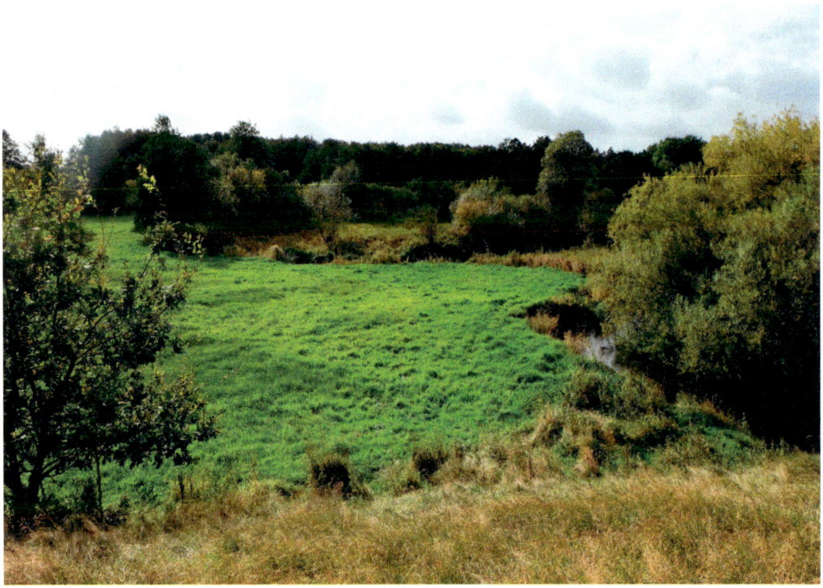

Abb. 12.9: Blick von der Geländekante in Höhe der Schutzhütte auf die mäandrierende Treene, die z. T. von Weidengebüsch eingefasst ist. Das Grünland an der Treene wird durch Mahd oder Beweidung offen gehalten. (Blickrichtung: Westen)

Querungen auf der Schleswigschen Geest zwischen Nordfriesland und dem östlichen Hügelland. Der Angelboweg zwischen Treene und der Straße zwischen Keelbek und Langstedt steht unter Kulturdenkmalschutz. Er ist mit seinen sandigen Fahrspuren typisch für einen Altweg durch die Schleswigsche Geest. Beiderseits des Weges ist der Gehölzbestand aufgelichtet bzw. entfernt worden, zeitweise auch der Grasfilz auf den Begleitflächen. An seinem östlichen Zugang gibt es einen kleinen Parkplatz mit einer Wegsperre. Hier fällt der Blick auf einen Findling mit der Inschrift: 2001 *Angelboweg. Histor. Treenefurt.* 2001 ist das Jahr der Aufstellung. Botanisch hat der Weg eine Rarität zu bieten. Der sandige, mineralarme Untergrund kommt den Bedürfnissen anspruchsloser Wildpflanzen entgegen, die anderswo längst verschwunden sind. An den Wegkanten des Angelboweges ist das vielleicht letzte natürliche Vorkommen der Gewöhnlichen Küchenschelle – auch Kuhschelle genannt – im Lande in wenigen Exemplaren noch zu sehen (Abb. 12.10). Diese Art ist in Schleswig-Holstein streng geschützt, nicht wenige Exemplare dürften in früheren Jahren ausgegraben worden sein und manchen Garten zieren, sofern die Pflanze den Standortwechsel überlebt hat. Wer diese früh blühende, attraktive Blütenpflanze in seinem Hausgarten halten möchte, tut gut daran, Zuchtformen der Kuhschelle bei einem Gartenbaubetrieb zu beschaffen. Der bisherige Versuch, die Wildpflanze an diesem Standort zu fördern, ist leider nicht gelungen. Der Grasbewuchs muss kurz gehalten werden. Dafür wird die Hüteherde des Vereins eingesetzt. Die genügsamen Heidschnucken verschmähen aber allzu oft das Gras, weil es durch Hundekot verschmutzt ist (mdl. Mitteilung der Geschäftsführerin des Naturschutzvereins Obere Treenelandschaft).

Der Angelboweg hat seine historische Bedeutung einer Furt im Treenelauf zu verdanken. Hier konnte die Au in früheren Jahrhunderten mit Fuhrwerk, Kutsche, zu Pferde oder zu Fuß gequert werden. Die Holzbrücke ist erst sehr viel später von Angehörigen der Bundeswehr erbaut worden und heißt deshalb *„Pionierbrücke"*. Die Treeneniederung ist an dieser Stelle schon ziemlich breit. Dort, wo sich an der Mäanderschlinge hinter der Brücke ein Gleithang mit sandigen Ablagerungen gebildet hat, wird der Fluss zur Spielstätte und im Sommer zur Badestelle (Abb. 12.11).

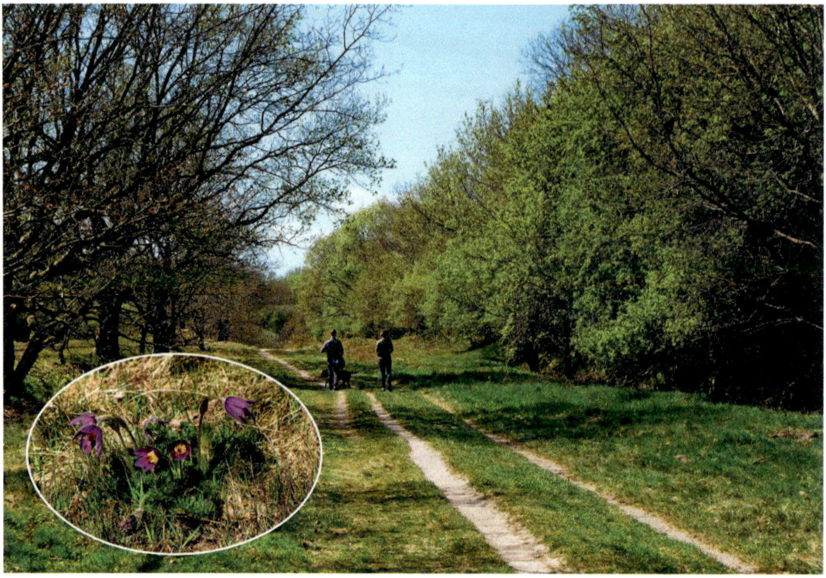

Abb. 12.10: Auf dem Angelboweg zu Frühlingsbeginn. Ein blühendes Exemplar der Kuhschelle ist fototechnisch in das Bild eingefügt worden. (Blickrichtung: Westen)

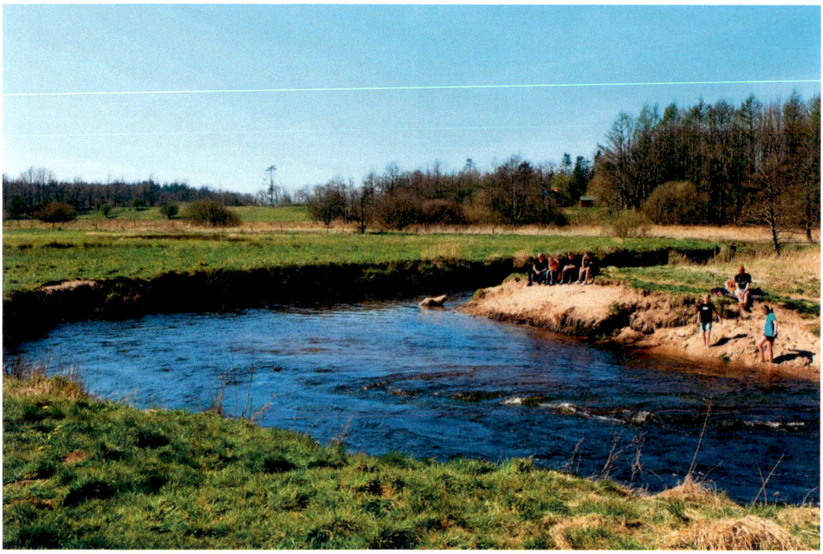

Abb. 12.11: An einer Treeneschleife unweit der Pionierbrücke. (Blickrichtung. Westen)

Nach der Brückenquerung ist man nunmehr auf Eggebeker Gemeindegebiet. Die Niederung wird bis zum Ende durchschritten, bis ein Querweg auftaucht, an dem man links abbiegt. Ab dem späten Juni lohnt es sich, vorher ein paar Schritte nordwärts bis zu einem Gatter zu machen. Von hier blickt man auf dem leicht abfallenden Geländehang auf eine blühende Wildwiese mit Gemeinem Natternkopf (volkstümlich: „Blauer Heinrich"), Wiesen-Labkraut, Besenheide und anderen Wildblumen. Am westlichen Ende des verlängerten Angelboweges weist ein Info-Schild auf eine Besonderheit hin. Auf Teilflächen im dortigen Wald dürfen Rinder ganzjährig weiden. Was im Normalfall den Baumbestand schädigt, wurde hier mit einer Ausnahmegenehmigung erlaubt, um die lichtbedürftigen Pflanzen- und Tiere zu fördern. Wo der Wald nicht durchweidet werden soll, sind Laubbäume als Unterpflanzung gesetzt worden. Eine spätere forstwirtschaftliche Nutzung ist nicht vorgesehen.
Auf dem Weg nach Süden führt der breite, unbefestigte Weg an der Hofanlage Tüdal vorbei. Sie ist nicht mit dem Gebäudekomplex der dänischen Pfadfinderorganisation Tydal zu verwechseln, deren 74 ha großes Gelände kurz darauf beginnt. Der dänische Pfadfinderhof („Spejdergården") ist noch fast einen Kilometer entfernt. Auf dem Weg südwärts schaut man zwischen Wanderweg und Treeneniederung über ein Freizeitgelände. Hier geht es im Sommer lebhaft zu, wenn es mit Zelten und Fahrzeugen jeglicher Größe belegt ist. Der Platz und seine Sanitäreinrichtungen werden von der dänischen Pfadfinderorganisation betrieben. Hier können Freizeitsuchende zu moderaten Preisen campen. Nach dem Passieren dieses Geländes wird es im Sommer wieder ruhiger und kurze Zeit später steht der Wanderer vor dem Tor des Spejdergården mit der schlichten Torinschrift „Tydal" (Abb. 12.12). Das Gebäude, die Hütten und Außenanlagen werden ab dem Ferienbeginn in Dänemark Anfang Juni von dänischen Pfadfindern intensiv genutzt. Die dänischen Spejder kommen noch bis Anfang Oktober nach Tydal. Internationale Pfadfindertreffen finden gelegentlich auch statt und zu bestimmten Zeiten stehen die Gebäude auch nichtdänischen Organisationen zu moderaten Preisen offen. Immerhin bietet der Gebäudekomplex einschließlich der Hütten 76 Betten im Hostel-Standard, die Kapazität des Zeltplatzes reicht für 800 Personen.

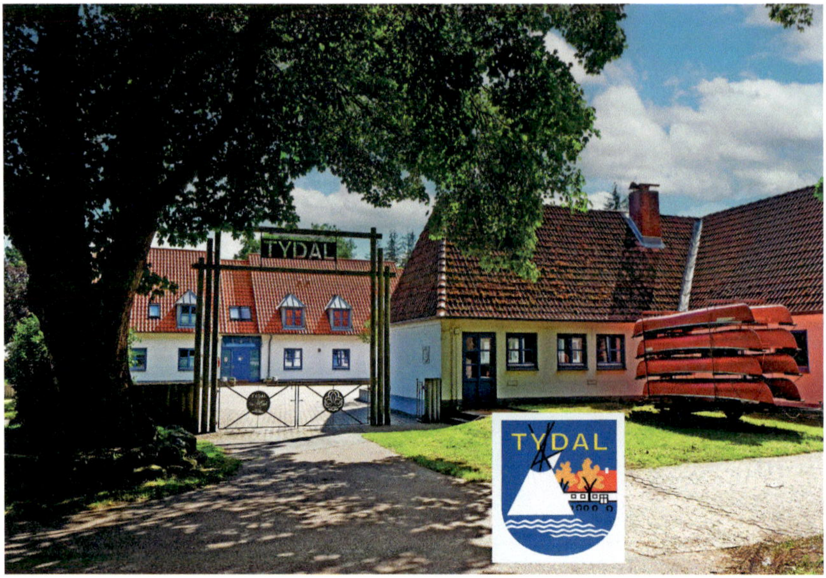

Abb. 12.12: Der „Spejdergården" der dänischen Pfadfinderorganisation mit dem nachträglich eingefügten Tydalemblem. Die Boote rechts im Bild lassen auf Kanutouren auf der Treene schließen. Mit einer Sondergenehmigung dürfen sie schon ab Tydal in die Treene eingesetzt werden. (Blickrichtung: Osten)

Der Wanderweg führt erst rechts, dann links um den Gebäudekomplex herum. Nach der ersten Abbiegung blickt man über den Parkstreifen des Pfadfinderhofes auf eine interessante Fläche. Hier vermehrt die Archegärtnerei Eggebek heimische Wildblumen. Die von Hand geerntete Saat wird von der BlütenMeer GmbH vertrieben, einer Tochtergesellschaft der Stiftung Naturschutz S.-H. in Molfsee bei Kiel.

Doch zurück zum Wanderweg. Es gibt Spaziergänger, die in Höhe zweier Gatter das Gelände des Spejdergården betreten und am Rande eines Gehölzstreifens bzw. Rasens nahe der Treeneniederung in Richtung Süden gehen. Am Ende quert man auf einer einfachen Brücke einen Bach und sieht sich auf dem Hauptwanderweg wieder, der um den Gebäudekomplex des Spejdergården herumgeführt ist. Das Betreten des Geländes wird von der Verwaltung der Spejderorganisation außerhalb der Saison geduldet, sofern mitgeführte Hunde angeleint sind und das Gelände nicht verschmutzt wird. Diese Wegeabkürzung bietet eine kleine Attraktion. An einem Durchlass kommt man bei tro-

ckener Witterung an das rechte Ufer der mittleren Treene heran. Das gegenüberliegende Ufer ist stellenweise von hochgewachsenen Weiden mit ausladenden Ästen bestanden, dazu stockt auf dem dortigen Hang ein kleiner Niederwald mit knorrigem Geäst – alles sehr schön anzusehen. Hier setzen die dänischen Pfadfinder ihre Boote ein. Die Treene kann an dieser Stelle nicht auf einer Brücke gequert werden.
Zurück zum Hauptweg: Er wird nach der Linksabbiegung zu einem schmalen Pfad und ist auch als Radweg ausgeschildert. Er verläuft einige Male im Zickzackkurs, bevor über Dammhall der Stapelholmer Weg im östlichen Eggebek erreicht wird. Nach etwa einem Kilometer auf gepflasterten Fußwegen kommt eine breite Straßenbrücke in Sicht. Sie verbindet Eggebek und Langstedt miteinander. Von hier ist es nur noch ein Katzensprung bis zum Endpunkt der Wanderung. Nach der Brückenquerung fällt der Blick auf einen Gasthof und auf die Storchennester zweier Hausdächer. Man hält sich vorher scharf rechts und steht kurz darauf auf einer Wiese. Hier ist die reguläre Einsatzstelle

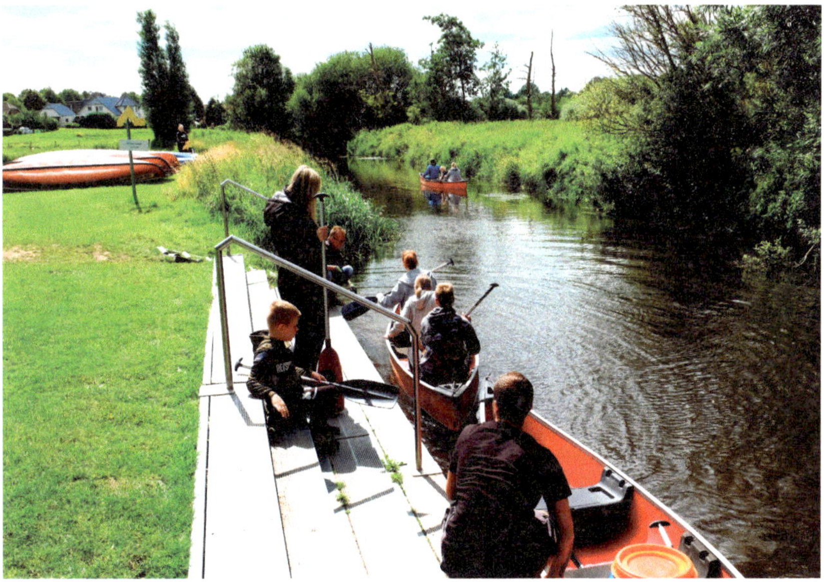

Abb. 12.13: An der Kanueinsatzstelle in Langstedt. Grundsätzlich dürfen erst ab hier die Boote in die Treene eingesetzt werden. Am hinteren Ende der Holztreppenstufen erleichtert eine Rollenvorrichtung, Kajaks und Kanus ins Wasser gleiten zu lassen. (Blickrichtung: Süden)

für Wasserwanderer auf der Treene (Abb. 12.13). Im Sommer kann man an Wochenenden lange zuschauen, wie die Boote ins Wasser gelassen werden. An dieser Stelle sei noch ein kleiner Hinweis gegeben: Eine Sportbootwanderung mit Hinweisen auf Rastplätze, sanitäre Anlagen, Versorgungs- und Übernachtungsmöglichkeiten u. a. m. ist für den Treeneabschnitt von Langstedt bis Schwabstedt im Sonderteil dieses Exkursionsführers beschrieben.
Wie kommt man nun an den Anfangspunkt der Wanderung zurück? Wer über die nötige Kondition verfügt, geht von Langstedt die bisherige Route zurück, bleibt aber in Höhe der „*Pionierbrücke*" auf der westlichen Seite des Treenetals, überwindet ein Tor und schlägt sich dann auf Waldpfaden zum Stapelholmer Weg (L 247) durch. Tarps südlichen Ortsrand erreicht man auf einem Geh- und Radweg. Alternative ist der Bus von Eggebek nach Tarp. Eine Haltestelle für den Einstieg gibt es in Eggebek ca. 100 m nordwestlich der Brücke am Stapelholmer Weg. Auf Tarper Gebiet hält der Bus mehrfach, u. a. auch am Tarper Waldfriedhof. Wanderer, die ihr Fahrzeug in Trollkjer abgestellt haben, müssen die restlichen Kilometer zu Fuß zum Startpunkt zurücklegen. Der Bus selbst fährt mit zahlreichen Stopps auf dem Stapelholmer Weg und dem Akademiezentrum in Sankelmark bis zum ZOB in Flensburg. Es gäbe theoretisch eine Alternative von Langstedt aus. Sie ist landschaftlich überaus reizvoll ist, hat aber (noch nicht?) eine durchgängige Wegeanbindung bis zum Angelboweg. Ab Höhe Tydal müsste man auf dem schmalen Seitenstreifen an der K 89 nach Keelbek weitergehen, was nicht ohne Risiko ist und deshalb nicht empfohlen wird.

Anfahrt

Bei Teil II erreicht man den südlichen Ortsrand von Tarp sowohl von Norden als auch von Süden über den Stapelholmer Weg.

Koordinaten des Startpunktes: 54.655309, 9.399837

13 Auf dem Jörler Landschaftspfad

Kurzbeschreibung: *Erkundet wird ein landschaftlich besonders schönes Teilstück der insgesamt etwa zehn Kilometer langen Wegstrecke in der Gemeinde Jörl, Krs. SL-FL, das mit einigen historischen Steinrelikten aufwarten kann.*

Das Gemeindegebiet von Jörl liegt auf halber Strecke zwischen Husum und Flensburg östlich der Bundesstraße 200. Im Westen und Süden grenzt Jörl an den Kreis Nordfriesland. Die Gemeinde hat sich vor vielen Jahren mit Mitteln des Landes Schleswig-Holstein einen Rundwanderweg zugelegt – den Jörler Landschaftspfad. Er erschließt das zentrale Gemeindegebiet für Spaziergänger und Wanderer. Das Signet des Wanderweges zeigt einen Wacholderzweig mit sieben Wacholderbeeren. Der Wacholderzweig steht für einen der größten Wacholderbestände in Schleswig-Holstein auf Gemeindegebiet im NSG „Düne am Rimmelsberg“. Die Wacholderbeeren – strenggenommen sind es Wacholderzapfen – symbolisieren die sieben Ortsteile der Gemeinde (Abb. 13.1).

Am etwa zehn Kilometer langen Rundweg sind 13 Lesepulte aufgestellt, auf denen Wissenswertes über den jeweiligen Standort zu erfahren ist. Unterhalb des Lesepultes kann man einem mit Plexiglas eingefassten Kasten ein graphisch gut gestaltetes Faltblatt entnehmen, das auch eine Übersichtskarte zur Route des Jörler Landschaftspfades enthält.

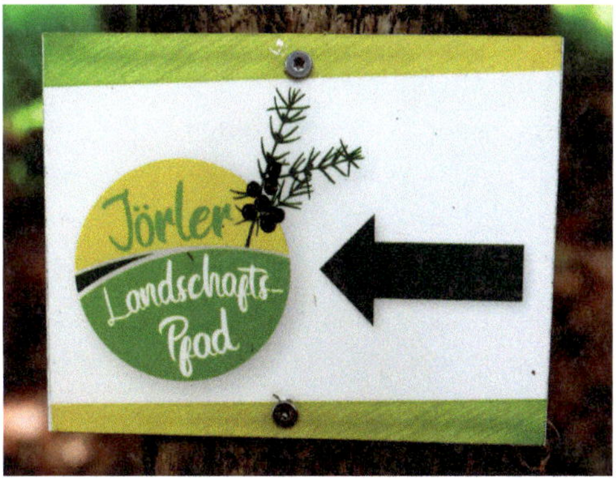

Abb. 13.1: Das Hinweisschild, das auf den Jörler Rundwanderweg aufmerksam macht

Der Landschaftspfad hat landschaftlich schöne Streckenabschnitte mit gut begehbaren Wald- und Feldwegen zu bieten, andere Wegeabschnitte sind reine Asphaltpisten in z. T. optisch weniger ansprechendem Gelände. Deshalb beschränkt sich dieser Wandervorschlag auf die attraktiven Bereiche des Jörler Landschaftspfades und reduziert damit die Gesamtlänge des Rundwanderweges spürbar. Ein Höhepunkt auf dieser Wanderung ist der Gang durch das Pobüller Bauernholz und seine unmittelbare Umgebung. Der Wald ist 152 ha groß und setzt sich überwiegend aus Laubmischwald zusammen. Bis Ende 2013 bestand er zu einem Viertel aus Nadelgehölzen mit Schwerpunkt im Süden auf Sollwitter Gemeindegebiet. Die schnell wachsenden Nadelhölzer sind vorwiegend nach dem zweiten Weltkrieg angepflanzt worden, nachdem ein Teil des Waldes als Reparationsleistung an die Siegermächte geliefert werden musste. Die Waldzusammensetzung hat sich als Folge der orkanartigen Stürme „Christian“ und „Xaver“ im Jahre 2013 erneut verschoben. Zwar wurden überwiegend Nadelbäume geworfen, aber auch hochgewachsene Altbuchen und Alteichen fielen in voller Belaubung dem Orkan „Christian“ zum Opfer. Dennoch ist dieser Wald einer der bemerkenswertesten in Schleswig-Holstein und wird immer wieder gern von Biologen und Geowissenschaftlern aufgesucht, obwohl der hohe Bestand an Schalenwild die Selbstverjüngung des Waldes unterbindet. Soviel zur Einführung.
Startpunkt der Wanderung ist der Parkplatz an der Freien Tankstelle in Paulsgabe direkt an der B 200. Von hier aus überquert man die stark befahrene, aber gut einsehbare Straße, geht auf dem kombinierten Rad- und Fußgängerweg ein kleines Stück südwärts und biegt an der ersten Abzweigung links ab. Nach einer langgezogenen Rechtskurve folgt man weiterhin den beiden Fahrspuren aus Betonplatten, bis man an eine Stelle kommt, wo der Wald den Weg überspringt. Hier beginnt linkerhand ein unbefestigter Fahr- und Gehweg, auf dem man am Waldrand entlang läuft. Nur bei genauem Hinsehen ist wahrzunehmen, dass der Laubwald auf einer flachen Altmoräne stockt, die nach Norden und Osten leicht abkippt. Dies hat zu unterschiedlichen Waldgesellschaften geführt. Auf höherem Standort ist der Wald ein typischer Geestwald mit Buche und Eiche auf bodensaurem Standort, auf der niedrigeren Nordseite wird es feuchter, sodass sich der Bestand zu ei-

nem Eschen-Erlen-Wald mit einer üppigen Krautschicht wandelt. Auf dem Weg weiter in Richtung Südosten schweift der Blick über Maisfelder, aus denen die Kuppeln einer Biogasanlage herausschauen. Der Weg führt zunehmend tiefer in den Wald hinein, an seinem Rand breiten sich mannshohe Adlerfarne aus. Sie sind Stickstoff liebende Nährstoffanzeiger und neigen dazu, Jungbäume in neu angelegten Forstkulturen zu verdrängen. Allmählich wird auf dem Pfad auch der nördliche Waldrand sichtbar. Anders als die Routenführung des originalen Jörler Landschaftspfades es vorsieht, wird das Pobüller Bauernholz *nicht* in Richtung des Ortsteiles Rimmelsberg verlassen, sondern man geht weiter auf dem Waldpfad in Richtung Süden, bis

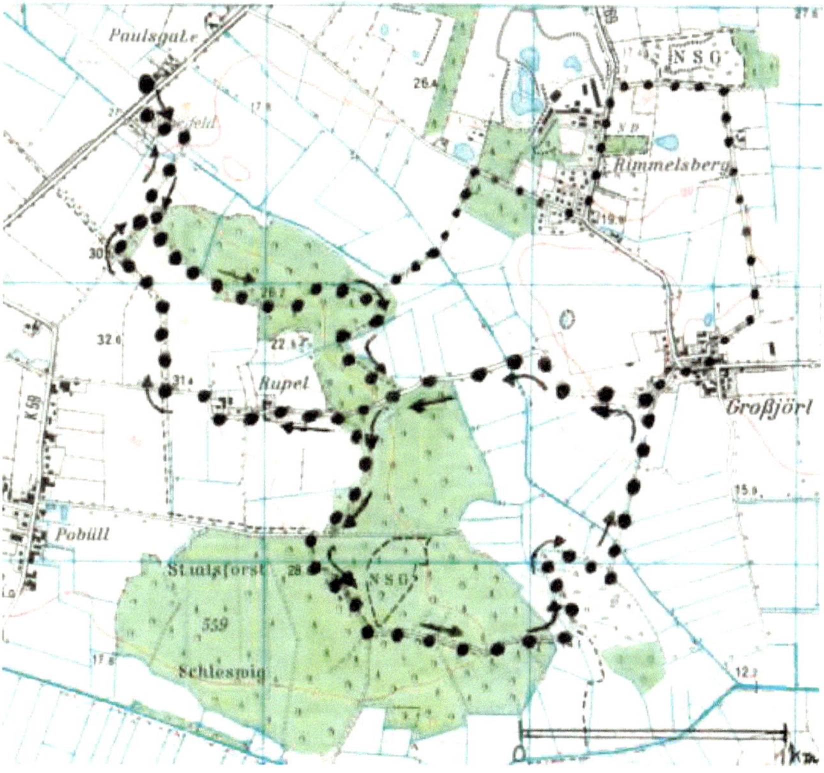

Abb. 13.2: Der Jörler Landschaftspfad – in der originalen Wegeführung und in verkürzter Form. Die schwächere Punktfolge zeigt die Teile des Rundweges an, auf deren Begehung verzichtet wurde. (Ausschnitt aus der TK 25 Blatt 1321) Zum NSG „Düne am Rimmelsberg“: siehe Geestbuch, S. 252–259.

die Verbindungsstraße zwischen Großjörl und Rupel erreicht ist. Der Pfad endet hier. Folgt man nun der Asphaltstraße ein kurzes Stück in Richtung Rupel, findet man am westlichen Waldrand das Anschlussstück des Weges in den südlichen Teil des Pobüller Gehölzes. Die Karte in der Abbildung 13.2 enthält die Wegeführung in gewohnter Weise als Abfolge großer schwarzer Punkte. An der kritischen Stelle zeigt ein Richtungspfeil nach unten.

Vom Weg aus lassen sich unterschiedliche Waldbilder beobachten. Während Teile des Waldes nach den verheerenden Stürmen abgeräumt worden sind, weisen andere im Waldinneren noch den Zustand unmittelbar nach dem Orkan auf. Risikobäume an den Hauptwegen wurden aber aus Sicherheitsgründen entfernt. Die Flächen mit einem „unaufgeräumten" Waldinneren gehören meistens der Stiftung Naturschutz Schleswig-Holstein. Manch ein Besucher runzelt die Stirn, wenn ihm angesichts des „Baumchaos" auf Schildern gute Erholung gewünscht wird. Es wäre aber unfair, in diesem Waldzustand mit ganz oder halb umgestürzten Bäumen und z. T. riesigen Wurzeltellern eine unterlassene Hilfeleistung für den Wald zu sehen. Dahinter steckt ein bedenkenswertes Kalkül, das der Frage nachgeht: Lassen sich damit langfristig stabilere Waldzustände als bisher erreichen, wenn sich der Wald nunmehr unbeeinflusst entwickeln darf? (siehe hierzu auch Kapitel 11)

Es gibt noch eine Besonderheit im Pobüller Bauernwald, die man in Staatsforsten kaum zu sehen bekommt. Bevor man die Verbindungsstraße zwischen Großjörl und Rupel erreicht, aber auch an anderen Stellen des Waldes, weisen viele Laubbäume an ihren Stämmen und z. T. auch auf den Starkästen einen dichten Bewuchs an Moosen („Moosmatten") auf, der mehrere Meter hoch sein kann. Stellenweise haben sich auch Flechten angesiedelt. Sie sind der Grund dafür, dass Biologen das Pobüller Bauernholz als hochwertig einstufen. Wir haben es hier mit „epiphytischen Kryptogamen" zu tun, so wird der Moos- und Flechtenbesatz genannt. *„Bäume und epiphytische Kryptogamen leben hier in einer Art Lebensgemeinschaft, in der man sich gegenseitig Stoffwechselendprodukte bereitstellt und so das gegenseitige Überleben sichert"* (J. Rassmus). Die epiphytischen Kryptogamen schädigen also keineswegs die Laubbäume. Diese Erscheinung ist typisch für Laubwälder mit vielen

Altbäumen und einem feuchten Waldinnenklima (Abb. 13.3). Im Pobüller Bauernwald kommt auch eine Moosart vor, die in anderen Wäldern des nördlichsten Bundeslandes nicht mehr anzutreffen ist.
Bald darauf trifft man auf einen kleinen Weidewald. Man erkennt ihn an der angenagten Stammbasis und der weitgehend fehlenden Krautschicht am Boden. Früher war der Vieheintrieb in Wälder streng verboten. Wo es dennoch geschah, wird das Ergebnis heute als historische Kulturform eines Waldes toleriert. Etwas weiter östlich trifft man auf einen Querweg, der nach Pobüll führt. Hier biegt man nach rechts ein. Ein großes Besucher-Informationsschild weist auf ein kleines NSG hin. Das Naturschutzgebiet beginnt nicht mit dem Schild, sondern deutlich später im Bereich einer Weggabelung weiter östlich: Mit dem NSG sollte einst eine Feuchtheide mit einem bemerkenswerten Bestand an Glockenheide geschützt werden. Sie ist aber als Folge des abgesenkten Wasserstandes der Jörlau längst durch eine Pfeifengraswiese und einen Stangenwald aus Moorbirken ersetzt worden. Im NSG gibt es

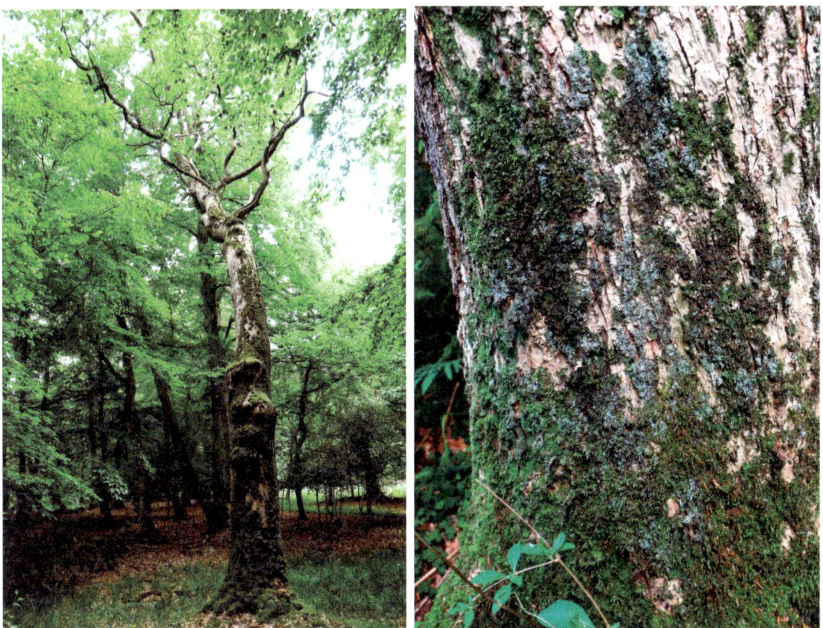

Abb. 13.3: Links einer der stark bemoosten Altbäume im Pobüller Bauernholz, rechts wird ein alter Stamm von Moosen und Flechten besiedelt.

auch einen kleinen Niederwaldbestand aus Eichen, dessen Bäume in die Absterbephase eingetreten sind.
Der Besucher hält sich kurz hinter dem großen NSG-Schild nach links und geht in einem großen Bogen auf das östliche Ende des Pobüller Bauernholzes zu. Hier geht der Hochwald in einen Birkenbruch über, dem sich ein kleines Hochmoor anschließt. Es heißt Rupeler Moor. Auf dem Wanderweg umrundet man den kleinen Hochmoorrest auf seiner nordwestlichen Seite. Er ist ebenfalls stark entwässert, neben dem Pfeifengrasbewuchs ist auch die Verbuschung vorangeschritten. Nur an wenigen Stellen des degenerierten Hochmoores gibt es noch wertvolle Reste der ursprünglichen Hochmoorvegetation. Die Wiedervernässung dieses Feuchtgebietes ist bisher gescheitert. Damit trägt das Rupeler Moor zur Klimaverschlechterung bei, weil der Kohlenstoff, der im Torf gebunden ist, bei Kontakt mit der Luft abgebaut wird und als CO_2 in die Erdatmosphäre entweicht. Dieser Vorgang läuft viel schneller ab als der frühere Aufbau des Hochmoorkörpers durch Torfmoose.
Man lässt das Rupeler Moor dann auf einem festen Weg hinter sich. Er führt den/die Wanderer(in) durch die Jörler Niederung und läuft auf Großjörl zu. Nach einem leichten Anstieg schlägt der originale Jörler Landschaftspfad noch einen großen Halbkreis um den Ort. Diesem wird nicht gefolgt, auch wenn dadurch das NSG „Düne am Rimmelsberg“ ausgespart bleibt, das aber in dem Grundlagenwerk „Die Schleswigsche Geest“ ausführlich beschrieben ist. Dieser ausgesparte Teil des Jörler Landschaftspfades ist ein beliebter Rundgang der Anlieger von Großjörl und des Ortsteils Rimmelsberg. Stattdessen wird hier vorgeschlagen, bevor man die Straße von Großjörl zur B 200 erreicht, links abzubiegen und auf der wenig befahrenen Verbindungsstraße zwischen Jörl und Rupel zurück zum Pobüller Bauernholz zu wandern. Wendepunkt ist das gut sichtbare Feuerwehrhaus der Freiwilligen Feuerwehr in Jörl. Die Asphaltstraße ist nicht der attraktivste Abschnitt des Jörler Landschaftspfades, man kann hier aber noch einmal die Jörler Niederung queren und sich auf der Brücke über die Jörlau die unterschiedliche Nutzung des Grünlandes in der Niederung anschauen: auf der nördlichen Seite das klassische Wirtschaftsgrünland mit Silagegewinnung, südlich der Jörlau hingegen binsen- und

krautreiches Feuchtgrünland, am Waldrand auch ein junger Erlenmischbestand auf feuchtem Standort. Diese Seite der Niederung – genannt die Rupeler Wiesen – gehört der Stiftung Naturschutz und wurde wiedervernässt. Die Entwässerungsgräben wurden überwiegend geblockt, davon ausgenommen sind lediglich die Gräben zur Entwässerung der Oberlieger. Bei dieser Maßnahme geht es darum, langfristig zwischen Wald und Jörlau wieder für mehr artenreiches Grünland zu sorgen. Hier liegt eines der eher seltenen Beispiele vor, Ausbaumaßnahmen im Rahmen des Programm Nord aus ökologischen Gründen teilweise wieder rückgängig zu machen.
Das Feuchtgrünland wird von Robustrindern beweidet. Das kleine Windrand an der Jörlau versorgt die Tiere mit Wasser aus der Au. Die Route führt jetzt durch den Pobüller Bauernwald unmittelbar auf den Ortsteil Rupel zu. Kern dieser kleinen Streusiedlung ist die schmucke Hofanlage in Abb. 13.4.
Unweit des Hofes, direkt an der Straße gelegen, fällt ein schlanker, grob behauener Granitstein auf, der mit Symbolen und Inschriften bedeckt ist, die nur schwer zu deuten sind. Der Text auf dem Lesepult

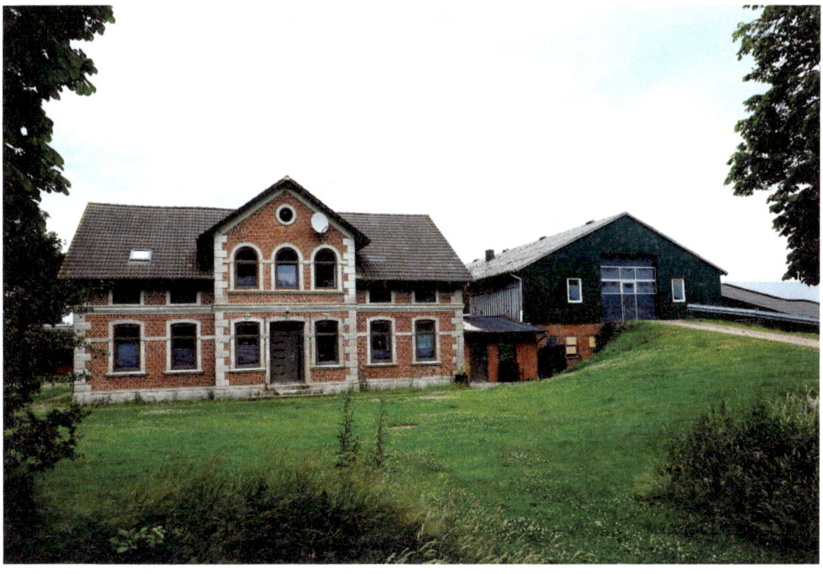

Abb. 13.4: Die Hofanlage von Rupel/Gem. Jörl. Sie wurde optisch geschickt von einem dazugehörigen Biogaskomplex abgegrenzt.

zu Punkt 12 gibt darüber Aufklärung. Es handelt sich einen königlichen Jagdstein aus der Zeit, als Schleswig-Holstein noch Teil des dänischen Gesamtstaates war (Abb. 13.5). Der Buchstabe C steht für Christian, die Ordnungszahl ist in arabischen und nicht wie sonst üblich in römischen Ziffern geschrieben. Hier sind Buchstabe und Ziffer sogar platzsparend miteinander verschlungen worden. Ein Jagdvogt wachte darüber, dass die Bevölkerung nicht dem Wild nachstellte und keine Bäume fällte. Immerhin ist das schon bald 250 Jahre her. Untersuchungen der Waldböden im Pobüller Gehölz führten zu dem Schluss, dass das Pobüller Bauernholz mit hoher Wahrscheinlichkeit ein sogenannter „*Primärwaldrest*" ist (W. Riedel 1978). Danach gab es auf der flachen Altmoräne immer schon Wald, der Boden ist auch nie

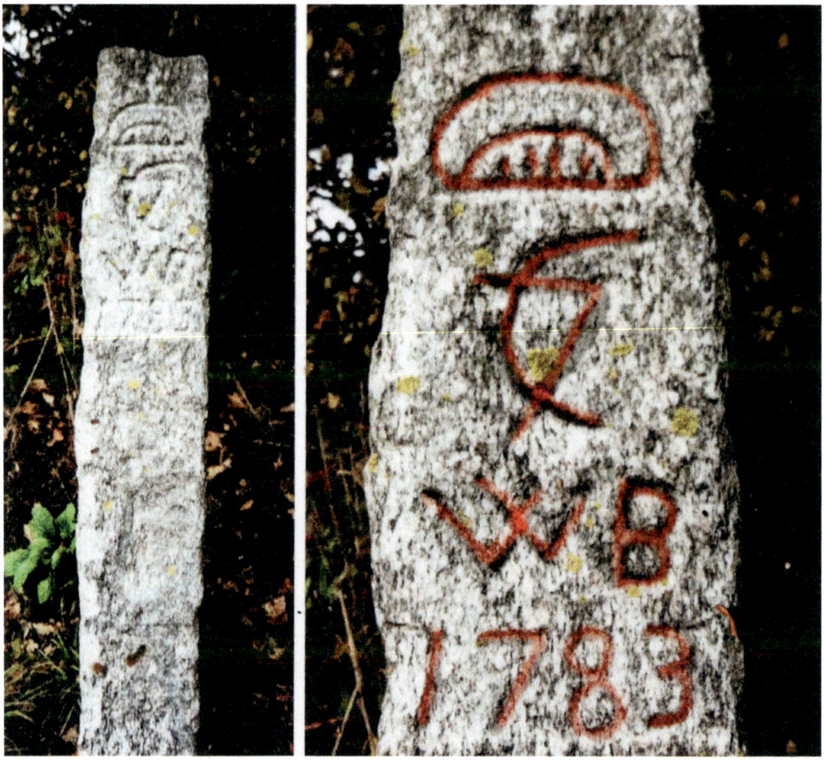

Abb. 13.5: Der Jagdstein von Rupel, aufgestellt im Jahre 1783. Er drückt unmissverständlich aus, dass außer König Christian VII. von Dänemark niemand im Pobüller Holz jagdberechtigt war.

unter den Pflug genommen worden. Wäre es anders, würde der Boden die Veränderungen der Bodenstruktur auch noch nach einem sehr langen Zeitraum nachzeichnen. Unterstrichen wird dies durch ungewöhnliche ökologische Kontinuität des Waldes, d. h. er kommt einem Naturwald recht nahe. Dies mag den Ausschlag dafür gegeben haben, den Pobüller Wald als FFH-Gebiet in das europäische Schutzgebietsnetz Natura 2000 aufzunehmen.
Auf dem Weg in Richtung Pobüll kommt man an der nächsten Wegbiegung an der Biogasanlage vorbei. Nach der Passage schwenkt von der Straße ein Plattenweg mit zwei Fahrspuren aus Beton rechts ab. Diesem Weg folgt man in Richtung Westen und erreicht an der nächsten Abbiegung erneut eine Steinmarkierung – diesmal ist es kein Jagdstein, sondern ein Grenzstein des alten Amtes Flensburg, das bekanntlich im Kreis Schleswig-Flensburg aufging. Wenig später trifft der Plattenweg auf den Teil des Weges, auf dem die Wanderung begonnen wurde. Nach wenigen hundert Metern „Schlussspurt" wird die B 200 wieder gequert und der Ausgangspunkt an der Tankstelle in Paulsgabe ist erreicht. Die hier beschriebene Route gleicht einer schräggestellten „8", die oben mit einem Häkchen versehen wurde.

Anfahrt

Man steuert die B 200 mit dem Fahrzeug auf halber Strecke zwischen Husum und Flensburg an und kann sein Fahrzeug auf dem Platz neben der Tankstelle abstellen. Wer direkt aus Flensburg oder Husum oder aus einer an der Bundesstraße liegenden Ortschaft anreist, hat die Möglichkeit, den Startpunkt der Wanderung mit dem Bus von Flensburg nach Husum und umgekehrt zu erreichen. Der Bus fährt werktägig zwölf Mal am Tag, an Samstagen fünf Mal und an Sonntagen vier Mal.

Koordinaten des Startpunktes: 54.621651, 9.240871

14 Von Pobüll nach Ostenau

<u>Kurzbeschreibung</u>: *Eine Wanderung auf festen Wegen in Ost-West-Richtung, zunächst durch Grünland und Hochmoorreste, später durch ein verbuschendes Hochmoor*

Pobüll und Ostenau liegen etwas mehr als drei Kilometer Luftlinie voneinander entfernt auf etwa halber Strecke zwischen Flensburg und Husum. Beide Dörfer liegen im Kreis Nordfriesland und sind durch eine Landstraße miteinander verbunden. Die Landschaft beiderseits dieser Straße bietet wenig Spektakuläres. Ganz anders ist es, wenn man die Strecke weiter südwestlich davon auf unbefestigten Wirtschaftswegen zurücklegt. Vom südlichem Ortsausgang in Pobüll geht man ein kurzes Stück auf der Straße nach Sollwitt leicht bergab und biegt dann in den ersten Wirtschaftsweg rechts ein. Fortan bewegt man sich auf einem leicht erhöhten Damm am Rande eines ausgedehnten Niederungsgebietes in Richtung Westen. Dieser Landschaftsausschnitt

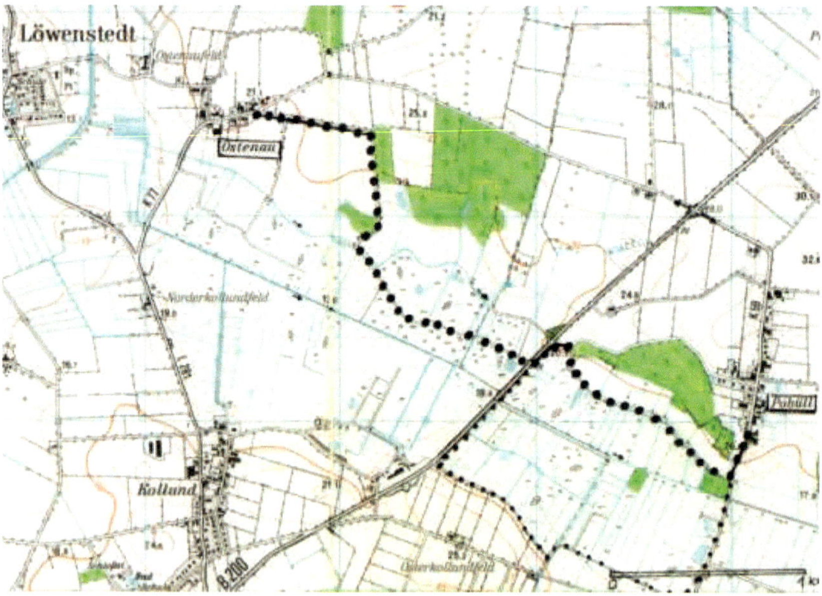

Abb. 14.1: Zwischen Pobüll und Ostenau. (Ausschnitt aus der TK 25 Blatt 1321 Jörl).

gehört erdgeschichtlich bereits zur Hohen Geest; die Niederung entstand im Glazial als Schmelzwasser-Abflussrinne.

Die Wege haben einen soliden Unterbau und können zu jeder Jahreszeit begangen werden. Man begegnet hier nur wenigen Menschen und Äcker gibt es so gut wie nicht. Die gesamte Gehstrecke ist etwas über vier Kilometer lang und wurde mit einer Punktfolge in der Karte von Abb. 14.1 deutlich hervorgehoben. Wem die Strecke von Pobüll nach Ostenau und zurück zu lang ist, dem bietet sich ein kurzer Rundkurs an (siehe hierzu die schwächere Punktfolge in der Übersichtskarte).

Am schönsten ist das Landschaftsbild in der ersten Maihälfte. Das Grünland ist noch nicht gemäht und erfreut durch erste Farbtupfer. Rechterhand wird der Wirtschaftsweg von einem nicht geräumten Entwässerungsgraben begrenzt; er bietet stellenweise größere Bestände von blühender Sumpfdotterblume und – zeitlich etwas später – der gelben Schwertlilie. Das Gelände zur Rechten steigt sanft an und wird im ersten Streckenabschnitt auf dem flachen Geländerücken von einem Buchenmischwald eingerahmt. Sowohl die Hangflächen als

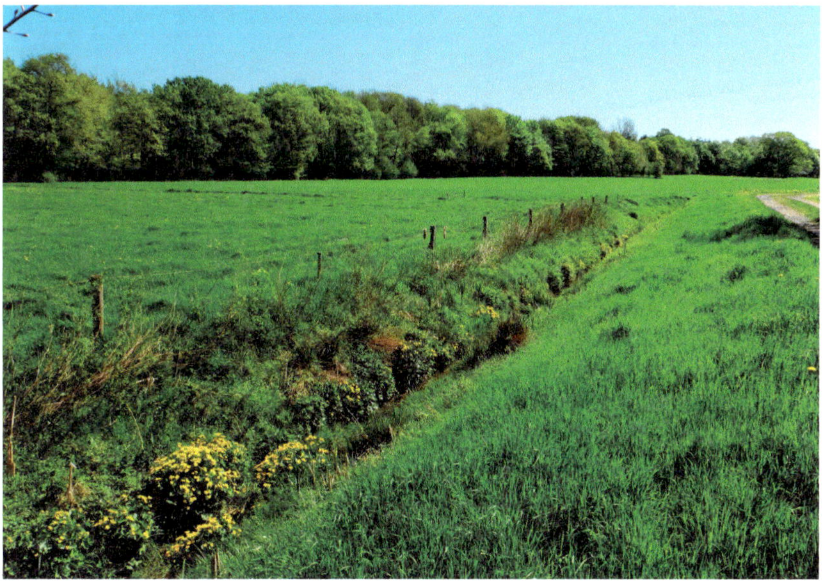

Abb. 14.2: Ein harmonischer Landschaftseindruck beim Blick zurück. Der höher gelegene Wirtschaftsweg wird von einem Graben mit blühenden Sumpfdotterblumen flankiert. Oberhalb des Hanges stockt das Pobüller Bauernholz.

auch die Niederung werden fast nur als Grünland genutzt (Abb. 14.2). Hin und wieder sieht man weidendes Vieh, den meisten Flächen sind jedoch, wie auch andernorts zu beobachten ist, die Rinder abhanden gekommen. Stattdessen wird in der Vegetationszeit bis maximal fünfmal gemäht und das Gras zu Silage verarbeitet.
Blütenpflanzen kommen mit diesem Mähzyklus nicht mehr zurecht und fallen aus, da die Zeit für die Blüte und Fruchtreife zu kurz ist. Auf dem weiteren Weg nach Westen wird das satte Grün in den tieferen Lagen von Flächen mit fahler Grau- bis Braunfärbung unterbrochen. Es sind Moorreste, auf denen das Pfeifengras das Bild der Mooroberfläche bestimmt. Dieses harte Gras zeigt einen stark degenerierten Zustand des Moores an. Wegen der geringeren Wärmeleitfähigkeit des Untergrundes beginnt der Frühling in Mooren um Wochen später. Mit an- und abschwellenden Straßenverkehrsgeräuschen macht die auf einem Damm verlaufende B 200 von Husum nach Flensburg auf sich aufmerksam. Sie hat diesseitig einen Radweg, dem man in Richtung Husum folgt. Nach ca. 200 m wird die schnell befahrene Bundesstraße mit größter Vorsicht gequert und man findet hier den Anschlussweg. Wer dagegen den kürzeren Rundkurs wählt, geht auf dem Radweg bis zum Fuße des wieder ansteigenden Geländes (Achtung! Der Wirtschaftsweg in der Mitte der Niederung führt in eine Sackgasse!) und biegt links ab. Nach ca. 800 m stößt man auf den Querweg von Osterkollundfeld. Hier heißt es: Zunächst nach links und dann nach 100 Schritten nach rechts abbiegen und dann wieder geradeaus, bis die Straße Sollwitt-Pobüll erreicht ist. Zum Ausgangspunkt der Wanderung muss man am Straßenrand entlang gehen.
Wer dagegen auf dem Weg nach Westen die B 200 hinter sich gelassen hat, taucht wieder in eine ruhige Landschaft ein. Der Pfad verläuft nunmehr in der Mitte ausgedehnter Moorflächen, die nach Osten hin entwässern. Der Graben heißt bis zur B 200 Grenzgraben. Die nun folgende ca. 1,5 km lange Strecke ist die abgeschiedenste der gesamten Route. Mit dem Eindringen größerer Bäume auf dem moorigen Untergrund hat die Umgebung ein parkähnliches Aussehen angenommen. Auf dem weiteren Weg westwärts weichen die Bäume zunehmend den aromatisch riechenden Gagelsträuchern (Abb. 14.3).
Wie mag die Landschaft, von der in diesem Beitrag die Rede ist, früher

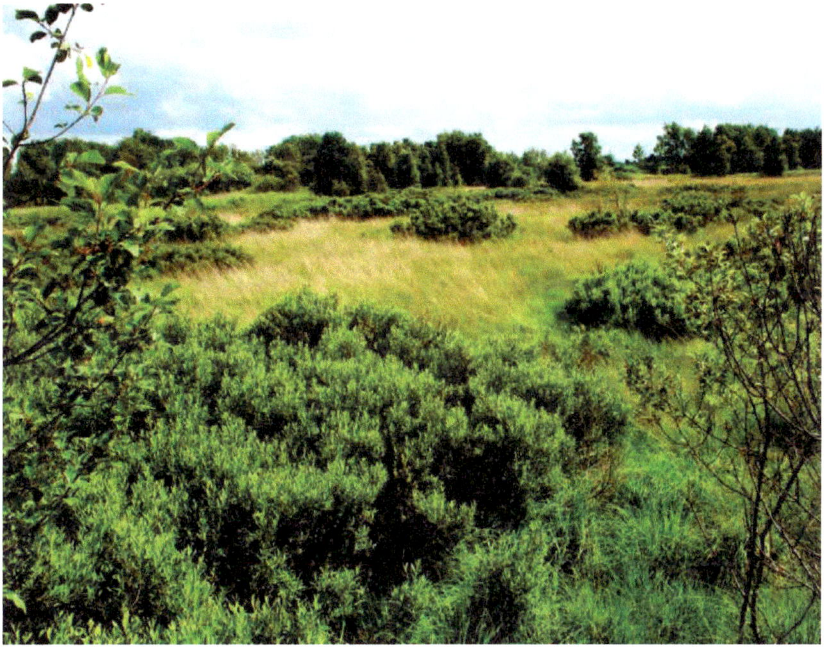

Abb. 14.3: Auf dem stark entwässerten Moor breitet sich der würzige Gagelstrauch aus.

ausgesehen haben? Darüber vermittelt die Karte der Flächennutzung in Abb. 14.4 eine Vorstellung. Sie wurde auf der Grundlage der ersten preußischen Landesaufnahme von 1880 nachträglich koloriert. Das, was man auf der Wanderung als Dauergrünland und verbuschenden Moorrest wahrgenommen hat, war einst ein zusammenhängender Moorkörper, der in früheren Zeiten bei einer Nordwest-Südost-Erstreckung von vier bis fünf Kilometern ein ausgesprochenes Verkehrshindernis gewesen sein muss, das erst durch den Bau der Husum-Flensburger Chaussee etwas westlich der Mitte geteilt wurde. Daneben weist die Karte eine kleinere Querung von Sollwitt nach Pobüll im Osten aus, im Westen wurde das Moor von einer Wegeverbindung zwischen Kollund und Ostenau berührt. Im Süden reichte das Moor bis an die Moränenhänge heran, während sich im Norden ein schmaler Streifen von Feuchtgrünland zwischen Wirtschaftsweg und Laubwald bzw. zwischen Moor und Heideflächen schob. Farblich wird beim Grünland zwischen Dauergrünland (gelb) und Feuchtgrünland (hell-

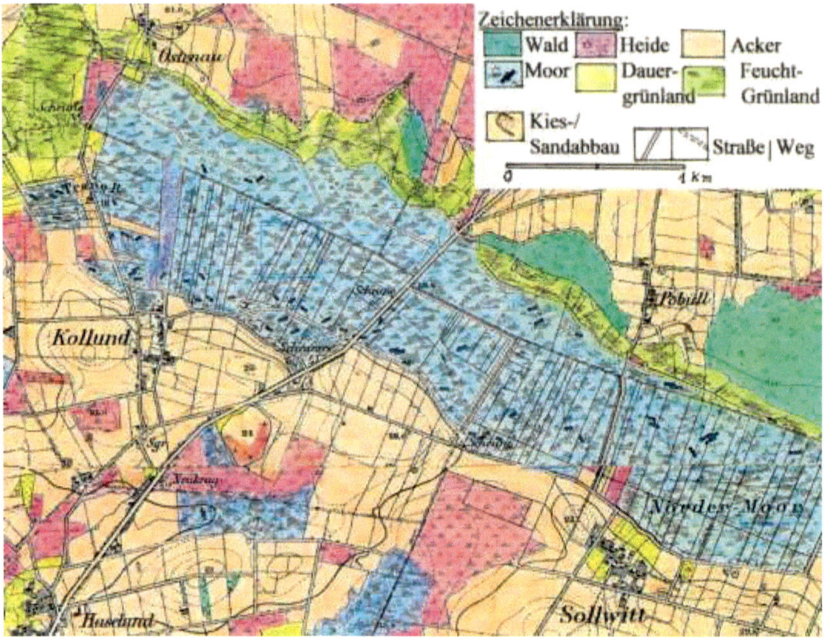

Abb. 14.4: Die Flächennutzung zwischen Löwenstedt und Sollwitt/Großjörl im Jahre 1878 (Kolorierung: U. H.)

grün) unterschieden. Die Angabe „Torf-Moor" verrät: Das Moor muss ein Hochmoor gewesen sein. Noch älteren Karten ist zu entnehmen, dass die Moorbereiche östlich der heutigen B 200 Pobüll-Moor und Sollwitt-Moor hießen, während sich die Angabe Nordermoor bei Sollwitt sich schon auf der Karte von 1878 findet. Die westlich der Husum-Flensburger Chaussee gelegenen Moorteile heißen in den älteren Karten Ostenau-Moor und Collund-Moor. Aus heutiger Sicht sind der große Heideanteil und das ausgedehnte Feuchtgrünland im Kartenausschnitt bemerkenswert. Der Landschaftswandel zu verschiedenen Zeitmarken von 1878 bis fast in die Gegenwart ist Gegenstand einer Studie im Raum Pobüll / Jörl im Buch „Die Schleswigsche Geest".

Zurück zum Verlauf der Wanderung: Der gut zu begehende Weg muss bald darauf nach rechts verlassen werden, da ein ca. 500 m langes Anschlussstück zum Rundwanderweg südlich von Ostenau fehlt. Die letzte Etappe ist nicht mehr so attraktiv, erlaubt aber von einem erhöhten Standort einen weiten Blick über die Niederung. Nach etwas mehr

als einem Kilometer wird das Dorf Ostenau erreicht. Ein landschaftlich interessanter Ausschnitt der mittleren Schleswigschen Geest ist damit von Ost nach West durchwandert worden. Das kleine, stille Dorf Ostenau liegt wie eine kleine Insel in der weiten Grünlandniederung, vor allem wenn man sich dem Ort von Süden her nähert. Seit die Windkraftnutzung auch hier Einzug gehalten ist, hat sich das etwas geändert. Aufmerksamen Betrachtern der Karte von Abb. 14.1 wird nicht entgangen sein, dass die kleinen Fließgewässer mit ihrem Netz von Stichgräben nach Osten entwässern, obwohl die nur etwa 500 m entfernte und an Löwenstedt vorbeifließende Ostenau tiefer liegt als die durchwanderte Senke. Nach Aussage eines Wasserbau-Ingenieurs waren für diese Lösung ausschließlich wasserbautechnische Gründe ausschlaggebend.
Wenn man nicht ein zweites Fahrzeug in Ostenau abgestellt hat, wird derselbe Rückweg angetreten. An sehr trockenen Tage kann man von Ostenau aus auch durch das Niederungsgebiet gehen. Wieder muss die B 200 gequert werden. Was die damalige Husum-Flensburger Chaussee betrifft, so stimmt der heutige Straßenverlauf noch mit dem früheren überein. Das war nicht immer so. Dazu heißt es bei Carstensen: *„Der Chausseebau Flensburg-Husum wurde am 01.03.1842 begonnen und 1848 fertiggestellt. Er folgte in seinem Verlauf nicht mehr der alten Landstraße. (...) Das Steinmaterial wurde an Ort und Stelle gewonnen."* Dass das Material für den Straßenbau nicht generell in Trassennähe bereitgestellt werden konnte, erkennt der Autor an anderer Stelle an: *„Leider bringt der Boden unserer Gegend wenig Steinmaterial"* (Mitteilung von N. Hansen, Berlin). Im Schlussabschnitt der Wanderung sprich einiges dafür, den den südlichen Abschnitt des eingangs angesprochenen kurzen Rundweges zu nehmen. Dies hat den Vorteil, die Niederung von einem etwas erhöhten Standort zu überblicken.

Anfahrt

Mit dem Fahrzeug oder Fahrrad über die B 200 aus Richtung Husum oder Flensburg. An der Abzweigung südlich der Tankstelle in Paulsgabe nach Osten abbiegen und Pobüll komplett durchfahren. Am Dorfrand den Wagen auf dem Standstreifen abstellen bzw. Anlieger um Abstellgenehmigung bitten. Alternative: Mit dem Fernbus von

Husum nach Flensburg bis zur Haltestelle Sollwitt, Abzweigung Pobüll, und dann zu Fuß zum Startpunkt.

Koordinaten des Startpunktes: 54.607620, 9.234002

15 Im Büschauer Forst

Kurzbeschreibung: *Der Büschauer Forst, auch Büschauer Gehege genannt, ist der größte Waldbestand an der mittleren Treene. Die beschriebene Route führt zu einem besonders eindrucksvollen Waldabschnitt nahe dem Fließgewässer.*

Zwischen Langstedt und Hünning erstreckt sich auf der Ostseite des Treenetales von Nordosten nach Südwesten das Waldgebiet Büschau, auch Büschauer Holz oder Büschauer Gehege genannt. Es ist rund 4 km lang und maximal ca. 1,7 km breit. Seine Breite nimmt nach Süden hin ab. Die Waldfläche beträgt ca. 220 ha, davon sind 180 ha im Eigentum der Schleswig-Holsteinischen Landesforsten (SHLF). Spricht man Kenner der Schleswigschen Geest auf das Büschauer Gehölz an, so werden fast immer dessen Naherholungsqualitäten gelobt. Dabei sprechen die objektiven Gegebenheiten nicht unbedingt dafür: Auf knapp drei Viertel seiner Fläche stocken Nadelbäume wie Japan-Lärche, Sitkafichte, andere Fichten und Douglasie, also Baumarten, die eher für einen reinen Wirtschaftswald typisch sind. Der Anteil der heimischen Laubbäume ist mit Stiel- und Traubeneiche (11 %), Birke (6 %), Rotbuche und Roterle (je 3 %) eher bescheiden.
Woher kommt die positive Gesamteinschätzung? Das Büschauer Holz wird der Länge nach vom Stapelholmer Weg geteilt. Der östliche Gehölzbereich mit seinem besonders hohen Koniferenanteil, aber auch mit einigen Kleinlebensräumen (Moore, ein kleiner Heiderest u. a.) wird kaum wahrgenommen, geschweige denn aufgesucht; der Fokus ist auf den westlichen Waldbereich zur Treene hin gerichtet. Und dort

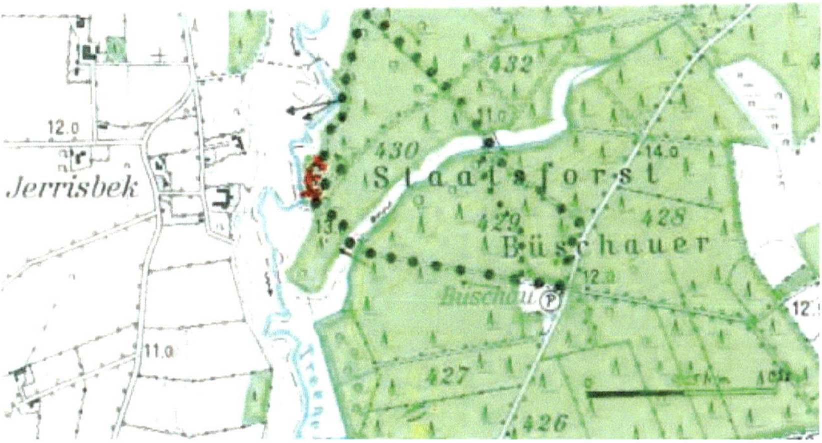

Abb. 15.1: Ein Vorschlag für eine Rundwanderung im westlichen Teil des Büschauer Waldgebietes (Länge: ca. 2,5 km); x x x in roter Farbe bedeutet aufgehobener Pfad.(Ausschnitt aus der TK 25 Blatt 1422 Jübek)

hat das Büschauer Holz Überraschendes zu bieten. Vor dem Betreten sei aber folgende Warnung vorausgeschickt: Den Wald möglichst nicht bei windigem und nassem Wetter aufsuchen! Abb. 15.1 enthält einen Routenvorschlag.

Startpunkt ist eine größere, unbefestigte Parkfläche am Stapelholmer Weg. Auf ihrer nördlichen Seite beginnt ein gut zu begehender Weg in Richtung Westen. Bereits nach ca. 150 m steht man vor einer Wegverzweigung. Hier nimmt man den mittleren Weg, auch wenn tiefe Fahrspuren nach Aufräumarbeiten das Vorankommen erschweren. Am Ende des Weges steht man plötzlich an einem Fließgewässer am diesseitigen Rand einer schmalen Senke. Es ist nicht die Treene, sondern die Büschau, die dem Gehölz auch den Namen gab. Hier lässt sich Interessantes beobachten: Die feuchte Grünlandniederung wird offensichtlich nicht mehr landwirtschaftlich genutzt. Röhrichte sowie Sauergräser (Seggen) sind aufgekommen, von den Seiten her wandern Weidengebüsche ein. Dies ist die natürliche Rückentwicklung („Sukzession“) von Wirtschaftsgrünland in den ursprünglichen Zustand, wie man sie in unserer Landschaft nicht mehr oft zu sehen bekommt (Abb. 15.2).

Die kleine Au und die Senke lassen sich mit gutem Schuhwerk queren.

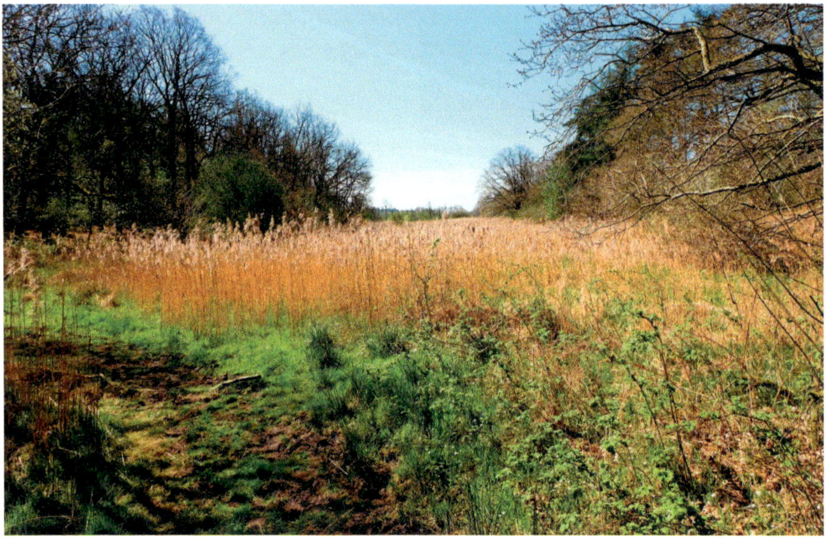

Abb. 15.2: Die Büschau-Niederung nimmt zunehmend einen Wildnischarakter an.

Der sich anschließende gewundene Pfad mit dichten Adlerfarnbeständen zu beiden Seiten wird auch als Reitweg genutzt, worauf das kleine Schild mit einem schwarzen Hufeisen auf weißem Grund hinweist. Er führt direkt auf das breite Treenetal zu, das nur für kurze Zeit einsehbar ist. Man geht auf dem Reitweg weiter, der nach rechts weg vom Treenetal verschwenkt, und verlässt ihn auch nicht in der Wegbiegung: Dies sähe der Förster aus gutem Grund nicht so gern. Kurz darauf läuft der Reitweg mit einem Linksschwenk doch noch auf das Treenetal zu und man steht plötzlich auf einer Böschungskante, die steil abfällt. Dort, wo der Blick nicht durch Gehölze behindert wird, bietet sich ein beeindruckendes Bild. Die Treene windet sich in ausholenden Mäandern durch ihr breites Tal. An einigen Stellen stößt sie den diesseitigen Steilhang an und hat helle Sande mit Strandqualität freigelegt Kurz darauf erreicht man eine Stelle, an der sich die Treene unter Wirbelbildung tief in die Geländekante eingegraben hat. Die Hangkante ist hier mit einer rustikalen Holzeinfassung gesichert. Geht man weiter, so gelangt man zum flach abfallenden Treenehang, an dem im Sommer gerastet und mitunter auch gebadet wird.
Das Waldbild hat sich auf dem breiten Streifen parallel zur Uferkante

stark verändert. Es geht an mächtigen Rotbuchen und Eichen vorbei, wo vor allem die Altbuchen mit knorrigen Wuchsformen, Mehrstämmigkeit und ungewöhnlich tief angesetzten Kronen beeindrucken (Abb. 15.3). Dies ist das „Sahnestück" des Büschauer Gehölzes. Je weiter man nach Norden gelangt, desto mehr Totholz liegt im Altwald in Form geworfener Altbäume und von abgestorbenem Geäst. Dieser alte Buchen- und Eichenbestand ist zwischen 125 und 145 Jahre alt und stockt auf einem Standort, der bereits im Kartenwerk von *Du Plat* von 1775–1800 als Jersbeker Gehölz (Jersbek – heute Jerrisbek) als Wald ausgewiesen ist. Die Umgebungsflächen sind dagegen in der Du Plat'schen Karte mit Heide bestanden. Damit wird klar: Die Heideflächen wurden später umgebrochen und mit Nadelhölzern aufgeforstet, die dann über Jahrzehnte hinweg das Waldbild dominierten. Diese Forstkulturen haben wie viele andere auch unter den schweren Stürmen im Herbst 2013 stark gelitten. Das erklärt das gerupfte Aussehen des Waldes; er wird nunmehr durch Unterpflanzung – von den Förstern „Vorbau" genannt – mit heimischen Laubhölzern zu einem stabileren Wald entwickelt. Eine Anmerkung noch zu den Altbäumen in

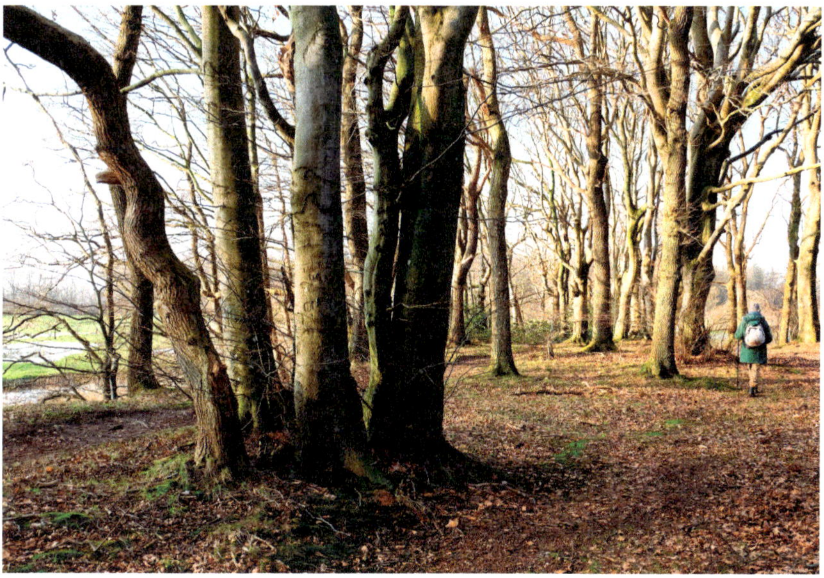

Abb. 15.3: Der geschützte Altbestand an Buchen und Eichen im Winterhalbjahr. Er zieht sich als Gehölzband an der Hangkante zum Treenetal entlang.

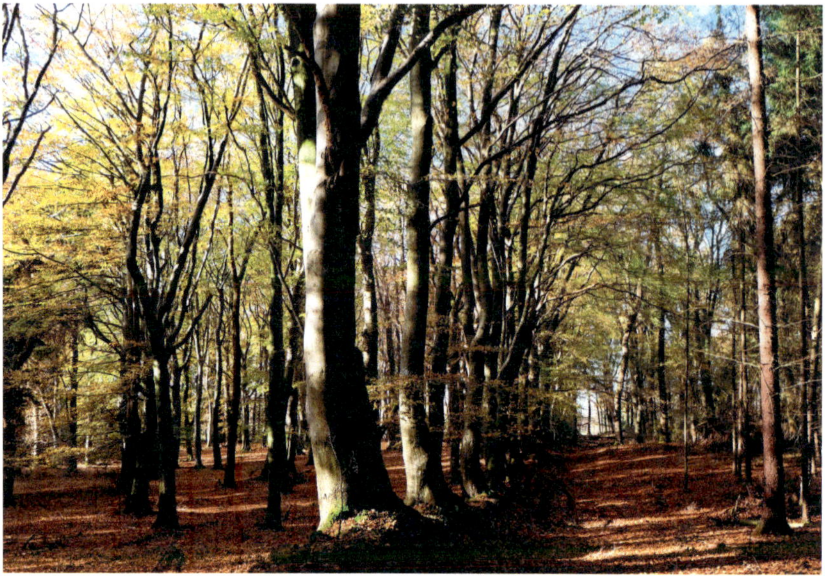

Abb. 15.4: Blick zurück auf die auf einem alten Knickwall stockenden mächtigen Rotbuchen, die den einfachen Weg landeinwärts säumen. Hier wird die Bezeichnung des Waldes als „Büschauer Gehege" im Sinne von einhegen nachvollziehbar.

Abb. 15.3. Sie scheinen Forstleute und Ökologengleichermaßen beeindruckt zu haben, sodass der Bestand vor über 25 Jahren vollständig aus der Nutzung herausgenommen wurde. Alle Büschauer Gehölzflächen, die den schleswig-holsteinischen Landesforsten gehören, sind überdies Bestandteil des ausgedehnten FFH-Gebietes „Treene Winderatter See bis Friedrichstadt und Bollingstedter Au". Als *Lebensraumtypen* (LRT) kommen hier Hainsimsen-Buchenwald und Alter bodensaurer Eichenwald vor. Ihr Erhaltungszustand ist als „noch nicht zufriedenstellend" bewertet worden, da die Strauch- und die Krautschicht nicht hinreichend gut entwickelt sind. Unweit des Treenehanges mit seinem Altbaumbestand existiert ein Damm mit einer Brücke über die Treene. Wer möchte, kann trockenen Fußes durch das Treenetal nach Jerrisbek gelangen. Dort, wo die Treene an den Rand des Büschauer Geheges anstößt, wird Sand freigelegt, der sich bei Hochwasser an flachen, offenen Uferstellen absetzt und attraktive Freizeitplätze schafft. Im Sommerhalbjahr begegnen sich in diesem Teil des

Büschauer Geheges Spaziergänger, Jogger, Biker, Reiter auf offiziell ausgewiesenem Reitweg und rastende Kanuten auf engem Raum. Das wirft die Frage auf, ob dieser wertvolle Naturbereich nicht übermäßig belastet wird.

Zurück zum letzten Teil des Rundweges durch das Büschauer Gehege. Wer von der Hangkante der Treene mit dem auffälligen Altbaumbestand zum Ausgangspunkt der Wanderung zurückkehren möchte, folgt zunächst so lange dem hangnahen Bereich, bis rechterhand ein auffälliger, von hohen Bäumen bestandener Knickwall in Sicht kommt. Hier verlässt man den Hang nahe der Treene und geht auf einem einfachen Weg am Knick entlang landeinwärts. Bald darauf tritt man aus dem recht dunklen Wald, quert einen breiten Weg und erreicht wenig später die stabile Holzbrücke über die Büschau. Sie ist bei Nässe wegen der Rutschgefahr nur mit größter Vorsicht zu passieren! Nach der Querung hat man die Wahl zwischen zwei Wegen, die zum Ausgangspunkt der Wanderung zurückführen. Welchen Weg man wählt, muss jeder nach einem Blick auf die Übersichtskarte von Abb. 15.1 für sich entscheiden.

Anfahrt

Von Norden aus durch Eggebek und über die Treenebrücke in Richtung Langstedt; an der kurz darauf folgenden Kreuzung rechts auf den Stapelholmer Weg nach Sollerup/Hünning abbiegen; nach ca. 1,5 km an einer Straßengabelung wieder rechts halten. 4 Kilometern von der erwähnten Treenebrücke in Langstedt entfernt liegt ein einfacher Parkplatz. Ab hier beginnt die Rundwanderung. Von Süden: Von Sollerup in südöstlicher Richtung über die Jerrisbek-Brücke nach Hünning; nach ca. 1 km an der Straßengabelung links abbiegen. Der Parkplatz wird nach weiteren ca. 2 km erreicht.

Koordinaten des Startpunktes: 54.591300, 9.355370

16 Von Engbrück nach Bollingstedt

Kurzbeschreibung: *Die Route verläuft durch ein langes Waldstück, bis die Sicht auf einen großen Stauteich freigegeben wird – den Bollingstedter Mühlenteich.*

Bollingstedt ist ein kleine, gepflegte Ortschaft auf der mittleren Geest mit etwas über 1.400 Einwohnern im Amt Arensharde mit Silberstedt als Amtsgemeinde. Knapp drei Kilometer östlich von Bollingstedt liegt die Streusiedlung Engbrück. Sie ist Ausgangspunkt der Wanderung. Beide Siedlungen liegen an der Bollingstedter Au, die im östlichen Hügelland entspringt und nach Westen entwässert, wo sie zwischen Hünning und Sollbrück in die Treene mündet. Zwischen Engbrück und Bollingstedt liegt am südlichen Rand der Au ein ca. 200 ha großes Waldgebiet mit Namen Steinholz, dem sich nach Westen hin der etwas über 9 ha große Bollingstedter Mühlenteich anschließt. Dieses angestaute Gewässer ist eines der größeren im nördlichen Schleswig-Holstein.
Die Landschaft um Bollingstedt ist mit ihren unterschiedlichen Landschaftsformen ausgesprochen reizvoll. Neben der Sandergeest mit den geschütteten Sanden und Kiesen aus der Zeit der letzten Vereisung, die älterem Mergel und lehmigem Sand aufliegen, ragen wellige Altmoränen heraus. In diese Landschaft hat sich die Bollingstedter Au mit ihrem Tal eingeschnitten. Die landschaftliche Vielfalt wussten auch schon die Menschen der Frühzeit zu schätzen, die sich bereits in der Altsteinzeit hier aufhielten, bevor die jungsteinzeitliche Bevölkerung sesshaft wurde und eine kleinteilige Landwirtschaft betrieb. Ihr Siedlungsgebiet lag nach Angaben der Archäologin G. Löwe etwas westlich vom heutigen Bollingstedt.
Auch eine Einstufung des „Landschaftsbildraumes" (LBR) aus den letzten Jahren bestätigt den Reiz der Gegend und bewertet das Landschaftsbild mit „hoch" bei „geringer Empfindlichkeit" und attestiert dem Gebiet eine hohe Erholungseignung. Die vorgestellte Wanderstrecke ist Ausdruck dieser Einschätzung. Beinahe wäre sie in den 1970er Jahren beim Bau der neuen BAB A 7 verhindert worden. Der Raum

um Bollingstedt mit dem Ortsteil Gammellund war ein Zwangspunkt bei der Trassenplanung der A 7, die durchaus durch das Steinholz hätte geführt werden können. Dipl.-Ing. A. Jahn, der an der Planung beteiligt war, schrieb hierzu sinngemäß: Nach längeren Beratungen entschied man sich für eine Trassenführung, die weiter östlich verlief und das westliche Ende des Arenholzer Sees anschnitt, was mit einem kostspieligen Austausch von Moorboden auf einer Länge von 500 Metern verbunden war.

Anders als zu vermuten ist, beginnt die Wanderung nicht an der Bollingstedter Au, auf die man von der Brücke in Engbrück einen ersten Blick werfen kann. Der Zugang zum Steinholz beginnt unmittelbar neben der einen Steinwurf entfernten Landschlachterei. Was wie der Zugang zum Innenhof des Schlachtbetriebes aussieht ist zugleich auch der Zugang zum Wald. Den gesamten Routenverlauf weist die Karte in Abb. 16.1 aus.

Der Baumbestand im Steinholz ist vielfältig. Das bezieht sich sowohl auf die Zusammensetzung der Baumarten als auch auf die Altersstadien

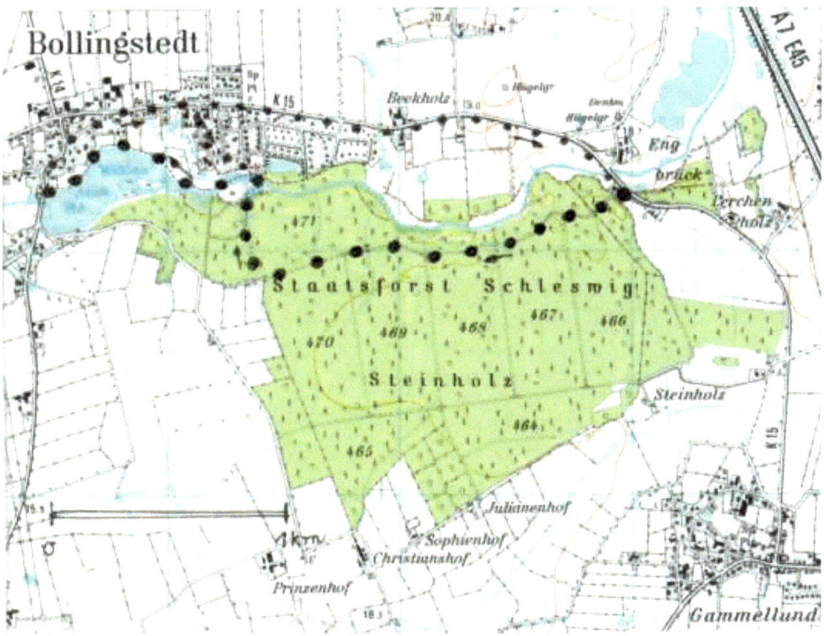

Abb. 16.1: Auf dem Wege von Engbrück nach Bollingstedt

des Bestandes. Links des Weges beherrschen zunächst Nadelhölzer das Bild, rechts dagegen Laubwald. Das Waldbild ändert sich fortwährend, da der Wald nicht vollständig in öffentlicher Hand ist, sondern auch viele private Parzellen eingestreut sind. Die Nadelholzbestände bestehen überwiegend aus Sitkafichten mit teilweise mächtigem Stammumfang und beachtlicher Höhe, später dominieren Laubgehölze beide Seiten des gut begehbaren Weges. Der Wald leidet nach Aussagen des zuständigen Försters zu bestimmten Zeiten unter Staunässe, der vom Ortstein im Untergrund verursacht wird. Stark verbreitet ist der Adlerfarn, der in neu angelegten Gehölzkulturen „geknüppelt" werden muss, damit die jungen Forstpflanzen genügend Licht bekommen. Die Späte Traubenkirsche als gefürchtetes „Forstunkraut" tritt dagegen praktisch nicht auf. Schon nach kurzer Zeit wird der Waldbesucher auf ein kleines, grünes Schild mit der Aufschrift „Naturwald" aufmerksam gemacht (Abb. 16.2). Das bedeutet: In Naturwaldbestände wird nicht mehr eingegriffen. Aber nicht das gesamte Steinholz ist zu einem Naturwald geworden. Laut dem Landschaftsrahmenplan für den Planungsraum I von 2020 sind sind es 16 ha Staatswald im Eigentum der Schleswig-Holsteinischen Landesforsten (SHLF).

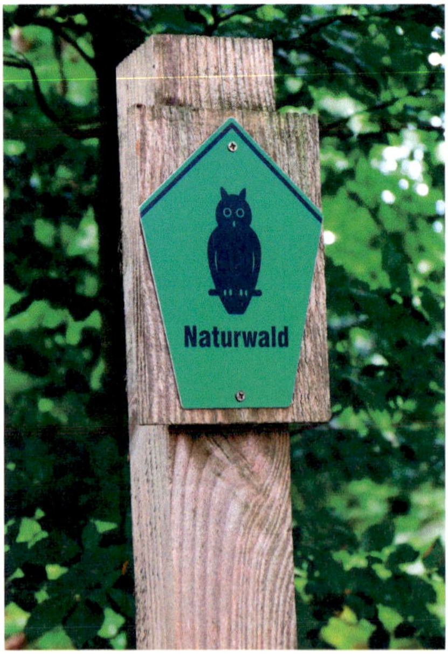

Abb. 16.2: Der Naturwaldhinweis im Steinholz

Der Weg verläuft etwa 2 km in westlicher Richtung. Dort, wo auf der linken Wegseite das Offenland beginnt, gibt es rechts am Waldrand einen Weg mit dem dem Hinweisschild „Für den Fahrzeugverkehr mit Ausnahme des land- und forstwirtschaftlichen Verkehrs gesperrt". Dieser Weg führt direkt zur Bollingstedter Au und nach Bollingstedt und wird nunmehr begangen. Auf dem letzten Wegeabschnitt gibt es zu beiden Seiten Stillgewässer mit einer reichen Wasservegetation: Hier blühen im Sommer Weiße Seerose und Gelbe Teichrose in großer Zahl, auch Pfeilkraut ist stark verbreitet. Diese Gewässer sind durch Ausbaggerung entstanden und sollten ursprünglich Fischzuchtanlagen werden. Die Pläne zerschlugen sich jedoch. Über eine stabile Holzbrücke wird die Bollingstedter Au gequert. Von hier aus kann man in mehreren Richtungen weitergehen. Wer die Badestelle am Steinholz aufsuchen möchte, der geht den Weg nach rechts weiter. Wir zweigen nach links in westliche Richtung ab und kommen auf einem gepflegten Grasweg mit dem Namen „Am See" gut voran. Die Bachaue hat sich mittlerweile geöffnet und gibt den Blick über den gesamten Bollingstedter Mühlenteich frei. Die Randvegetation des Mühlenteiches ist ausgesprochen üppig. Dost, Mädesüß, Rohrkolben, Zottiges Weidenröschen und stellenweise auch der der krautige Doldenblütler Wilder Engelwurz dominieren das Bild. Diese lichtliebende *„Feuchte Hochstaudenflur"* ist blühfreudig und wird gern von Insekten aufgesucht. Das gehäufte Auftreten des Drüsigen Springkrautes überrascht etwas. Über dessen Neigung, andere Arten zu verdrängen, war schon auf der Wanderung an der Treene bei Tarp berichtet worden. Durchsetzt ist der Vegetationsgürtel von Röhrichten (z. B. Schilf und Wasserschwaden). Auf dem Teich selbst sind schwimmende Vegetationsinseln zu beobachten (Abb. 16.3). Es ließ sich nicht eindeutig erkennen, ob es sich hierbei um Algenmatten handelt, was auf eine übermäßige Eutrophierung (*„Hypertrophie"*) hindeuten würde.

Wie bei Teichanlagen mit Zuflüssen oft zu beobachten ist, haben sich auch im Bollingstedter Mühlenteich mitgeführte Schweb- und Mineralstoffe aus natürlichen Quellen und aus Wirtschaftsflächen abgesetzt; der Teich ist damit zur „Sedimentfalle" geworden, was zu einer allmählichen Verlandung führte. Deshalb wurde der Teich Mitte der 1970er-Jahre durch teilweises Ausbaggern, Aufspülen von Randpar-

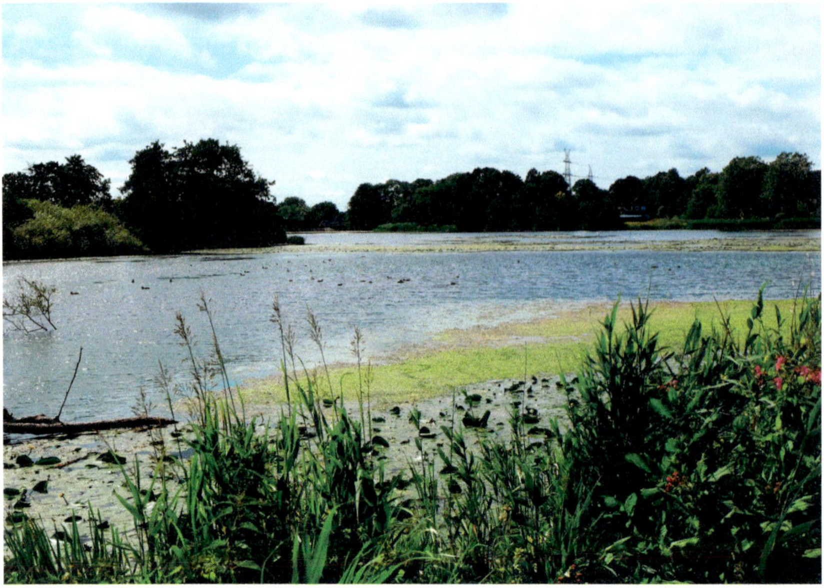

Abb. 16.3: Blick über den Bollingstedter Mühlenteich (Blickrichtung Südwest)

tien im nordöstlichen Teil und durch Uferbefestigungen verändert, was man im Detail bei D. König nachlesen kann.

Der Fußweg „Am See“ führt am nördlichen Ufer an langen Flurstücken vorbei in Richtung Westen, vorbei an einer Info-Tafel. Der Text macht auf die nur noch in bescheidenen Resten erhaltenen zwei einfachen Burganlagen aufmerksam: zum einen auf die rechteckige Grabenborg am Nordrand des Autales als Sitz des adligen Gutes Bollingsted vom 15. Jahrhundert bis 1658, zum anderen auf die westlich vorgelagerte runde Turmhügelburg als Vorgängerbau, deren Reste heute im Teichboden verborgen sind. In ihre Entstehungszeit oder bald darauf fällt mit hoher Wahrscheinlichkeit auch der Bau der Wassermühle am Auslauf des Bollingstedter Mühlenteiches. Wer hierzu Näheres wissen möchte, sei auf die im Quellenverzeichnis enthaltenen Beiträge von G. Loewe, A. Panten und neuerdings von E. Siegloff verwiesen. Für einen bedeutenden vorgeschichtlichen Hintergrund Bollingstedts spricht auch die jüngst erfolgte Freilegung eines größeren Gehöftes mit einem Langhaus und mehr als 50 einfachen Rennfeueröfen zur Eisengewinnung in der sogen. Römischen Kaiserzeit (von ca. 0 bis ca. 300 nach Chr.).

Am Ende des Pfades steht man an der Mühlenstraße. Sie ist die Durchgangsstraße in Richtung Eggebek und Jübek. Auf der gegenüber liegenden Straßenseite liegt das ehemalige Gebäude der Wassermühle, das seit seinem Verkauf leer steht. An dem dort einsehbaren Wasserabsturz endet auch der Mühlenteich. Ein Wasserrad ist nicht mehr vorhanden, eine Fischtreppe hat es früher gegeben, sie wurde aber wegen ihres maroden Zustandes abgebrochen. Zwei Turbinen im Gebäudeinneren mussten wegen Gefährdung der Fischfauna ebenfalls stillgelegt werden. Das Ende des Mühlenbetriebes kam 1979. Wenn man bedenkt, dass sie erstmals im Jahre 1490 urkundlich erwähnt wurde, nach A. Pantens Vermutung aber deutlich früher entstanden ist, schaut man hier auf über 500 Jahre Gewerbegeschichte. Für diese Annahme spricht auch, dass Bollingstedt erstmals 1196 urkundlich erwähnt wurde. Es ist bedauerlich, dass hier ein Fischaufstieg mit Blick auf die zahlreichen Positivbeispiele im nördlichen Schleswig-

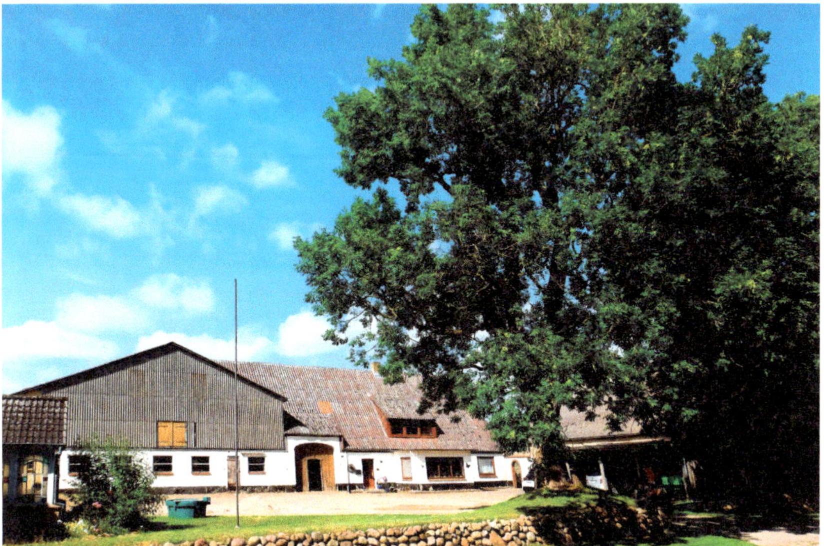

Abb. 16.4: Auch außerhalb von Bollingstedt trifft man an Hofanlagen auf stattliches Großgrün - hier eine mächtige Esche an der Hofzufahr. Mit bangem Blick auf das Eschensterben fragt man sich: Wie lange noch?

Holstein (z. B. am Schafflunder Mühlenstrom, Meynau) noch nicht wieder erreicht werden konnte.

Damit ist der Wendepunkt der Wanderung erreicht. Auf dem Rückweg sollte man nicht einen Gang durch den Ort aussparen, den B. Nissen als typisches Wohndorf bezeichnet. Bemerkenswert ist neben dem gepflegten Siedlungsbild der mächtige Baumbestand in Bollingstedt (Abb. 16.4).

Etwa 500 Meter vor dem östlichen Ortsrand muss man sich entscheiden, wie man an den Ausgangspunkt der Wanderung zurückkehren will. Über die Straßen „Schulring" und „An der Au" gelangt man über die bereits bekannte Brücke über die Bollingstedter Au auf den bekannten Waldweg zurück. Alternativ kommt der kombinierte Rad-/ Fußweg an der Straße nach Gammellund infrage. Hier bekommt man hinter Beekholz inmitten eines Ackers ein stattliches Hügelgrab aus der jüngeren Steinheit bis zur Bronzezeit zu sehen, bevor man wieder Engbrück erreicht.

Anfahrt

Mit dem Fahrzeug über die alte B 76 (L 317) mit Abfahrt nach Gammellund, alternativ auch über Eggebek. Von Westen kommt man über Sollerup nach Engbrück. In Engbrück ist es ratsam, sein Fahrzeug sorgfältig an der östlichen Ausfahrt der Landschlachterei abzustellen. Es muss mit häufigem PKW-Verkehr gerechnet werden, da man sich auch außerhalb der Öffnungszeiten am dort aufgestellten Automaten des Landschlachthofes mit Fleisch- und Wurstwaren versorgen kann. Daneben gibt es ein Busverbindung von Eggebek über Bollingstedt nach Schleswig.

Koordinaten des Startpunktes: 54.589981, 9.448095

17 In und um Treia

Kurzbeschreibung: *Treia wird durch die Treene in zwei voneinander getrennte Ortsteile gegliedert – Wester-Treia und Oster-Treia. Die Abstandsflächen beiderseits der Treene sind vor allem südlich von Treia groß genug, um dort ein attraktives Wegenetz anzulegen.*

Treia gehört wie Tarp, Viöl u. a. zu den Ortsnamen, auf die sich vor allem Ortsfremde keinen Reim machen können. Die Ortsbezeichnung Treia dürfte mit der Treene in einem sprachlichen Zusammenhang stehen und ist wahrscheinlich auf das dänische Træå zurückzuführen, das sich aus den Wortstämmen å (Fluss, Au) und træ (Baum, Holz) zusammensetzt. Treia hat demnach einen inhaltlichen Bezug *„zu der im Holz* (Wald, Gehölzgürtel) *fließenden Au"* (M. Voß). In der dänischen Generalstabskarte von 1858 wird der Ort mit Treja angegeben. Treia lag schon früh im Schnittpunkt zweier sich kreuzender Handelswege: der West-Ost-Verbindung nahe der „Schleswiger Landenge" und der Treene, die bis zu ihrer Versandung vor Jahrhunderten ein bedeutender Schifffahrtsweg war. Es dürfte kein Zufall sein, dass nahe der Treenebrücke die dem Schutzpatron der Seefahrer gewidmete Kirche St. Nikolai entstand. Vor Wanderungsbeginn sollte man einen Blick auf und in die Kirche werfen, die mit ihrem markanten Dachreiter und rotem Ziegeldach schon von weitem im Treenetal zu sehen ist (Abb. 17.1). Die Kirche liegt unmittelbar neben der Grundschule des Ortes.

Das dazugehörige Pastoratsgebäude liegt nicht neben der Kirche, sondern etwa 500 Meter entfernt in zauberhafter landschaftlicher Umgebung nahe der Treene. Der Weg dort hin wird der erste kurze Abschnitt dieses Tourenvorschlags sein. Dazu quert man die Treenebrücke, auf deren nördlicher Seite hinter dem Feuerwehrhaus ein mit Gesteinsblöcken hergestelltes Einschnürungsbauwerk den Treenelauf einengt und der Sohlfestigung im Oberlauf der Treene dient (siehe hierzu auch „Die Schleswigsche Geest", S. 56–58). Schaut man von der Treenebrücke auf das Grünland beiderseits der Treene, so wird dem Betrachter erst nach einem vertieften Blick in eine großmaßstäbige topographische Karte klar, dass das Flussufer nur in einer Höhe

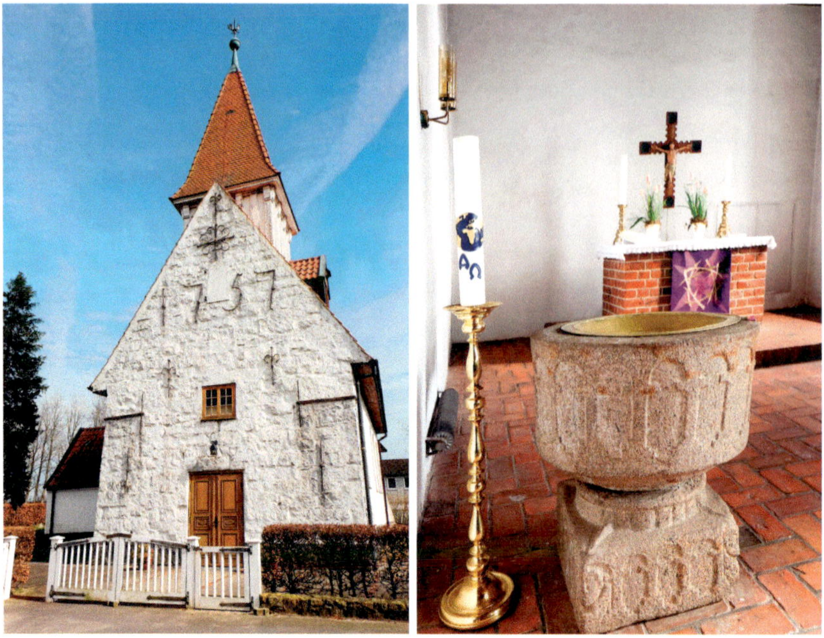

Abb. 17.1: Links die Westansicht von St. Nikolai. 1757 ist das Jahr ihrer Erweiterung. Rechts ist der schlicht gehaltene Altarraum mit dem spätromanischen Taufstein aus dem Vorgängerbau zu sehen.

von ca. 3 Metern über dem Meeresspiegel liegt. Kurz nach der Brückenquerung an der B 201 durch Treia – innerörtlich Treenestraße genannt – , biegt man rechts in die Meiereistraße ein und folgt nach einem kurzen Stück dem links abzweigenden Preesterstieg. An der hohen Buchenhecke einer Holzhandlung entlang erreicht man den Pastoratswald mit seinem lichten Baumbestand und seinen kleinen Teichen. Im Park biegt man auf dem bekiesten Weg kurz darauf rechts ab und geht auf dem Weg hinunter zum Treeneufer vorbei an dem stattlichen hellgrauen Pastoratsgebäude mit dem grauen Dach. Kurz darauf steht man vor dem Eingang zum „kleinen Paradies". Es handelt sich hierbei um eine kleine Wiese mit einem hölzernen Kreuz und steinernen Bänken, die für Gottesdienste und kleine Andachten bei gutem Wetter genutzt wird. Abb. 17.2 zeigt den Zugang zum „kleinen Paradies". Nach kurzem Verweilen steigt die Neugierde, was wohl die blauen Pfähle in der nahe gelegenen Treene zu bedeuten haben. Der

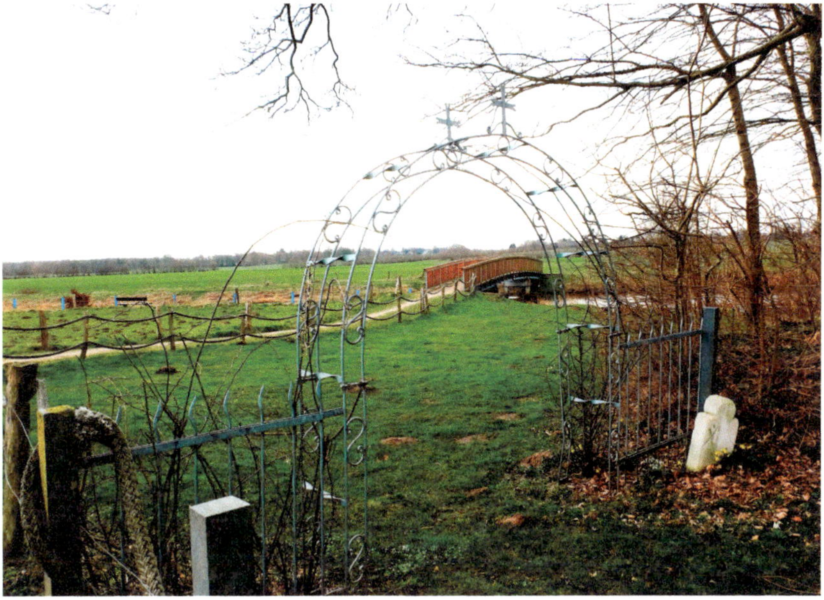

Abb. 17.2: Der Durchgang zum „kleinen Paradies". Im Eingangsbogen sieht man im Hintergrund eine Brücke über die Treene. (Blickrichtung: Westen)

Blick von der Treenebrücke liefert die Erklärung: Aufschäumendes Wasser und aufwachsende Pflanzen im Wasser verraten, dass der Fluss hier sehr flach ist. Dies ist eine moderne gestaltete Sohlgleite. Damit die Freunde des Wasserwanderns hier ihre Boote ohne Grundberührung einsetzen können, wurde auf der rechten Flussseite eine Rinne geschaffen und mit den blau angestrichenen Pfosten abgegrenzt. Rohre in Höhe der normalen Wasserführung der Treene helfen den Kanuten, auf Abstand zu bleiben (Abb. 17.3). Diese Sohlgleite hat übrigens wenige Jahre nach der Jahrtausendwende den früheren Sohlabsturz an dieser Stelle ersetzt. Es ist ein erklärtes Ziel der EU-Wasserrahmenrichtlinie, die Durchlässigkeit in Fließgewässsern zu erhöhen (siehe hierzu auch das Kapitel 9).

Noch etwas ist auf der Abb. 17.3 zu erkennen. Rechts von der Treeneböschung gibt es einen breiten, grasbestandenen Pfad. Er ist die Wanderroute auf dem Weg nach Süden und wird gern von der Bevölkerung genutzt. Der gepflegte Graspfad ist eine typische Wander- und Hundeausführstrecke in Richtung der kleinen Ortschaften Holm und

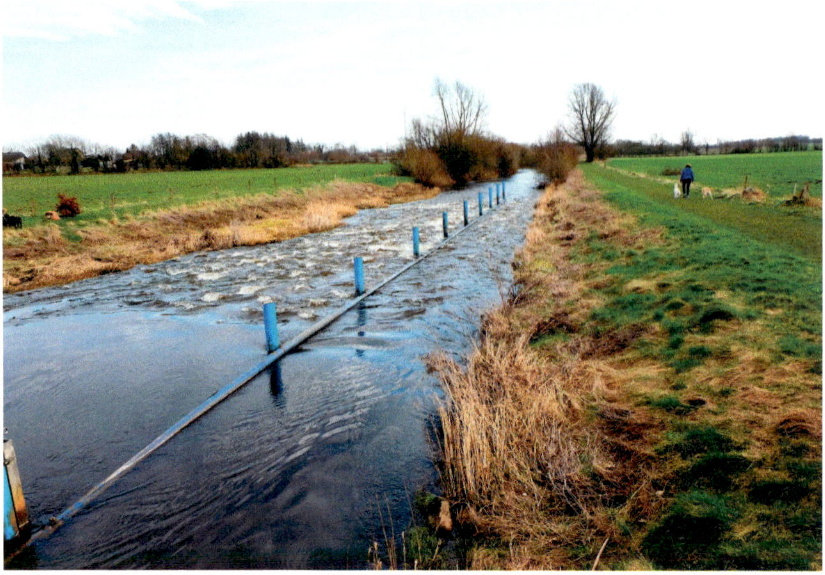

Abb. 17.3: Die Sohlgleite nahe der Pastoratsbrücke. (Blickrichtung: Süden)

Goosholz, ggf. auch in die weitere Umgebung. Diesem Pfad folgt auch die nachstehende Routenbeschreibung.

Eine Frage drängt sich zu Beginn der Wanderung auf: Warum wird im Exkursionsführer erneut eine Treenewanderung, wenn auch eine deutlich kürzere, beschrieben, wo doch zwischen Tarp und Langstedt schon eine längere Gehroute vorgestellt wurde? Zwischen Tarp und Langstedt führte die Wanderung an der breiten Talaue der stark mäandrierenden Treene entlang – mal auf der westlichen, mal auf der östlichen Seite. Nicht selten ist die Treene in der breiten Flussaue kaum noch zu erkennen, es sei denn, sie stößt an das Ufer an. Vom Pastoratspark in Treia geht es dagegen auf der gesamten Strecke unmittelbar am Treenelauf entlang, eine breit ausgeformte Flussaue ist hier nicht vorhanden. Der Grund: Ab Treia ist die Treene ausgebaut. Mäanderschlingen gibt es hier nicht mehr, aber anders als kurz vor Hollingstedt und südlich davon (siehe Kapitel 21) ist die Treene hier noch nicht von Deichen eingefasst. Die Begradigung südlich von Treia ist auch nicht so weit gegangen, dass die Treene, anders als die zahlreichen Entwässerunggräben, die von den Seiten her in die Au entwässern, in ein strenges trapezförmiges Bachbett gezwängt wurde. Zum Ausbau gehörte auch eine maßvolle Tieferlegung des Flussbettes. Die Ausbaggerungstiefe betrug seinerzeit ca. 30 bis 40 cm, wovon 10 cm als sogenannte „Vorratsbaggerung“ wegen der zu erwarteten Versandung vorgenommen wurden. Diese Extravertiefung ist in den letzten zwanzig Jahren nach und nach durch Sedimentablagerung aufgefüllt worden.

In Abb. 17.4 wird die vorgeschlagene Wanderroute in einem Gesamtüberblick vorgestellt. Auf dem angenehm zu gehenden Untergrund des Wanderweges kommt man gut voran. Überschwemmte Flächen sah man im frühen Frühjahr 2023 praktisch nicht. Das Treeneufer ist auf beiden Seiten von meterbreiten Röhrichtzonen und abschnittsweise auch dichten Weidengebüschen flankiert. Bei genauem Hinsehen auf das angrenzende Gelände nimmt man einen leichten Anstieg wahr, auf der westlichen Seite mehr als auf den östlich angrenzenden Flächen. Die Reliefneigung verstärkt sich merklich, je weiter man nach Süden kommt. Der Wanderer bewegt sich auf dieser Route in den Ausläufern der Bredstedt-Husumer Geest. Vor Jahrzehnten hätte man noch die Brücke der Eisenbahnlinie von Flensburg nach Tönning sehen können, die längst verschwunden ist und keine Spuren hinterlassen hat. Wer es genau wissen möchte: Sie querte die Treene 1.350 m südlich der heutigen B 201 (mdl. Mitteilung G. Schmidt).

Wie groß ist die Stromgeschwindigkeit in diesem Treeneabschnitt? Sie ist offensichtlich höher als in der oberen Treene. Das mag mit dem Treeneausbau zusammenhängen. Unerklärlich sind für den aufmerksamen Betrachter die Betonblöcke, die unweit des nächsten Etappenzieles auf beiden Seiten des Fließgewässers und auf dem Treeneufer abgelegt worden sind und die jedem Wasserwanderer eine Warnung sein sollten, die Strommitte nicht zu verlassen. Auf Nachfrage war zu erfahren, dass diese Maßnahme auf Anraten eines Fachinstituts für Wassserbautechnik vorgenommen wurde, um die Stromgeschwindigkeit des Fließgewässers zu verringern. Schön anzusehen ist diese Lösung nicht. Umso positiver ist man überrascht, wenn der Blick über den ansteigenden Hang auf der westlichen Seite der Treene schweift. Hier wird das Grünland plötzlich in einem breiten Streifen von einem Seggenried unterbrochen. Seggenrieder sind in der Kulturlandschaft

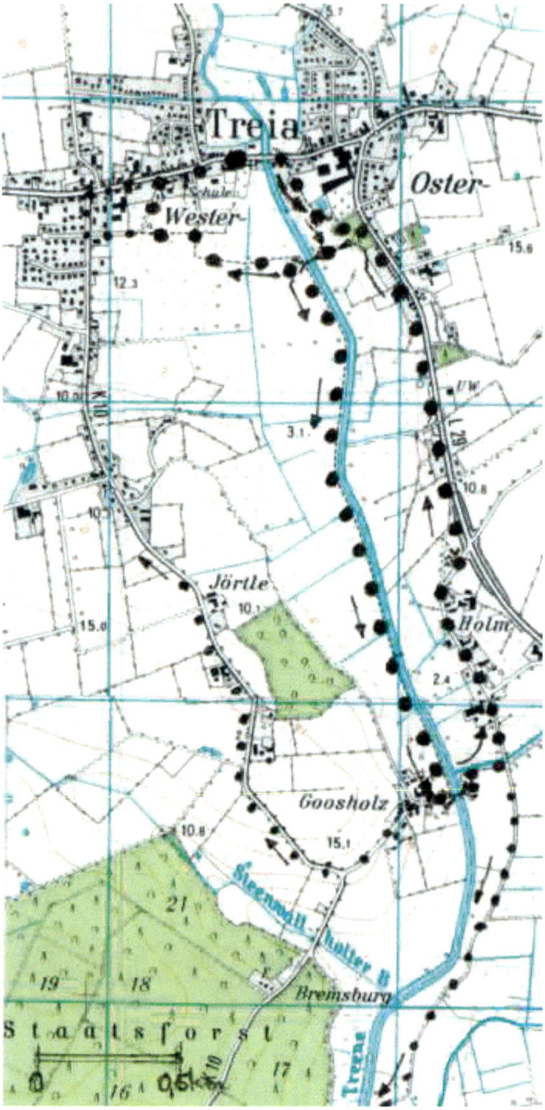

Abb. 17.4: Wandern südlich von Treia

selten gewordene Feuchtgebiete. Während sich oberhalb davon Röhrichte angesiedelt haben, breiten sich im unteren Hangbereich die mächtigen Horste der Rispensegge (*Carex paniculata*) aus. Sie deuten auf einen quelligen Hang hin, aus dem mäßig nährstoffreiches bis

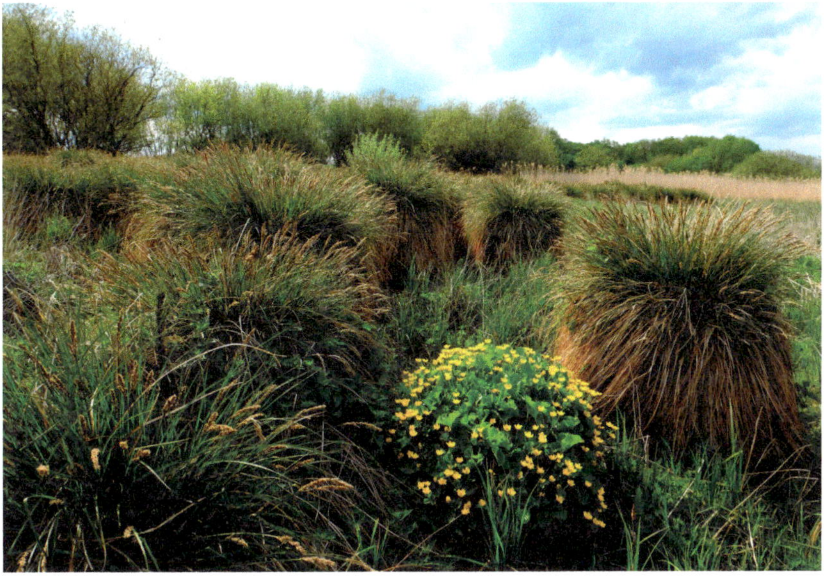

Abb. 17.5: Rechts des Weges blickt man auf den Westhang an der Treene mit den mächtigen Horsten der Rispensegge und einer blühenden Sumpfdotterpflanze.

nährstoffreiches Wasser austritt. Der Austrieb der dreikantigen, mit einem scharfen, ja fast schneidenden Rand versehenen Seggen beginnt schon im frühen Frühjahr, die Blüte der 0,5 bis 1 Meter hohen Bulte reicht von April bis in den Mai hinein (Abb. 17.5).

Wenig später ist der Abschnitt der Wanderroute entlang der Treene beendet – angezeigt durch eine mächtige Bogenbrücke mit kleiner Badestelle und außerhalb des Bildes einer Bank zum Rasten (Abb. 17.6). Man muss sich entscheiden, ob man die bisherige Strecke wieder zurück geht, auf der man gekommen ist, oder nach einem kräftigem Anstieg den Weg in Richtung Westen nach Goosholz fortsetzt. Dritte Alternative: über die Bogenbrücke gehen und über Holm im Osten den Rückweg antreten. In den beiden letztgenannten Fällen muss man ab den beiden Ortschaften auf einem asphaltierten Geh- und Radweg an Straßen entlang gehen. Der Weg über Goosholz ist der längere, hat für anspruchsvollere Wanderer aber den Vorteil, sich auf relativ kurzem Weg den Bremsburger Wald mit zusätzlichen Wandermöglichkeiten zu erschließen. Dieser große Wald ist ein reiner Laubmischwald,

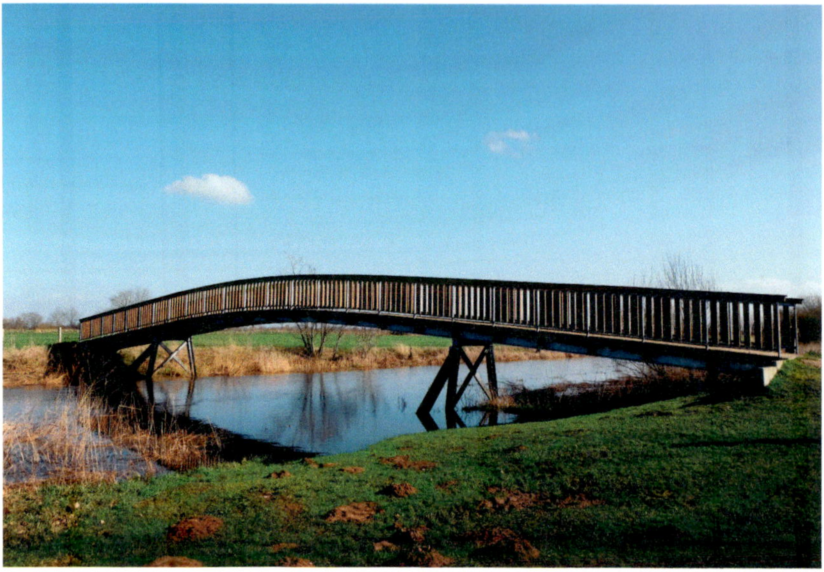

Abb. 17.6: Diese Treenebrücke verbindet die kleinen Dörfer Goosholz und Holm miteinander. (Blickrichtung: Südosten)

von dem ein Teilstück als Naturwald ausgewiesen ist, in dessen Entwicklung nicht mehr eingegriffen wird (siehe hierzu auch die Kapitel 12 und 16).

Wir entscheiden uns für die Brückenquerung in Richtung des östlich gelegenen Dorfes Holm. Nachdem die Brücke hinter uns liegt, folgt man dem Pfad, der ein kurzes Stück parallel zur Treene flussaufwärts führt, dann aber scharf rechts in östlicher Richtung abbiegt, bis man auf eine Querstraße stößt. Das Hinweisschild an der Einmündung des Pfades hat eine Überraschung parat: Man könnte die Wanderung doch noch weiter in Richtung Süden fortsetzen. Der zunächst asphaltierte Wirtschaftsweg geht in einen holprigen Feldweg über und entfernt sich etwas vom Treenelauf. Bis zur Splittersiedlung Hofwiese sind es ab dem Hinweisschild 1,5 Kilometer, bis Hollingstedt noch fünf Kilometer. Wer diesen Weg geht, der gelangt hinter Hofwiese an die Stelle, an der sich Treene, Krummbek und Silberstedter Au vereinen. Ab hier beginnt auch die beidseitige Bedeichung der Treene.

Die mit Abstand meisten Wanderer entscheiden sich an dem Hinweisschild, nach links abzubiegen und der Straße zu folgen, die auf Holm zuläuft. Die geschwungene Dorfstraße führt an zahlreichen Bauerngehöften vorbei, Baulücken werden von z. T. geschmackvoll gestalteten Gärten von Einfamilienhäusern ausgefüllt. Überraschenderweise gehört Holm nicht zur Gemeinde Treia, sondern zur Amtsgemeinde Silberstedt. Die Treene bildet die Grenze zwischen beiden Gemeinden. Am nördlichen Ortsausgang von Holm verschwenkt die dörfliche Straße in die L 29 von Hollingstedt nach Treia. Von nun an wird der Kfz-Verkehr spürbar intensiver. Der Wanderer kann sich damit trösten, dass auf dem Geh-/Radweg bis zum südlichen Ortseingang von Treia nur gut ein Kilometer zu bewältigen ist. Nachdem die Gemeindegrenze von Treia überschritten ist, empfiehlt es sich, nach wenigen hundert Metern über den südlichen Eingang wieder den Pastoratspark zu betreten und hier die Ruhe und die botanische Vielfalt des Parkgeländes zu genießen. Besonders zur Zeit der Krokusblüte kontrastiert dieser Parkbereich stark mit der Gedenkstätte für die Toten beider Weltkriege im Hintergrund. Auf dem weiteren Gang kommt man an einem kleinen Bruchwald vorbei – ein echtes Kontrastprogramm zum gestalteten Teil des Parks – und quert kurz darauf die bereits bekannte Treenebrücke mit der Sohlgleite am Pastorat vorbei. Für die Rückkehr zum Startplatz der Wanderung an der Nikolaikirche wird diesmal eine andere Route empfohlen, indem der Wanderfreund das Gebiet auf der Westseite der Treene quert. Von der Brücke führt ein Fußweg durch das leicht ansteigende Gelände. Rechterhand sind schon die Nikolaikirche und die Schulgebäude zu sehen. Der Fußweg macht unvermittelt einen Knick nach rechts, biegt aber kurz darauf wieder nach Westen ab. Wer nach der Rechtsabbiegung geradeaus geht, erreicht auf der Straße „Am Sportplatz" auf kürzestem Wege die Treenestraße und den Anfangspunkt der Wanderung. Wer stattdessen den betretbaren Privatweg in Richtung Westen wählt, kommt an einem Storchennest vor dem Hintergrund eines auffällig mit grün-gelben Ringen versehenen Gebäudes vorbei und kann hier mit etwas Glück im Frühjahr und Sommer ein Storchenpaar beobachten. Dieser Weg mündet in die Straße von Goosholz nach Treia. Von hier geht man nach rechts zur B 201 (Treenestraße) und erreicht den Startpunkt der Wanderung etwas später als auf der zuerst beschriebenen direkten Verbindung.

Anfahrt

Von Westen auf der B 201 über West- und Oster-Ohrstedt und von Osten über Silberstedt auf Treia zufahren. An öffentlichen Verkehrsmitteln fährt die Autokraft von Schleswig über Silberstedt nach Treia. Eine verkürzte Fahrtstrecke führt von Silberstedt nach Treia. Die Haltestelle ist jeweils an der Grundschule.

Koordinaten des Startpunktes: 54.513931, 9.315530

Quellenangaben (Teilgebiet „Im zentralen Teil" – Kapitel 12 bis 17)

Appold, U. (2016): Eulenwanderpfad Gemeinde Tarp. 64 Eichenholzskulpturen 2007–2011; hrsg. von der Gemeinde Tarp. Der Bürgermeister.

Ministerium für Energiewende, Landwirtschaft, Umwelt und Ländliche Räume – MELUR (2000): Managementplan für das FFH-Gebiet „Treene Winderatter See bis Friedrichstadt und Bollingstedter Au" (Code-Nr.: DE-1322-391), Gehege Büschau, SHLF-Teilflächen

Carstensen, H (in der Bearbeitung von E. Erichsen) – (1959): Menschen unserer Geest, in: Jahrbuch für die Schleswigsche Geest, 7. Jg. S. 76–113

Heintze, U. (2012): Zwischen Pobüll und Ostenau, in: Jb. für die Schleswigsche Geest, 63. Jg. S. 90–100

Heintze, U. und Riedel, W. (2021): Die Schleswigsche Geest, hrsg. vom Heimatverein Schleswigsche Geest, Husum

Jahn, A. (1979): Vom Fußpfad zur Autobahn; in: Jb. für die Schleswigsche Geest, 27. Jg., S. 192–2001

König, D. (1974): Naturkundliches über den Bollingstedter Mühlenteich; in: Jb. für die Schleswigsche Geest, 24. Jg., S. 25–31

Loewe, Dr. G. (1977): Vorgeschichte der Gemeinde Bollingstedt, Krs. Schleswig-Flensburg, in: Jb. für die Schleswigsche Geest, 25. Jg., S. 64–77

Lorenzen, F. (1981): Vom Adelsgut und der Mühle Bollingstedt; in: Jb. für die Schleswigsche Geest, 29. Jg. S. 197–198

Mager, F. (1930): Enwicklungsgeschichte der Kulturlandschaft des Herzogtums Schleswig in historischer Zeit; Band 1: Entwicklungsgeschichte der Kulturlandschaft auf der Geest und im östlichen Hügelland des Herzogtums Schleswig bis zur Verkoppelungszeit, Breslau

Ministerium für Energiewende, Landwirtschaft, Umwelt und Ländliche Räume – MELUR (2000): Managementplan für das FFH-Gebiet „Treene

Winderatter See bis Friedrichstadt und Bollingstedter Au“ (Code-Nr.: DE-1322-3191), Gehege Büschau, SHLF-Teilflächen
Nissen, B. u. a. (1999): 800 Jahre Bollingstedt, in: Jb. für die Schleswigsche Geest, 47. Jg., S. 7–30
Panten, A. (1974): Zur mittelalterlichen Geschichte des Edelhofes Bollingstedt; in: Jb. für die Schleswigsche Geest, S. 33–37
Rassmus, J. (1991): Das Pobüller Bauernholz; Vergetationskartierung unter besonderer Berücksichtigung der epiphytischen Kryptogamen (unveröffentlichte Diplomarbeit an der Universität Kiel)
ders. (1992): Das Pobüller Bauernholz – ein Primärwaldrest auf der schleswigschen Geest, in: Jahrbuch für die Schleswigsche Geest, 40. Jg. 1992
Riedel, W. (1978): Landschaftswandel und gegenwärtige Umweltbeeinflussung im nördlichen Landesteil Schleswig, hrsg. vom Deutschen Grenzverein e. V.
Faltblätter, Internetbeiträge, Zeitungsartikel, Sonstiges:
Faltblatt und Lesepulttext zum Jörler Landschaftspfad, hrsg. von der Gemeinde Jörl, gestaltet vom Graphikbetrieb Jorlum;
NDR 1 vom 20.04.2023: Gehöft aus Römischer Kaiserzeit entdeckt;
Siegloff, E., Archäologisches Landesamt S-H. (2019): Turmhügelburg und Grabenborg in Bollingstedt, in: Kuladig.de;
Wikipedia-Einträge: „Treia“ und “Nikolaikirche“ (Treia)“ und „Bollingstedt“

Im südlichen Teil

18 Im Naturerlebnisraum (NER) Mühlenau/Mildstedter Tannen

Kurzbeschreibung: *Östlich von Husum hat die Gemeinde Mildstedt beiderseits der Mühlenau ein größeres Gelände mit Wegen, Informationsmöglichkeiten und Aktivitätsbereichen ausgestatttet, das der Erholung und dem Naturerleben dient.*

Wer von Mildstedt, ca. drei km südöstlich von Husum gelegen, in den Mildstedter Ortsteil Rosendahl fährt, quert das Tal der Mühlenau. Das Fließgewässer entwässert als Husumer Au in den Westerhewer Wattstrom und damit in das Wattenmeer. Der nördliche Talhang der Au ist auf Rosendahler Seite Offenland, auf der Südseite dagegen mit Wald bestanden und heißt „Mildstedter Tannen". Der Talraum hat eine bewegte Geschichte hinter sich. Zur Nutzung der Wasserkraft wurde in früherer Zeit eine Abfolge lang gezogener Stauteiche in West-Ost-Rich tung angelegt. Auf der Westseite des mittleren und längsten Stauteiches errichtete man die Osterhusumer Wassermühle mit später aufgesetzter Holländer-Windmühle, an einem anderen Stauteich eine Stampfmühle (Abb. 18.1).
Mildstedt und Rosendahl liegen sich in Höhe des mittleren Stauteiches gegenüber. Wer damals nicht lange Umwege in Kauf nehmen wollte, musste von Rosendahl aus z. B. zum Besuch des Gottesdienstes in der Lamberti-Kirche von Mildstedt den Stauteich mit einem Boot queren. Das führte mehrmals zu Bootsunglücken. 1748 ertranken beim Kentern eines Bootes 13 Menschen. Im Jahre 1867 wurde der Betrieb der großen Mühle eingestellt und das Wasser der Stauteiche abgelassen. An diese Zeit erinnert heute ganz entfernt der mittlere Teil der Talung. Er ist Rückhaltebecken für extreme Hochwasserlagen.
Die Gemeinde Mildstedt begann in den 1990er Jahren damit, die Flächen zwischen beiden Ortsteilen anzukaufen und zu einem Naherholungsgebiet zu entwickeln. Etwa zeitgleich begann die Landespolitik, die Anlage von *Naturerlebnisräumen* (NER) zu fördern. Diese Gebiets-

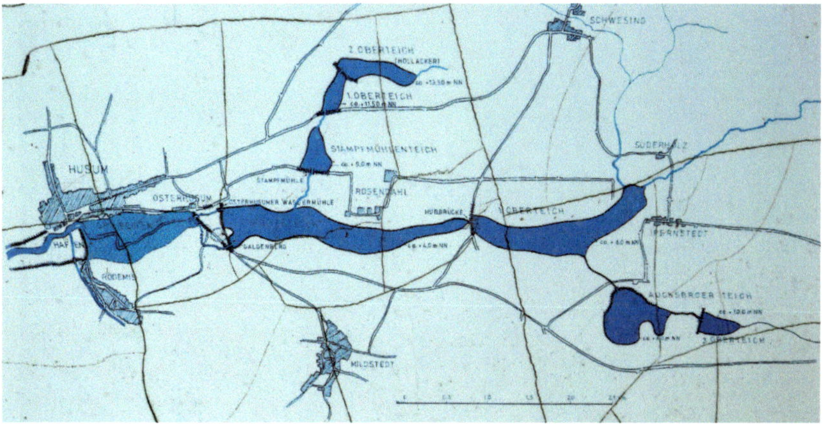

Abb. 18.1: Das Geflecht der Stauteiche an der Mühlenau und ihrer Zuflüsse in historischer Zeit (nach U. Iben, 1983)

kategorie ist seit 1993 im Landesnaturschutzgesetz verankert. Ein NER ist kein Schutzgebiet wie ein NSG oder ND. W. Janßen umreißt dessen Aufgabe wie folgt: *„Es geht darum, eine Brücke zwischen Naturschutz und Erholung, Umweltbildung und naturverträglicher Freizeitgestaltung zu schlagen"* (in: ANU, Nr. 151, 2009). Ein Antrag der Gemeinde bei den Naturschutzbehörden auf Ausweisung eines Naturerlebnisraumes wurde im September 2001 positiv beschieden. Naturerlebnisräume sind in der Regel mit Gerätschaften, Schutzhütten, Info-Tafeln u. ä. „möbliert". Und die NER-Flächen werden in der Regel auch ökologisch aufgewertet. Mit etwas mehr als 80 ha Fläche gehört der NER Mühlenau / Mildstedter Tannen zu den Naturerlebnisräumen mittlerer Größe; 15 bis 17 ha werden nach Aussagen des Vorsitzenden des Fördervereins östlich der Hübbrücke noch hinzukommen. Weitere große NER auf der Schleswigschen Geest gibt es am Stollberg (Gemeinde Bordelum) und im nördlichen Teil des Stiftungslandes Schäferhaus (Gemeinde Harrislee). Auch der Lemsieker Wald bei Schwabstedt und das an früherer Stelle angesprochene Posberg-Dünengelände in Süderlügum sind anerkannte Naturerlebnisräume.

Informationstafeln, Schutzhütten, Lehrpfade, aber auch geschichtlich bedeutsame Stätten finden sich im NER Mühlennau / Mildstädter Tannen nicht nur im Offenland, sondern auch im Wald südlich der Mühlenau. Angesprochen werden sowohl Kinder als auch Erwachsene.

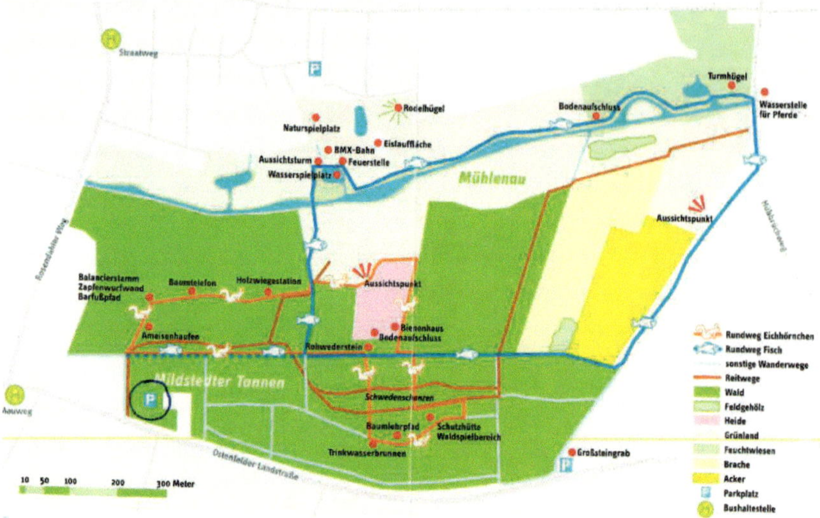

Abb. 18.2: Karte des Naturerlebnisraumes Mühlenau/Mildstedter Tannen mit dem blau hervorgehobenen Fischweg (Abdruck mit freundlicher Genehmigung des Landschaftsplanungsbüros M. Mäurer in Wester-Ohrstedt)

Im nördlichen Geländebereich sind Betätigungsmöglichkeiten wie ein Naturspielplatz, Aussichtsturm, Rodelberg, ein Wasserspielplatz u. a. m. vorhanden, während die Erwachsenen die Waldwanderwege schätzen. Eine Übersicht über das NER und seine Einrichtungen gibt Abb. 18.2.

Beliebt ist bei Spaziergängern vor allem der in der Karte dunkelblau hervorgehobene „Fischweg“, der hier abgegangen wird. Der Einstieg kann an verschiedenen Stellen beginnen. Wählt man den Zugang vom Straatweg im Norden der Karte gelangt man auf kürzestem Wege zum Aktivitätszentrum für Kinder und Jugendliche. Hier übt der Wasserspielplatz eine besondere Faszination aus. Dass man sich auf einem kleinen Ponton mit Hilfe einer Seilkonstruktion und mit Muskelkraft von einer Seite des Gewässers auf die andere ziehen kann, lässt Erinnerungen an die Stauteichquerungen früherer Jahrhunderte aufkommen (Abb. 18.3 und Abb. 18.4).

Der weitere Weg führt geradewegs in Richtung Süden. Über eine Holzbrücke wird das andere Ufer der Mühlenau erreicht. Der wieder natürlich gestaltete (renaturierte) Bachlauf ist an dieser Stelle kaum zu

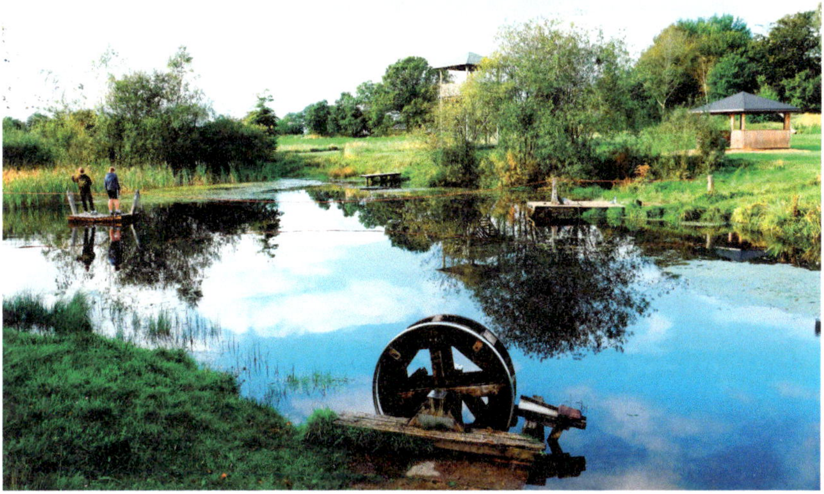

Abb. 18.3: Blick auf den gut angenommenen Wasserspielplatz mit Gerätschaften; im Hintergrund sind ein Aussichtsturm und eine Schutzhütte schwach zu erkennen....

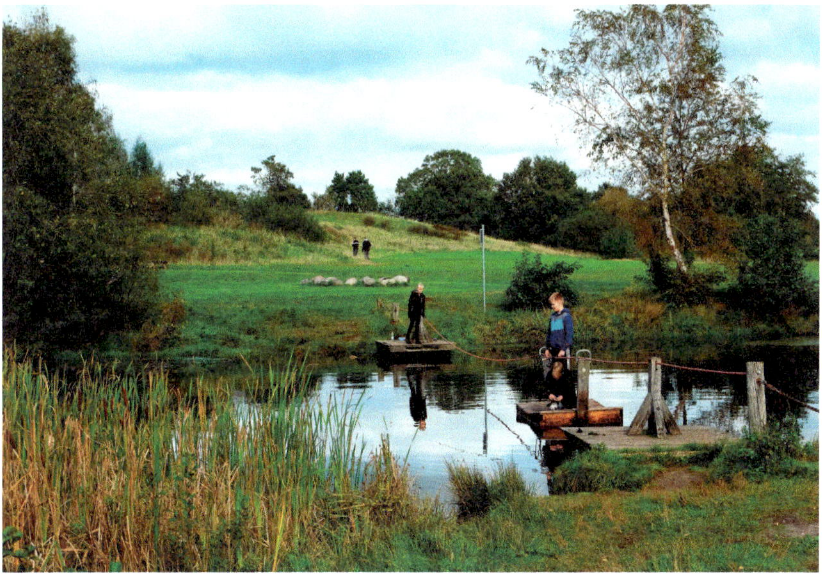

Abb. 18.4: ...und aus anderer Perspektive mit dem Rodelberg im Hintergrund.

erkennen, so stark ist er von der Vegetation überwachsen. Hier drängt sich mit Blick auf die breiten Brennnesselstreifen in westlicher Ufernähe der Gedanke einer kräftigen Überversorgung mit Nährstoffen auf. Bevor man den Wald betritt, empfiehlt sich ein kurzer Abstecher nach links zu einer Heidefläche. Sie ist eine typische atlantische Sandheide auf einer Binnendüne mit großen Anteilen der Krähenbeere neben der Besenheide. Und sie ist der Rest eines ursprünglich viel größeren Heidegebietes, wie auf der Karte der ersten preußischen Landesaufnahme von 1880 noch gut zu erkennen ist (Umland, K.-H., Riedel, W. und Bernstein, D. 1981). Die Heide musste dem Forst Mildstedter Tannen weichen. Der verbliebene Heiderest befindet sich in einem hervorragenden Pflegezustand.
Kurz darauf taucht der Spaziergänger in den Wald ein, dessen Baumbestand gar nicht mehr an ein Nadelgehölz erinnert. Der Wald ist verhältnismäßig jung und wurde nach verheerenden Windwürfen neu aufgebaut. Eigentlich müsste er jetzt „Mildstedter Laubmischwald" heißen. Die Geschichte des Waldes ist wechselvoll und wird von C. M. Sörensen („Über 100 Jahre Mildstedter Tannen") chronikalisch beschrieben. Es begann 1874 mit der Gründung einer Waldgenossenschaft. Noch im selben Jahr startete die erste Gehölzanpflanzung und ihre Einfassung mit einem Wall (= „Einhegung", was auch die Bezeichnung *Gehege* bei vielen Wäldern erklärt) zum Schutze gegen Vieh, Wild und Wind. Der Staunässe im Untergrund infolge einer Ortsteinschicht („Ahl") wurde mit dem Ausheben von Entwässerungsgräben („Grüppeln") begegnet, später durch Tiefpflügen beseitigt. Die Aufforstungsfläche reichte von der Ostenfelder Landstraße bis zum Waldweg (= Auweg) in der Kartenmitte, nahm also noch nicht das Gesamtgebiet ein. Dieser Forst war für die nächsten 40 Jahre in der Umgebung von Husum das einzige nennenswerte Waldgebiet. In den 1920er Jahren wurde das Holz eingeschlagen und die Fläche mit Rot- und Sitkafichte erneut aufgeforstet. Ab 1961 begann dann die Zeit der Windbrüche, die 1967 ihren ersten Höhepunkt erreichten und große Teile des Waldes niederlegten. Soweit die Chronik. Wiederkehrende Windbrüche und Kalamitäten wie Schädlingsbefall haben in den letzten Jahrzehnten zu einem Umdenken geführt und den Mischbestand hervorgebracht, wie wir ihn heute vorfinden. Mildstedter Kommunal-

politiker hatten sich zwischenzeitlich zunehmend für eine Erschließung des Waldes für die Naherholung erwärmt. 2002 entstand die Brücke über die Au, es wurden Waldwege angelegt und ein Förderverein gegründet.
Nach diesem geschichtlichen Einschub zurück zur „Fischroute". Der Weg biegt kurz drauf links ab. Auf dem nun folgenden Waldweg haben die Schutzgemeinschaft Deutscher Wald und der Förderverein des NER kürzlich im Abstand von zehn Metern eine Allee aus 31 „Bäumen des Jahres" gepflanzt und mit Namensschildern versehen, um so die Artenkenntnisse bei Kindern und Erwachsenen zu stärken. Geschichtsinteressierte können auch hier einen kurzen Abstecher in südlicher Richtung machen und gelangen nach etwa hundert Metern zu den Schwedenschanzen. Sie sind Zeugnisse aus der Zeit des Nordischen Krieges (1700–1721), als schwedische Truppen durch Schleswig-Holstein zogen, das damals noch zum dänischen Gesamtstaat gehörte, und sich gegen nachrückende russische und dänische Verbände verschanzten.
Zurück auf dem „Fischweg" gelangt man nach einiger Zeit über die Hübbrücke im Osten wieder auf die Nordseite der Mühlenau, wo ein Info-Schild auf ein flaches Plateau hinweist. Hier stand in früherer Zeit vermutlich eine Turmhügelburg, die wohl auch Mautstation auf dem Wege nach Husum oder nach Eiderstedt war. Der daran vorbeiführende Hübbrüchweg war zu jener Zeit in der Region die wichtigste landfeste Verbindung von Süden nach Norden. Die direkte Straßenverbindung von Mildstedt nach Rosendahl ist in der vergleichenden Landschaftsuntersuchung von Umland, Riedel und Bernstein erst in der Karte von 1956 zu erkennen. Nach dem Passieren der Hübbrücke setzt sich der „Fischweg" in westlicher Richtung fort. Kurz darauf wird auf ein Bodenprofil hingewiesen, wie man es nur selten zu Gesicht bekommt: Es ist der Aufschluss eines Aubodens, bei dem sich sandige Ablagerungen mit Humusbändern abwechseln. Bei hohen Wasserständen wurden unter Sauerstoffabschluss Eisen, Mangan und sogenannte Huminstoffe gelöst und in tiefere Bodenschichten abgeführt, was die nach unten gerichteten „Nasen" unter den Humusbändern erklärt. Als untere Schicht liegen alte Niedermoortorfe auf dem sandigen Untergrund auf. Die Vermoorung ist der Grund dafür, dass

über Jahrhunderte hinweg der Weg über die Hübbrücke genommen wurde, um nach Norden oder Westen zu gelangen. Bald darauf kehrt der Spaziergänger an den Ausgangspunkt der Wanderung zurück. Er hat auf diesem Rundkurs ca. drei Kilometer zurückgelegt.
Wie wird das Offenland von einer Verbuschung freigehalten? Die Flächen werden um den 01. Juli eines jeden Jahres gemäht. Damit ist sichergestellt, dass die Blütenpflanzen im Grünland noch einmal zur Blüte und vor allem zur Fruchtreife gelangen. Das Mahdgut wird als Raufutter an Pferdehalter abgegeben. Auch die Stiftung Naturschutz ist mit einem kleinen Projekt an der Entwicklung des Gebietes beteiligt: Kurze Altarme der Mühlenau östlich der Hübbrücke sind wieder an das Fließgewässer angeschlossen worden. Als Fazit lässt sich abschließend feststellen: Der Naturerlebnisraum Mühlenau/Mildstedter Tannen ist im Laufe seines Bestehens zu einer Erfolgsgeschichte geworden und von Mildstedtern und Husumern ein gern aufgesuchter Naherholungsraum. Auswärtigen Besuchern des NER kann überdies wärmstens empfohlen werden, auch der sehenswerten Lamberti-Kirche (auch St. Lamberti) in Mildstedt einen Besuch abzustatten. Sie stammt aus dem 12. Jahrhundert und ist im Grundlagenwerk „Die Schleswigsche Geest“ am Ende des Bildteils B durch den Portalbogen abgebildet worden.

Anfahrt

Mit dem Bus von Mildstedt bzw. Rosendahl bis zu den Haltestellen Auweg (im Südteil) bzw. Straatweg im Norden. Von dort geht man noch ca. 400 m bis zum NER. Einige PKW-Parkplätze finden sich am Ende des Straatweges. Wer die Wanderung im Wald beginnen möchte, hat die Auswahl zwischen zwei Parkplätzen am Rande der Ostenfelder Landstraße.

Koordinaten des Startpunktes: 54.470393, 9.100092

19 Am Danewerk entlang

Kurzbeschreibung: *Hier wandert der Besucher am größten Bodendenkmal Nordeuropas mal auf der Süd-, mal auf der Nordseite, abschnittsweise auch auf dem Wall entlang. Der Erdwall durchquert die jütische Halbinsel an ihrer engsten Stelle und ist seit 2018 als als „Archäologischer Grenzkomplex Haithabu und Danewerk" Teil des Weltkulturerbes der UNESCO.*

Als jütische Herrscher damit begannen, die Grenze ihres Herrschaftsgebietes nach Süden hin zu befestigen, schützten sie damit zugleich den wichtigen Handelsweg zwischen Nord- und Ostsee über die *„Schleswiger Landenge"*. Sie ist die engste Stelle zwischen Nord- und Ostsee auf der gesamten jütischen Halbinsel. In mehreren Bauabschnitten entstand neben einem Seesperrwerk ein regelrechtes System von Erdwällen mit Namen *Danewerk* (dän. *Danevirke*) – siehe hierzu auch den kurzen geschichtlichen Abriss über Haithabu und das Danewerk im Teil III des Geestbuches. Im Westen wurden die Erdwälle des Danewerks in einer zweiten Bausphase überwiegend mit Soden belegt, später weiter östlich auch mit Feldstein- und Ziegelmauern verstärkt. Dieser Teil des Weltkulturerbes verläuft quer durch die Schleswigsche Geest und nur er wird hier näher erkundet. Startpunkt ist Hollingstedt an der Treene, das Ziel das vom dänischen Kulturverein SSF betriebene Danevirke-Museum am östlichen Heer- bzw. Ochsenweg (dän. *Hærvejen*). Unweit des inzwischen abgerissenen Museums und etwa 50 m von der Straße „Ochsenweg" gruben Archäologen zwischen 2010 und 2014 das historische Danewerkstor („Wieglesdor", auch „Kalegat") von Rothenkrug im heutigen Ortsteil Klein-Dannewerk aus.

Von Hollingstedt bis Rothenkrug lernt man zwei Wallanlagen des Danewerks kennen: den *Krummwall* und den *Hauptwall*. Dem Wanderfreund sei vor Tourbeginn ein wichtiger Hinweis mit auf den Weg gegeben: Wer auf eigene Faust das Danewerk zu erkunden versucht, der sieht sich in und um Hollingstedt vor ziemliche Herausforderungen gestellt. Es gibt hier keinen Wall (mehr), er beginnt erst viel weiter östlich. Dennoch sollte aus einem anderen Grund an Hollingstedt als Beginn der Erkundung festgehalten werden. Hier lag einst einer der wikingerzeitlichen Umschlagplätze an der Treene, von dem aus Handelsschiffe die Nordsee erreichen konnten. Informationen darüber finden sich nicht an der Hollingstedter Treenebrücke, sondern in einem eher schlichten Gebäude mit dem Namen *„Hollinghuus"*. Es liegt einige hundert Meter von der Treene entfernt in Richtung Ortsmitte unmittelbar neben der Schule. Dieses kleine Gebäude beherbergt ein feines Museum ohne Personal (Besuchszeit: 8.00–18.00 Uhr). Man betätigt eine elektrische Öffnungsvorrichtung und kann sich die Ausgrabungsergebnisse über den ehemaligen Lande-, Umschlags- und Lagerplatz in aller Ruhe anschauen. Sie sind in Zeichnungen, Karten, Fundgegenständen und mit erläuternden Texten dokumentiert.

Nach dieser Erstorientierung beginnt die Suche nach dem Krummwall. Er hat nachweislich bis Hollingstedt existiert, sein Endstück verschwand aber im Laufe der Jahrhunderte. Abb. 19.1 zeigt das von den Archäologen vermutete Endstück. Der Straße von Hollingstedt nach Schleswig folgend, stößt man hinter der Siedlung Matzenkamp rechterhand auf eine Abzweigung mit dem Namen „Achterwall". Am

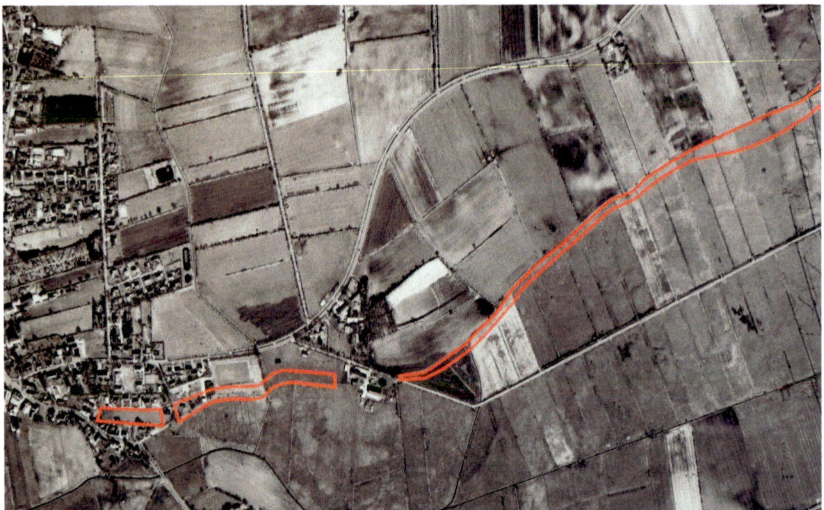

Abb. 19.1: Der vermutete Verlauf des Danewerks bei Hollingstedt (Quelle: Info-Zentrum Hollinghuus)

Ende des asphaltierten Wirtschaftsweges findet sich ein erster Hinweis, aber einen Wall, der diesen Namen verdient, gibt es hier noch nicht. Stattdessen steht der Besucher vor einem leicht gewölbten, eingezäunten Geländestreifen, den ein kleines Schild zur Flächensicherung als Landschaftsschutzgebiet (LSG) ausweist. Es bleibt also nur die Umkehr, um den Krummwall weiter östlich aufzuspüren. Hinter den Gehöften und Einzelhäusern von Morgenstern wird die Landstraße in Richtung Schleswig von einer Straße zwischen Ellingstedt und Groß Rheide gekreuzt. Biegt man hier rechts ab, stößt man nach etwa einem Kilometer auf einen Walldurchlass. Eine Parkmöglichkeit gibt es an dieser Stelle nicht, es bleibt nur der Stopp auf dem Randstreifen. Und tatsächlich lässt sich hier erstmals der Krummwall erklimmen – überraschenderweise aber nur auf der nach Westen ausgerichteten Seite (Abb. 19.2).

Nach Osten hin ist lediglich ein von Grünland und Maisäckern eingefasster, stark verbuschter Geländestreifen zu sehen. Hier beginnt das NSG „Haithabu-Danewerk", das als frühgeschichtliches Denkmal *und* Naturschutzgebiet einen verstärkten Schutz genießt. Etwa 300 m

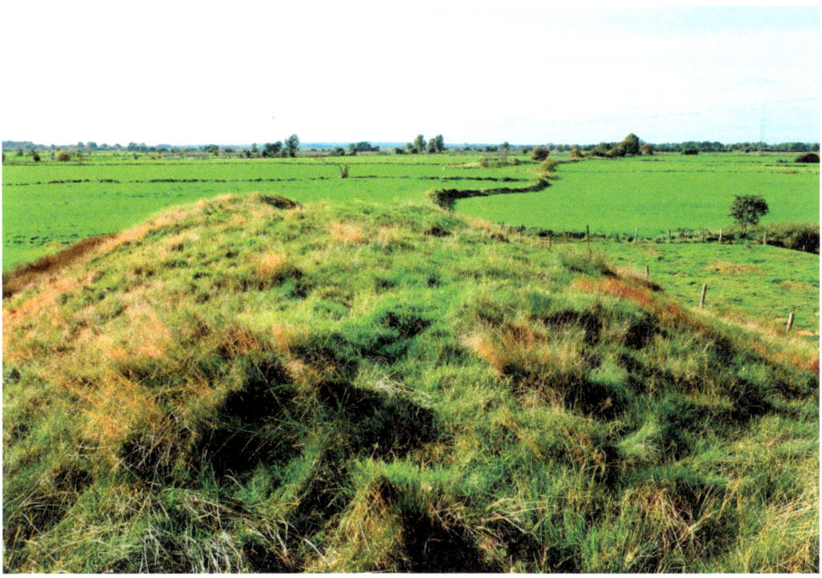

Abb. 19.2: Blick über den Krummwall südlich von Ellingstedt, der im Gelände plötzlich abbricht. (Blickrichtung: Westen)

südlich verläuft in Richtung Osten ein breiter, nicht asphaltierter Weg, der von Ortsunkundigen schnell übersehen wird. Er ist Teil des Wikinger-Friesen-Radweges und wird auch von Spaziergängern und Wanderern begangen. Für Anreisende mit PKW gibt es auch hier keine Parkmöglichkeit. Nach knapp zwei Kilometern läuft diese unbefestigte Trasse auf den nun voll ausgebildeten Krummwall zu, und kurz darauf steht man vor einem weiteren Walldurchlass, einem Parkplatz und einigen Hinweisschildern. Dieser Parkplatz ist auch von Norden gut erreichbar: Dazu fährt man auf der Straße von Hollingstedt in Richtung Schleswig an der bereits erwähnten Kreuzung geradeaus weiter und biegt nach ca. 1 km rechts in den Mölhornweg ab. Er ist ein gut zu befahrender Plattenweg mit Ausweichmöglichkeiten bei Gegenverkehr.

Der Mölhornweg ist in der Karte von Abb. 19.3 an der Abfolge kleiner schwarzer Punkte in Nord-Süd-Richtung zu erkennen. Er läuft auf die Punktreihung mit den großen schwarzen Punkten zu. Hier lässt sich die Wanderung am westlichen Danewerk bequem beginnen, zumal auch ein Parkplatz vorhanden ist. Wer mit dem Rad unterwegs

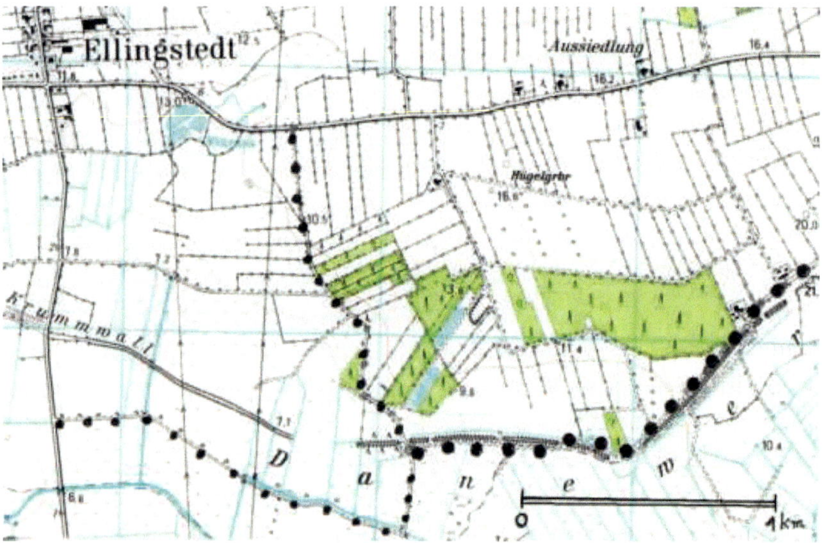

Abb. 19.3: Die Wanderroute am Danewerk – westlicher Teil. Zu Beginn läuft man am Krummwall entlang. Große schwarze Punkte markieren die Hauptroute, die kleineren Punkte die Zufahrt bzw. Zuwegung zum Startpunkt.

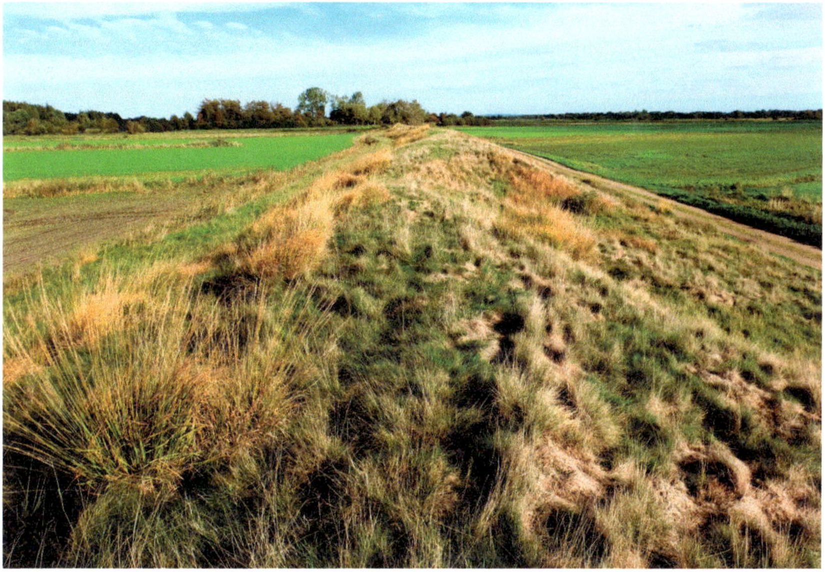

Abb. 19.4: Dieser Wallabschnitt des Danewerks ist nicht verbuscht, sondern nur von Gräsern bedeckt. Das weißlich schimmernde Gras rechts im Bild ist Borstgras und entwickelt im Verlauf des Herbstes einen typischen Drehwuchs. (Blickrichtung: Osten)

ist, kann stattdessen die Straße von Ellingstedt in Richtung Süden nach dem Passieren des Krummwalls an der ersten Abzweigung nach links verlassen und erreicht auf dem Friesenwegabschnitt (siehe Punktreihe) den bereits erwähnten Startpunkt. Von hier geht bzw. fährt man auf einem breiten Fuß- und Radweg mit dem etwas irritierenden Namen Margarethenwallweg auf der Südseite des Krummwalls entlang.

Auf eines muss sich der Wanderfreund einstellen: Auf dem Weg nach Osten wird das Danewerk immer wieder von Straßen und unbefestigten Fahrwegen durchbrochen, ja dem Danewerk fehlen mitunter ganze Teilstücke. Ca. 80 % des ursprünglichen Walls sollen noch vorhanden sein. Dennoch: Stattlich ist der Wall hier schon, der zunächst zum ständigen Begleiter wird. Die erste Etappe gilt vielen Kennern als der schönste Abschnitt des westlichen Danewerks. Hier sind landschaftliche Weite und Einsamkeit der Geest intensiv erlebbar. Vor ihrer Trockenlegung in der Neuzeit war die Niederung der Rheider Au südlich des Danewerks ein kaum zu überwindendes Hindernis. Auch die Vegetation auf dem Wall verdient Beachtung. Sie wirkt nicht besonders spektakulär, aber das stellenweise in dichten Horsten wachsenden Gras, oft in Vergesellschaftung mit der Trockenheide, ist anders als früher längst nicht mehr alltäglich (Abb. 19.4).

Am nächsten Walldurchbruch wechselt der Weg auf die nördliche Seite des Walls. Unmittelbar darauf stößt man auf eine breite Lücke, die früher von der „Schanze 19" eingenommen wurde. Schanzen hat es früher viele im gesamten Verteidigungsbauwerk gegeben; sie sind viel später in den Wall eingefügt worden. Das Danewerk macht an dieser Stelle einen Knick und verläuft nun in nordöstlicher Richtung weiter. Hier endet auch der Krummwall, der Hauptwall beginnt. Nach einigen hundert Metern verschwenkt der Weg etwas nach links, der Blickkontakt zum Hauptwall geht verloren, genauer gesagt: Ab hier fehlen Teilstücke. Man folgt notgedrungen der asphaltierten Straße, bis sie in Höhe zweier Gehöfte zurück auf die südliche Wallseite wechselt. Auch der vertraute Geh- und Radweg ist wieder erreicht. Diese Stelle ist auf dem östlichen Kartenteil unten links deutlich zu erkennen (Abb. 19.5).

Beim Passieren des Walldurchbruchs wandert der Blick über ein stark verändertes Wallprofil: Auf den hohen und steil abfallenden Wall folgt auf der Südseite ein muldenartiger Geländeeinschnitt, der von einem flachen Vorwall eingefasst ist. Das Muldengelände ist stellenweise schwierig zu begehen, der parallel verlaufende Wikinger-Friesen-Radweg ist die bessere Alternative beim Vorankommen.

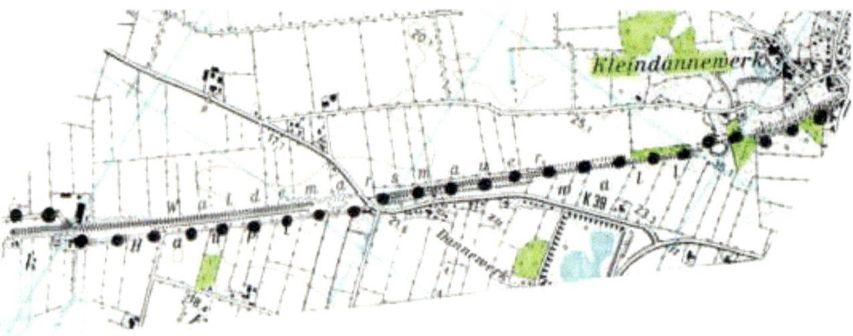

Abb. 19.5: Die Wanderroute – östlicher Teil. Sie folgt dem geraden Streckenabschnitt des Hauptwalles in nordöstlicher Richtung.

Die Situation ändert sich bereits nach etwas mehr als einem Kilometer wieder. Am Straßendurchbruch von Ellingstedt nach Kurburg verschwenkt der Wikinger-Friesen-Radweg nach rechts, während sich der Wanderer auf einem gepflegten Rasenweg auf der Wallkrone des Hauptwalls wiederfindet. Nach einiger Zeit taucht man in ein Gehölz ein. Es weist Spuren regelmäßigen Holzeinschlags in früheren Jahrzehnten auf. Dieser Baumbestand ist ursprünglich ein Niederwald gewesen. Heute sind die Bäume zu einem Mittelwald durchgewachsen. Hinter dem Gehölz und der Wallkrone taucht eine mächtige Bodenaufschüttung auf. Es ist die „Schanze 14", die vor Jahren gemeinsam von dänischen und deutschen Pioniereinheiten wiederhergestellt wurde. Ab hier beginnt der *Archäologische Park*, zu dem auch die nahe Waldemarsmauer, das Rothenkrugtor und der Wallabschnitt östlich des Ochsenweges bis zur Thyraburg gehören. Herausragend ist aus archäologischer Sicht der Hauptwallabschnitt mit der Ziegelsteinmauer aus der Zeit Waldemars des Großen. Diese Stützmauer ist das älteste aus Ziegelsteinen errichtete Bauwerk Nordeuropas. Es wurde

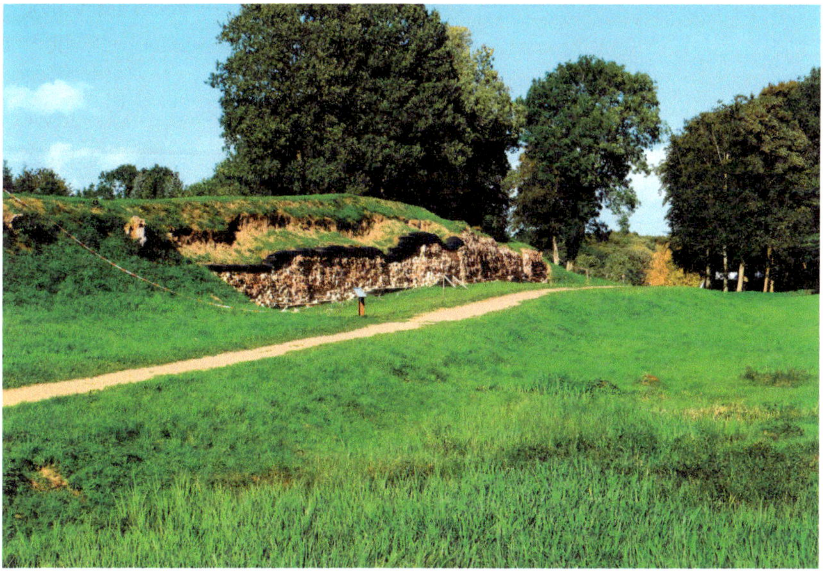

Abb. 19.6: Blick von Südwesten auf den Hauptwall mit dem ca. 80 m langen Teilstück der freigelegten Waldemarsmauer. Im Vordergrund ist ein flacher Grabenrest zu erkennen. Das Bild spiegelt die Situation um 1864 wider.

1863/64 bei Schanzarbeiten zu Beginn des deutsch-dänischen Krieges freigelegt. Die Wallverblendung ist ursprünglich länger und höher gewesen. Sie war über Jahre hinweg starker Verwitterung ausgesetzt und wird nun nach und nach saniert. Neuere Ausgrabungen förderten im oberen Teil des Walles eine gewaltige Feldsteinmauer von drei Metern Höhe, drei Metern Breite und drei Kilometern Länge aus dem 8. Jahrhundert zutage. Einen Eindruck von der Ziegelsteinmauer vermittelt die Abb. 19.6.

In den letzten Jahrzehnten war man es gewohnt, dass nun das Danevirke Museum mit seinem Flaggenschmuck in Sicht kam. Mit dem Abriss des Rothenhauses und nach umfangreichen archäologischen Untersuchungen auf dem Geländes ist auch das bisherige Danevirke Museum abgeräumt worden. Es entsteht in deutsch-dänischer Beteiligung auf dem nun erheblich vergrößerten Areal neu und wird nach seiner Fertigstellung ein dem UNESCO-Welterbestatus angemessenes Informationszentrum sein. In der Übergangszeit steht ein Container zur Verfügung, wo man u. a. ein Informationsblatt mit einer Übersicht über die gesamte Wallanlage einschließlich Haithabu erhält. Das in

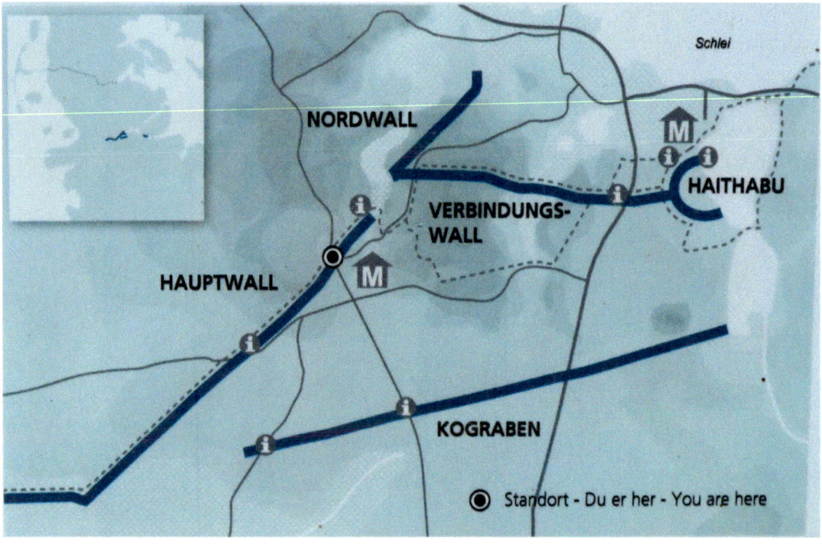

Abb. 19.7: Das gesamte Befestigungswerk zwischen Hauptwall und Haithabu. Oben links im Übersichtsbild ist die „Schleswiger Enge" zu sehen. (Quelle: Info-Schild am Ende des Hauptwalles)

den Jahren 2010-2014 ausgegrabene Danewerktor liegt schräg gegenüber dem abgerissenen alten Danevirke-Museum als schlichter Durchbruch durch die Wallanlage. Durch diese Öffnung verlief der alte (östliche) Ochsenweg. Die Freilegung ergab, dass das Tor von der Innenseite im Norden verriegelt werden konnte.

Damit endet auch die Geestwanderung, auf der man den den Grenzwall Danewerk kennengelernt hat. Die zurückgelegte Entfernung vom Walldurchbruch an der Straße Ellingstedt–Groß Rheide bis zum Danewerktor beträgt ca. 8 km, ab Parkplatz Mölhornweg rund 6 km. Die UNESCO-Welterbestätte ist am Ende der Wanderung noch nicht zu Ende. Einen Überblick über den ausgeklügelten östlichen Teil bis Haithabu vermittelt Abb. 19.7.

Wer die Straße Ochsenweg quert und dem stark abgetragenen Wallabschnitt gen Osten folgt, gelangt nach etwa einer halben Stunde zum aufgeschütteten Plateau der ehemaligen Thyraburg.

Bemerkenswert ist dabei weniger der vermutete Standort einer Turmhügelburg als vielmehr der starke Wandel der Landschaft. Nach der Querung des Ochsenweges taucht man in die bewegte und waldreiche Endmoränenlandschaft ein, die ja schon zum östlichen Hügelland gehört.

Anfahrt

Hollingstedt liegt recht zentral im südlichen Teil der Schleswigschen Geest und ist von allen Himmelsrichtungen gut erreichbar – auch mit öffentlichen Verkehrsmitteln. Die beschriebenen Startpunkte für die Wanderung sind es indes schon nicht mehr. Wer mit zwei Fahrzeugen die Anfahrt plant, kann das erste auf dem großen Parkplatz auf der Westseite des Ochsenweges abstellen, um dann mit dem zweiten Gefährt den Startpunkt anzusteuern.

Koordinaten des Startpunktes: 54.457827, 9.433961

20 Von der Ostenfelder Geest in das untere Treenetal

Kurzbeschreibung: *Hier verlaufen attraktive Wege in zwei völlig gegensätzlichen Landschaftsräumen: Zunächst durchwandert man in einem längeren Waldstück eine verhältnismäßig stark abfallende Altmoräne und bewegt sich anschließend in einer extrem breiten Niederung, die von der bedeichten Treene zumeist träge durchflossen wird.*

Dieser Tourenvorschlag geht über die Geestgrenzen hinaus, ist also naturraumübergreifend: Von der Hohen Geest bei Ostenfeld steigt man hinab in die Treeneniederung, die in diesem Teil bereits zur Landschaft Stapelholm gehört. „Hinabsteigen“ ist zugegebenermaßen etwas überzeichnet, aber immerhin beträgt der Höhenunterschied vom Sandesberg oder Gusinberg, den beiden höchsten Erhebungen der Ostenfelder Geest, bis ins Treenetal knapp 55 Meter. Das ist die größte Höhendifferenz im Kreis Nordfriesland überhaupt. Startpunkt ist aus praktischen Gründen nicht eine der beiden genannten Altmoränenkuppen, sondern ein verkehrsgünstig gelegener Parkplatz am westlichen Rand des Ostenfelder Kirchenwaldes (Kirchenhölzung) – siehe die Karte in Abb. 20.1.

Der Kirchenwald – auch Kirchenhölzung genannt – ist ca. 135 ha groß, davon gehören 68 ha der Kirchengemeinde Ostenfeld, die andere Hälfte liegt in der Hand von Privateigentümern. Der größte Teil ist heute FFH-Gebiet und gehört damit zum EU-Schutzgebietsnetz Natura 2000. Bei der Kirchenhölzung handelte es sich ursprünglich um einen alten Eichen-Buchen-Wald mit Einsprengseln von Erle, Esche, Ulme und anderen Laubbaumarten. Heute ist er ein überwiegend junger Wald mit Bäumen im Alter von 40 bis 80 Jahren, dazu gibt es einzelne eingestreute Nadelholzparzellen aus der Zeit nach dem 2. Weltkrieg, Eine Ausnahmestellung nimmt ein 3 ha großer Altbestand ein. Vom Parkplatz aus geht man auf einem gut ausgebauten Waldweg in südöstlicher Richtung. Zunächst kommt man an den Einrichtungen eines Naturkindergartens vorbei, bald darauf an dem Altbestand mit Buchen

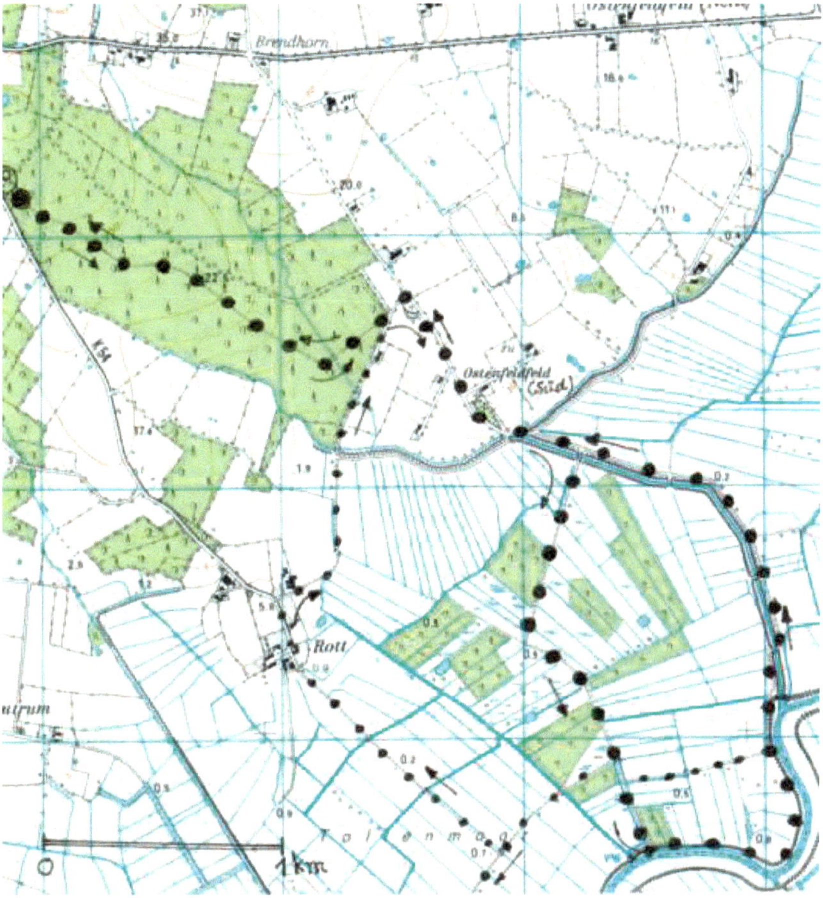

Abb. 20.1: Ein Wandervorschlag durch einen Altmoränenwald und die Treeneniederung. Neben der Hauptroute geben schwächer markierte Punktfolgen Wegealternativen bzw. Abkürzungen an.

und Eichen, deren Alter 180 Jahre und mehr beträgt. Dieser Gehölzbereich wird heute als Waldfriedhof („*Ruheforst*“) genutzt, wie an einem großen Holzkreuz und den kleinen Namensplaketten an den Stämmen unschwer zu erkennen ist.

Die Kirchenhölzung verdankt ihren Namen nicht diesem neuzeitlichen Beerdigungbrauch, sondern war eine frühe Schenkung des Landesherren an die damals junge christliche Kirche.

Der Kirchenwald ist erstaunlich abwechslungsreich. Abschnitte mit

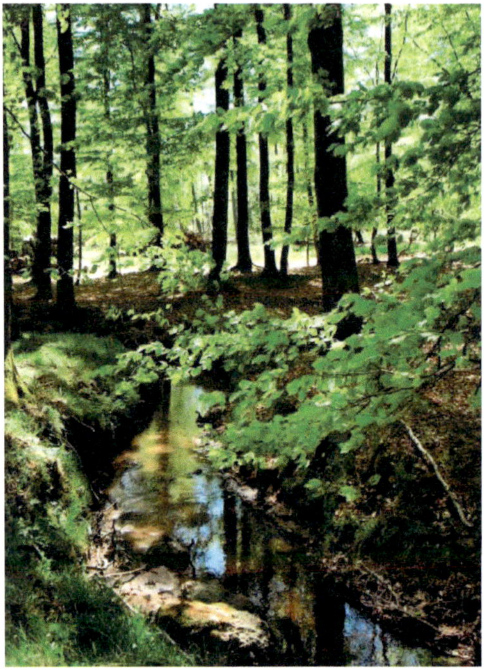

Abb. 20.2: Ein Bach, der die Kirchenhölzung durchströmt. Für Altmoränen sind Trockentäler eher üblich.

dichten Buchenbeständen wechseln sich mit Feuchtwaldzellen ab. Eher ungewöhnlich für eine Moräne aus der vorletzten Vereisungszeit ist ein Fließgewässer, das den Wald durchzieht (Abb. 20.2). Für Altmoränen sind Trockentäler typisch. In diesem Teil der Ostenfelder Geest gibt es drei Bachsysteme, die ihren Ursprung in Quellbereichen (Sickerquellen, Quellmoorkuppen) rund um den Sandesberg haben. Von dort fließen die Bäche in nördlicher, südlicher und östlicher Richtung ab.

Der Waldweg verläuft größtenteils in südöstlicher Richtung, macht aber noch im Gehölz einen Knick nach Nordosten und führt den Wanderer an die Straße nach Ostenfeldfeld (Süd) heran. Diese Kleinstsiedlung besteht aus einem Gehöft mit einem auffälligen Storchennest. Nach wenigen hundert Metern am Rande der wenig befahrenen Straße wird der Geestrand erreicht. Jeder Besucher, der das erste Mal das Gebiet betritt, ist überrascht von dem sich nun schlagartig verändernden Landschaftsbild. Man schaut über den weiten Talsander der Treene, der bis zur gegenüberliegenden Moräne eine Breite von etwa drei Kilometern einnimmt. Er ist angesichts seiner Breite auch ein Flächensander. Wenig später beginnt der Gang durch das Tollenmoor. Die gesamte Wanderstrecke beträgt etwa 12 km. Wem das zu beanspruchend ist, kann sich das Gebiet in zwei Etappen erschließen. Etappe 1: Vom Parkplatz am Kirchenwald bis an den Geestrand und zurück (ca. 5 km); Etappe 2: Vom Geestrand durch die Treeneniederung und zurück.

Beim Blick über die Treeneniederung fällt das dichte Netz von Entwässerungsgräben auf, die es in zwei Varianten gibt:

- Gräben, die auf beiden Seiten von Deichen eingefasst sind und auf die Treene zulaufen,
- ein dichtes Netz ebenerdiger Gräben in Richtung Treene.

Die bedeichten Gräben sind „Geestwasser-Ableitungsgraben" – auch als „Geestwasser-Durchleiter" bezeichnet. Die Dämme verhindern, dass die Niederung nach Starkregenfällen oder bei Treenehochwasser unter Wasser gesetzt wird. An den Geestwasser-Durchleitern ist schon am Geestrand der aktuelle Treenewasserstand ablesbar, da kein Staubauwerk zwischengeschaltet ist. Am linken Deichfuß des vor dem Besucher liegenden Geestwasser-Ableitungsgrabens verläuft ein asphaltierter Weg, dem zunächst gefolgt wird. In regelmäßigen Abständen gibt es einfache Übergänge, auf denen der bedeichte Graben gequert werden kann. Schon über die erste Brücke nach ca. 250 Metern wird die wenig attraktive Straße verlassen. Hier beginnt der Rundkurs im Treenetal auf zweispurigen Plattenwegen (Abb. 20.3). Er wird im entgegengesetzten Uhrzeigersinn abgegangen. Vor dem Wanderer breitet sich nach Süden eine nahezu menschenleere Ebene aus, in die eine überraschende Vielzahl kleiner Gehölze eingestreut ist. Bei den Waldstücken handelt es sich um Aufforstungen der Schleswig-Holsteinischen Landesforsten (SHLF) aus den 1970er Jahren auf brach gefallenen Flächen. Auf den Versuchsflächen wurden Schwarzerle, Esche, Winterlinde, Weiden, Birke, Schwarzkiefer, Bergahorn und noch die später zu entfernende Pappel angepflanzt. Diese Gehölze dienten in erster Linie der Landschaftsgestaltung, wie von Förster C. Rabeler zu erfahren war. Vom Wegesrand sieht man auch alte Birkenbestände, die einst hinter einer Einzäunung vor Wildverbiss geschützt waren. Später wurden diese kleinteiligen Gehölzflächen an die Stiftung Na-

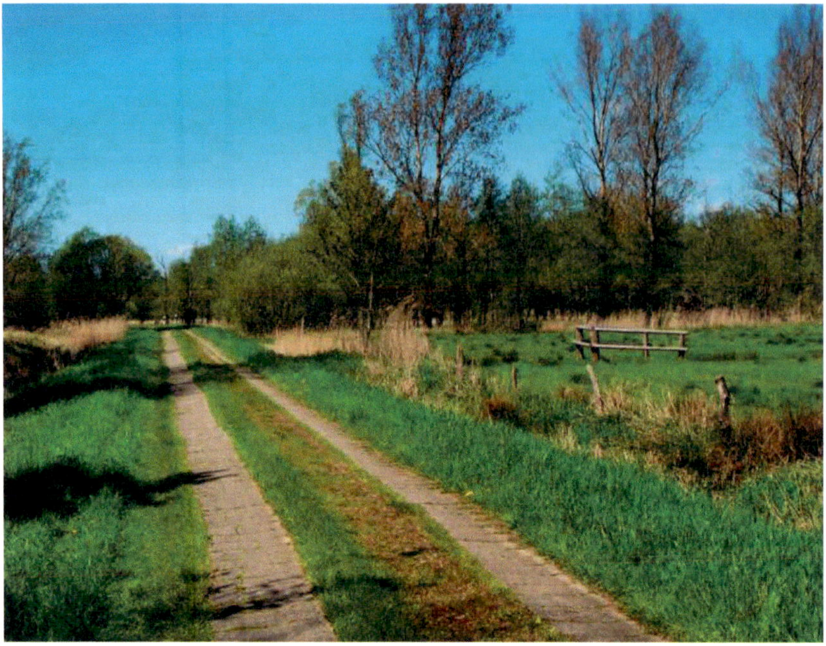

Abb. 20.3: Der Plattenweg führt durch Dauergrünland, an Gehölzinseln und an Röhrichtgürteln in den Gräben vorbei.

turschutz Schleswig-Holstein weitergegeben und dürfen sich nunmehr ohne Zutun des Menschen entwickeln. Die Stiftung hatte mit Beginn der 1990er Jahre damit begonnen, große Teile der Niederung zu erwerben.

Die Grünländereien sind aus der Kultivierung eines Niedermoores hervorgegangen, deshalb der Name *Tollenmoor*. Auf dem Wege weiter gen Süden folgt die nächste Überraschung: Die langen Entwässerungsgräben beiderseits des Weges sind mit Wasser gefüllt, das keine Abflussbewegung erkennen lässt. Offensichtlich sind die Gräben angestaut. Die Grabenränder sind auch anders als sonst üblich abgeflacht, Holzkonstruktionen fassen die Grabenenden ein (Abb. 20.4).

Die Holzkonstruktion schützt die Stauvorrichtung und gibt den Weidetieren Orientierung, die Gräben gefahrlos zu umgehen. Die abgeschrägten Kanten sollen Kleinlebewesen und Vogelküken davor bewahren, in den Graben zu fallen und dort zu ertrinken. Mit dem am Auslauf regulierbaren Wasserstand wird eine Wasserhöhe von 30 cm

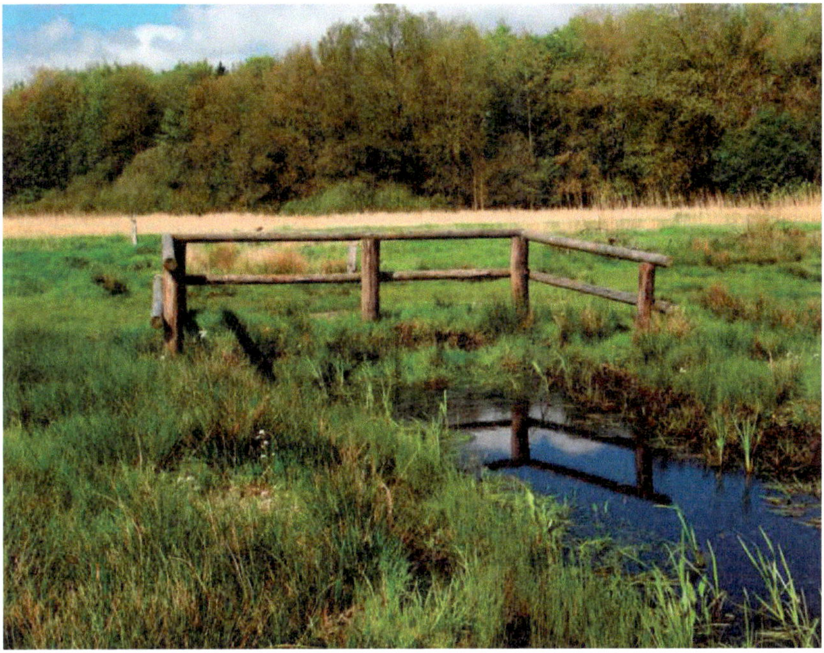

Abb. 20.4: Ein angestauter Graben im Dauergrünland des ehemaligen Tollenmoores. In einigen Gräben lebt der aalartige Schlammpeitzger.

unterhalb der Geländeoberfläche angestrebt, was in trockenen Sommern nicht immer gelingt. Die Vernässung der Niederung bleibt das Ziel, nicht ihre Überstauung und natürlich keine Entwässerung. Es geht der Stiftung nicht darum, das Moor zu reaktivieren, vielmehr werden die Nahrungs- und Brutbedingungen für die Vögel des offenen Grünlandes (Weißstorch, Kiebitz, Braunkehlchen, Goldregenpfeifer, Feldlerche u. a.) und die Rast- und Überwinterungsbedingungen (z. B. für Sing- und Zwergschwäne) verbessert. Feuchtes bis nasses Grünland und dazu noch auf nährstoffarmen Böden ist viel artenreicher als das übliche Wirtschaftsgrünland. Aufkommende Sauergräser (Seggen) und Binsen sowie Wiesenschaumkrautfluren im Frühjahr sind ein ausgesprochenes Gütezeichen aus der Sicht des Naturschutzes. Dafür wurde der Begriff Wertgrünland geprägt. Einen positiven Nebeneffekt hat die Vernässung noch: Sie verhindert den schleichenden Torfabbau durch Mineralisierung (Veratmung) durch den Kontakt mit Luftsauerstoff. Die Stiftungsflächen in der Niederung sind auch EU-Vogelschutzgebiet.

Das Feucht- bzw. Nassgrünland der Stiftung bleibt nicht nutzungsfrei. Die Flächen werden aber nicht bis zu dreimal, sondern nur einmal um den 21. Juni eines jeden Jahres herum gemäht. Anschließend beweiden Rinder das Grasland bis in den Herbst hinein. Die Kurzrasigkeit des Grünlandes und der Grabenränder erfüllt die Ansprüche der Wiesenvögel und Überwinterungsgäste an die Flächen. Sie können nunmehr das Gelände gut überblicken und ihre Fressfeinde rechtzeitig ausmachen. Ohne Nutzung würden sich bald Röhrichte und Weidengebüsche ausbreiten. Wer im Herbst und Winter das Gebiet aufsucht, kann erleben, dass die Fläche unter Wasser steht. Bei Hochwasserlagen wird sie sogar kurzzeitig zu einem Überlaufpolder.

Auf dem weiteren Weg nach Süden läuft der Besucher nun direkt auf die Treene zu. Nachdem die Deichkrone erklommen ist, bietet sich dem Betrachter ein eindrucksvolles Bild: Die langsam dahinfließende

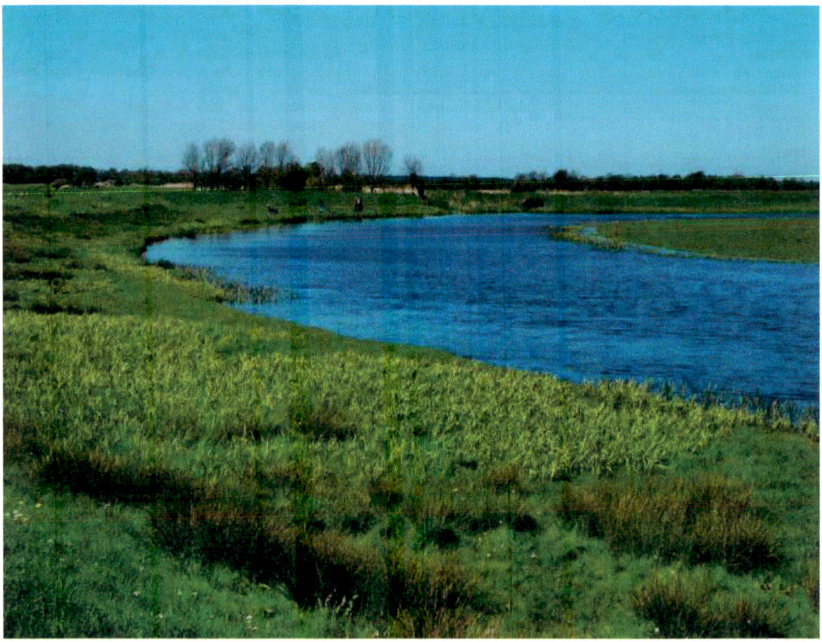

Abb. 20.5: Blick von der westlichen Deichkrone auf die untere Treene. (Blickrichtung: Norden)

Treene vermittelt mit ihren leichten Windungen und den sanft nach innen abfallenden Deichen einen naturnahen Eindruck. Anders als im Ober- und Mittellauf ist sie zu einem typischen Tieflandsfluss geworden. An einem schönen Tag im Vorfrühling oder Spätherbst fühlt sich der Wanderer in eine ferne Welt versetzt, in der man sich höchstens mit einem Angler die Abgeschiedenheit teilt. Einen Eindruck von dieser Flusslandschaft vermittelt Abb. 20.5.
Auf dem Deich kommt der Wanderer zunächst in östlicher Richtung, später in Richtung Norden gut voran. Doch bereits am Ende der Flussbiegung wird der Deich wieder verlassen. Hier folgt man dem bereits bekannten Geestwassser-Ableitungsgraben auf seiner Westseite und wechselt bereits an der ersten Brückenquerung auf die nördliche Grabenseite. Die letzten 1,5 km des Weges bis zum Geestrand müssen auf Asphalt zurückgelegt werden. Der Attraktivität dieser Wanderroute sollte das aber keinen Abbruch tun. Zum Parkplatz im Kirchenwald folgt man dann wieder dem Weg, auf dem man gekommen ist. Ein kurzer Hinweis noch für diejenigen, die eine längere Wegstrecke gehen möchten oder gern mit dem Fahrrad unterwegs sind: Von Hollingstedt aus kann man in der Treeneniederung auf gut befahrbaren Wegen in Richtung Süden vorankommen. Nach der Querung der Hollingstedter Treenebrücke biegt man in den zweiten Weg links ab und fährt parallel zur Treene gen Süden. Bei Hollbüllhus auf der Schwabstedter Geest wird der Geestrücken wieder erreicht.

Anfahrt

Der kürzeste Weg von Husum führt über die L 37 nach Hollingstedt. Hinter Ostenfeld biegt man auf die K 54 rechts in Richtung Rott ab. Nach etwa 700 m wird der Parkplatz am Rande des Kirchenwaldes erreicht. Wer aus Richtung Schleswig kommt, fährt am besten über das Dorf Dannewerk nach Hollingstedt usw. Wer nur die Rundwanderung durch das Tollenmoor machen möchte, biegt – von Osten kommend – bereits bei Brendhörn von der L 37 ab und erreicht nach zwei Kilometern den Geestrand südlich von Ostenfeldfeld.

Koordinaten des Startpunktes: 54.454897, 9.259758

21 Auf dem östlichen Ochsenweg von Kropperbusch bis Sorgbrück

Kurzbeschreibung: *Der östliche Ochsenweg war in historischer Zeit die wichtigste Nord-Süd-Verbindung durch die kimbrische oder jütische Halbinsel. Auf der hier beschriebenen Wanderung geht man auf einem original erhaltenen Teilstück des Altweges.*

Wenn vom Ochsenweg die Rede ist, dann ist in der Regel der Wegestrang vom nördlichen Jütland an Flensburg, Schleswig, Rendsburg und Itzehoe vorbei nach Wedel an der Elbe gemeint. Sein nördlicher Teil wird in Dänemark Heerweg (dän. Hærvej) genannt. Es gab aber auch ein westliches Pendant des Ochsenweges (siehe hierzu das Kapitel 2). Hier endete für einen großen Teil der Ochsen der Weg auf dem Viehmarkt in Husum, ein kleinerer Teil wurde für den Schiffstransport nach Tönning weitergeleitet oder die Tiere setzten den Weg in Richtung Rendsburg fort. Aber auch Querverbindungen in West-Ost-Richtung hießen oft Ochsenweg. Ihren Namen verdanken die Ochsenwege der seit dem 15. Jahrhundert in Schwung gekommenen Viehtrift in die aufstrebenden Wirtschaftsregionen Nordwestdeutschlands, der Niederlande, Flanderns und Englands, als dort die Nachfrage nach Fleisch stark anstieg. Mangels geeigneter Konservierungs- und Transporttechnik kam nur der Lebendtransport des Viehs infrage. Für eine Fernwegetrasse boten sich die Sanderflächen der Vorgeest an. Sie sind eben, waren dünn besiedelt und ließen Ausweichmöglichkeiten zu, wenn der Hauptweg infolge Überbeanspruchung kaum noch zu nutzen war. Das führte zu immer breiter werdenden Trassen. Furten von Fließgewässern waren im Allgemeinen leichter im Osten als an deren Unterlauf zu bewältigen. Eine große Herde konnte 200 bis 300 Ochsen umfassen und schaffte, angetrieben von mehreren Treibern, eine Tagesleistung von ca. 20 km. An den Rastplätzen versorgten Krüge die Herde und ihre Treiber. Dieser Fernweg war im Laufe der Geschichte aber nicht nur für die Ochsentrift bedeutsam, sondern für den Transport von Personen, Gütern und Post in Kutschen bzw. Fuhrwerken und in vorprotestantischer Zeit auch als Pilgerweg zu den heiligen christlichen Stätten im Süden. Und nicht zu vergessen: Er war der Hauptweg für militärische Einheiten von Nord nach Süd und umgekehrt.

Mit dem Bau von Eisenbahnlinien kamen die Ochsentriften zum Erliegen. Als befestigte Straßen entstanden, griffen die Straßenbauer häufig auf die bestehende Ochsenwegtrasse zurück. Deshalb blieben ursprüngliche Wegeabschnitte nur im Ausnahmefall erhalten. Eine dieser wenigen Teilstrecken verläuft südöstlich von Kropp bis Sorgbrück und ist mit sechs Kilometern Länge auch die längste und am besten erhaltene des alten Ochsenweges. Sie ist heute als Kulturdenkmal geschützt.

Die Wanderung beginnt in Kropperbusch. An der B 77 gibt es ein Hotel gleichen Namens mit dem schriftlichen Zusatz *„Du büs Kropperbusch noch ni vorbi"* (Abb. 21.1). Dieser Schriftzug auf dem Hotelkomplex geht auf die Mahnung zurück, sich nicht zu früh zu freuen, schnell und unkompliziert nach Rendsburg oder Schleswig zu kommen. *„Man muss (…) bezweifeln, dass dieses Zitat als Warnung vor Raubüberfällen verstanden werden muss, wie häufig angenommen. Es bezieht sich wohl eher darauf, dass der Ochsenweg in der Gegend des Kropper Buschlandes besonders*

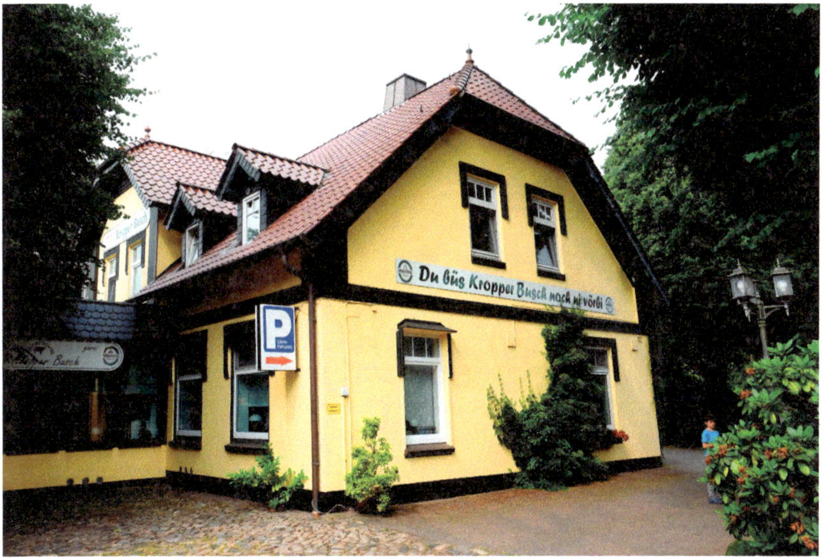

Abb. 21.1: Der heutige Hotelbetrieb in Kropperbusch

sandig und daher schlecht zu befahren war" (B. Zich und E. Jacobs in: „Von Wegen", S. 142–143).
Während der Schriftzug authentisch ist, gilt dies nicht für das Hotel. Es ist der Nachfolgebau eines Ochsenwegkruges, der ursprünglich einige hundert Meter weiter östlich lag und im 19. Jahrhundert an der neu gebauten Chaussee errichtet wurde, um die entstandene Abseitslage zu überwinden. Als Beleg dafür mag die Karte des Landvermessers *du Plat* aus dem letzten Viertel des 18. Jahrhundert dienen, wo in leicht geänderter Schreibweise der „Cropperbusch Krug" inmitten einer nahezu waldlosen Landschaft am originalen Ochsenweg ausgewiesen ist. Die ursprüngliche Ochsenwegtrasse lief östlich an Kropp vorbei, änderte dann ihre Richtung nach Südosten, bevor sie wieder auf Sorgbrück zusteuerte. Die Wanderung beginnt deshalb im Norden auch weiter östlich des Hotelbetriebes an der B 77, wie es die Karte in Abb. 21.2 auch deutlich macht. Die Anfahrt bzw. der Zugang zum Startpunkt ist mit einer schwachen Punktfolge versehen.
Als der Verfasser dieses Beitrags den alten Ochsenweg nach längerer Zeit im Jahre 2021 wieder einmal begehen wollte, war er schockiert darüber, dass die sandige Wegstrecke weitgehend mit Gesteinsschotter bedeckt war. Ein darunter liegendes Fließ schien jedoch darauf hinzudeuten, dass dies nur vorläufigen Charakter hatte. So war es denn auch. Nachdem einige neue Windkraftanlagen in der Feldmark errichtet waren, deren Antransport wohl über den alten Ochsenweg erfolgen musste, wurde der Belag wieder entfernt. Heute bietet sich der Weg wieder so dar wie eh und je.
Der Weg macht zu Beginn nicht den Eindruck einer alten Fernhandelsverbindung. Man bewegt sich auf zwei unbefestigten Wegespuren mit grasbestandenem Mittelstreifen und Randstreifen. Weg und Streifen werden eingefasst von einem Doppelknick mit durchgewachsenen Eichen. Es gibt aber schon zu Beginn des Weges eine Reihe von Schildern und anderen Hinweisen, die auf die besondere Bedeutung des Weges hinweisen (Abb. 21.3). Während das kleine Schild links im Bild schon am Start der Wanderung zu sehen ist, findet man die Skulptur im rechten Bildteil erst kurz vor dem südlichen Ende des Altwegeabschnittes. Sie ist eine künstlerische Interpretation zum alten Fernhandelsweg und macht mit zwei gekreuzten Ochsenhörnern aus dun-

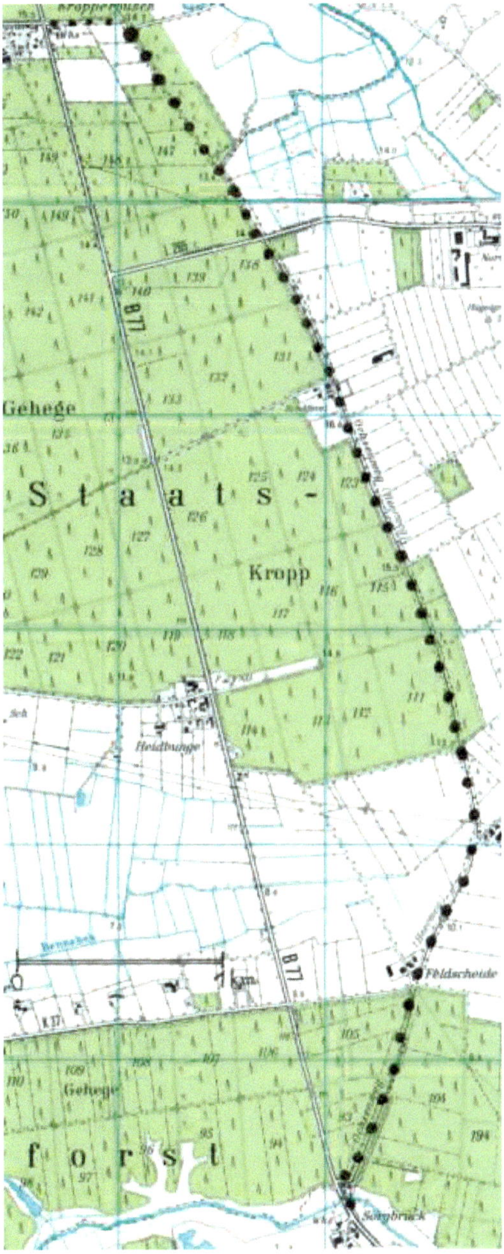

Abb. 21.2: Der Trassenverlauf des alten Ochsenweges zwischen Kropperbusch und Sorgbrück

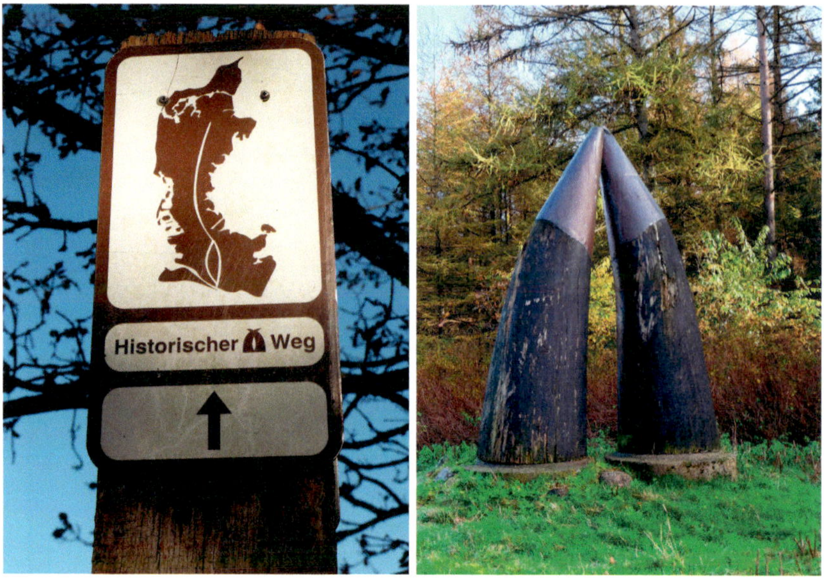

Abb. 21.3: Stilisierter Verlauf des Ochsenweges durch die jütische Halbinsel mit der Wegeverzweigung im Holsteinischen (Bild links), rechts ist das Ochsenweg-Logo mit den gekreuzten Hörnerspitzen.

kel gestrichenem Holz und in Kupferblech eingefassten Hornspitzen auf den historischen Ochsenweg aufmerksam. *„Die Ochsenweghörner sind Berührungspunkte zwischen Vergangenheit und Gegenwart"*, so formulierten es T. Jaspert und M. Harder 1998 laut Aussage eines Info-Schildes. Dieses Ochsenwegsymbol findet man an vielen Altstellen der Ochsentrift oder – sofern überbaut bzw. verlegt – in deren Nähe. Im Verlauf der Wanderung kommt man an drei Hofanlagen vorbei. Das erste Gehöft war ursprünglich eine „Königliche Schäferei", die bis in die 1950er Jahre bewirtschaftet worden ist, ehe sie in einen Landwirtschaftsbetrieb umgewandelt wurde. Hier heißt der Ochsenweg überraschenderweise sogar wie in Dänemark Heerweg. Die Wegetrasse weitet sich danach allmählich auf, der Grasbewuchs tritt zurück. Der historische Weg verläuft nun durch ein Waldgebiet, dessen Bestand zugunsten von Heidebewuchs und Einzelbäumen (Kiefer, Birke u. a.) ausgelichtet wurde. Nachdem die Abzweigung vom Ochsenweg nach Owschlag passiert ist, läuft der Altweg auf die Feldscheide zu. Hier verlief die frühere Ämtergrenze von Gottorf und Hütten. Irgendwann wurde die Bezeichnung „Feldscheide" auf die Hofstelle übertragen. Heute verläuft hier die Grenze zwischen den Kreisen Schleswig-Flensburg und Rendsburg-Eckernförde. Der Hof „Feldscheide" lag strategisch günstig: Hier zweigte der Weg nach Husum ab, darüber hinaus war die Furt durch die Sorge nahe. So wurde der „Kroch thor Sorcke" (Krug an der Sorge) ein angesehener Ochsenweg-Krug. Nach dem Bau der heutigen B 77 entfiel seine bisherige wirtschaftliche Grundlage und der Betreiber wandte sich der Landwirtschaft zu. Ab Mitte der 1990er Jahre kam der Betrieb eines Cafés hinzu. Heute widmet sich die Hofeigentümerfamilie neben der Landbewirtschaftung auch der Unterbringung von Pferden, der Reitausbildung und der Vermietung von Ferienwohnungen. Das erklärt das geschäftige Treiben auf der Hofanlage vor allem an Wochenenden. Bei einem Gespräch mit dem Hofbetreiber war zu erfahren, dass in der Folge der Corona-Pandemie der Betrieb des Cafès in Schwierigkeiten geriet. Potenzielle Nachfolger waren nicht mehr bereit, das geschäftliche Risiko zu übernehmen. Mit einem Reim auf einer Schiefertafel *„Nie mehr Milchkaffee*

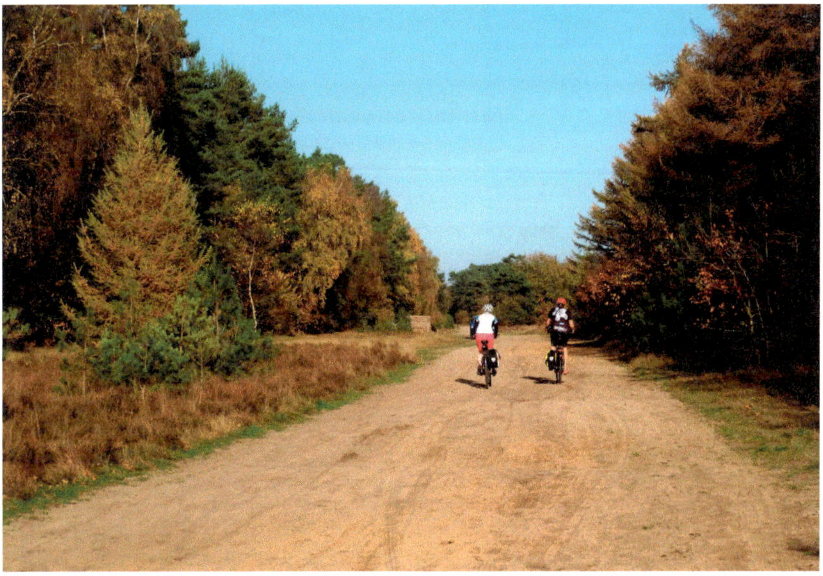

Abb. 21.4: Radwanderer auf dem südlichen Teil des Ochsenweges. Dies ist die abwechslungsreichere, aber auch schwerer zu bewältigende Etappe als der Radweg an der B 77. (Blickrichtung Norden)

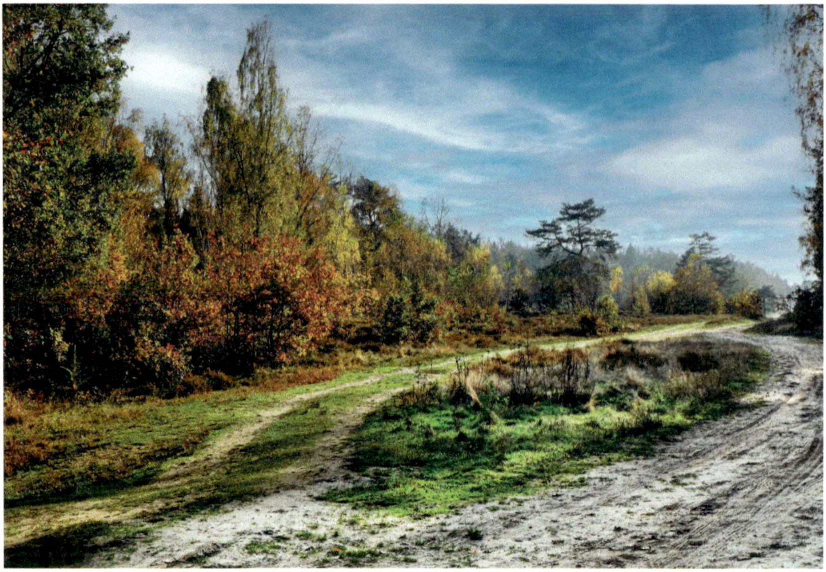

Abb. 21.5 Der Ochsenweg nimmt immer mehr ursprüngliche Züge an, je näher Sorgbrück kommt. (Blickrichtung: Süden)

und Torten, das Hofcafé schloss seine Pforten" und einem Dank an die Gäste war dieses Kapitel 2021 beendet.

Zurück zum Ochsenweg. Für Fahrradtouristen ist er eine Ausweichtrasse anstelle des Radweges am der B 77 (Abb. 21.4). Auf dem Wege weiter gen Süden wird der alte Ochsenweg immer ursprünglicher. Streckenweise gliedert er sich in mehrere Fahrspuren auf und immer mehr Heidebewuchs ziert die Wegränder (Abb. 21.5).

Wie ist es zu erklären, dass die Ochsenwegpiste zwischen Feldscheide und der Zufahrt von der Chaussee im südlichen Teil so viel breiter und sandiger ist als im nördlichen Teil? An Wochenenden ist hier sogar ein bemerkenswerter Autoverkehr zu beobachten. Fahrzeuge nutzen den alten Ochsenwegabschnitt, um an breiten Stellen und Vegetationsinseln zu parken und den mitgeführten Hunden Auslauf zu verschaffen, PKW mit und ohne Pferdehänger fahren hier entlang, um zum Reiterhof Feldscheide zu gelangen, obwohl eine Nebenstraße direkt von der B 77 abzweigt und auf kürzestem Wege zur Feldscheide führt. Ein Info-Schild gibt für das ursprünglich wirkende Aussehen des Ochsenweges eine unerwartete Erklärung: (...) *Paradoxerweise ist ihr ur-*

sprünglich anmutender Charakter der Tatsache zu verdanken, dass man sie immer wieder auch mit schweren Fahrzeugen im Zuge des Kiesabbaus in unmittelbarer Nähe befuhr. Nur so wurde ein allmähliches Zuwachsen des Weges von den Seiten her und ein Überhandnehmen der Vegetation auf dem Weg verhindert" (Quelle: Info-Schild der Gemeinde Owschlag). Mit dieser Aussage wird unterstrichen, was moderner Naturschutz und Landschaftspflege vor geraumer Zeit für sich entdeckt haben: Auf diesem Ochsenwegabschnitt wurden „Störstellen" geschaffen, die nicht nur die natürliche Vegetation zurückdrängten, aber mit dem Anriss der Vegetationsdecke auch konkurrenzschwachen Wildpflanzen eine Ansiedlungschance eröffneten.

Auf dem Wege gen Süden kommt der Wanderer an einer einfachen Schutzhütte und einer Sitzgruppe mit Tischen und Stühlen im Freien vorbei. Hier wurden die Ochsenhörner aufgestellt, die in Abb. 21.3 rechts zu sehen sind. Dieser Picknickplatz wird gut angenommen und passt in seinem rustikalen Aussehen gut zum historischen Ochsenweg. Wenige hundert Meter weiter wird die Sorge auf einer Brücke gequert, ganz in der Nähe gibt es sorgeaufwärts eine Kanu-Einsatzsstelle. Bevor die Brücke über die Sorge gebaut wurde, lag an dieser Stelle die Furt, auf der Ochsen, Gespanne sowie Ross und Reiter die Au querten. An den aufgestellten Wegweisern wird auch deutlich, wie nahe die Exkursionsziele Ochsenweg, Sorgwohlder Binnendünen und Owschlager Moor beieinander liegen und interessante Streckenkombinationen zulassen.

Wer sein Besuchsprogramm mit der Ochsenwegtour beenden möchte, der geht nach der Sorgequerung auf dem kombinierten Rad- und Fußweg noch ein kleines Stück südwärts und quert an der Straßeneinmündung von Sorgbrück die B 77, wo er rechterhand auf den Gasthof Sorgbrück stößt. Auch dieser Gasthof ist der Nachfolger eines alten Ochsenweg-Kruges. Die alte Ochsenwegtrasse vollzog an der Sorgefurt einen leichten Schwenk nach Westen. Damit war auch ihr Schicksal weiter in Richtung Süden besiegelt: Sie verschwand unter einer Asphaltdecke. Wer sich für ein weiteres, gut erhaltenes Teilstück des Ochsenweges interessiert, der findet ein landschaftlich schönes Teilstück nördlich von Lürschau. Der Zugang ist durch das FFH-Schild „Idstedtweger Geestlandschaft" markiert.

Anfahrt
Ob man den historischen Ochsenwegabschnitt nun von Nord nach Süd oder umgekehrt abgeht, ist dem Geschmack des Einzelnen überlassen. Die Fahrzeuge können auf beiden Seiten abgestellt werden. Sorgbrück ist mit öffentlichen Verkehrsmitteln zu erreichen. Die Haltestelle ist nahe dem erwähnten Gasthof.

Koordinaten des Startpunktes: 54.406072. 9.433961

22 Durch das Owschlager Moor in die Sorgwohlder Binnendünen

Kurzbeschreibung: *Auf dieser Tour erlebt man zwei gegensätzliche Landschaften: zunächst ein durch den Menschen stark verändertes Moor, später eine Heidelandschaft wie aus früheren Zeiten.*

Die hier beschriebene Wanderroute gehört zu den abwechslungsreichsten auf der Schleswigschen Geest. Sie ist im ersten Abschnitt Bestandteil eines Rundwanderweges, der in Owschlag beginnt, den Owschlager See auf der östlichen Seite umgeht und dann in das Owschlager Moor hineinführt. Wir beschränken uns hier auf den Teilausschnitt, der durch die Schleswigsche Vorgeest verläuft. Er beginnt mit dem Owschlager Moor im Nordosten und führt dann in die Sorgwohlder Dünen hinein. Der Wegevorschlag enthält auch alternative Streckenabschnitte. Der Startpunkt liegt ca. 1,5 km südlich des Ortsausgangsschildes von Owschlag. Einen Überblick über den Streckenverlauf und seine Alternativen gibt Abb. 22.1.
Nachdem nach 1,5 km nach einer Rechtsabbiegung ein beschrankter Bahnübergang gequert worden ist, geht man den dortigen Plattenweg mit seinen beiden Fahrspuren westwärts. An der ersten Weggabelung hält man sich links und setzt die Wanderung in Richtung Süden fort. Der gut begehbare Weg führt in das Owschlager Moor hinein. Beden-

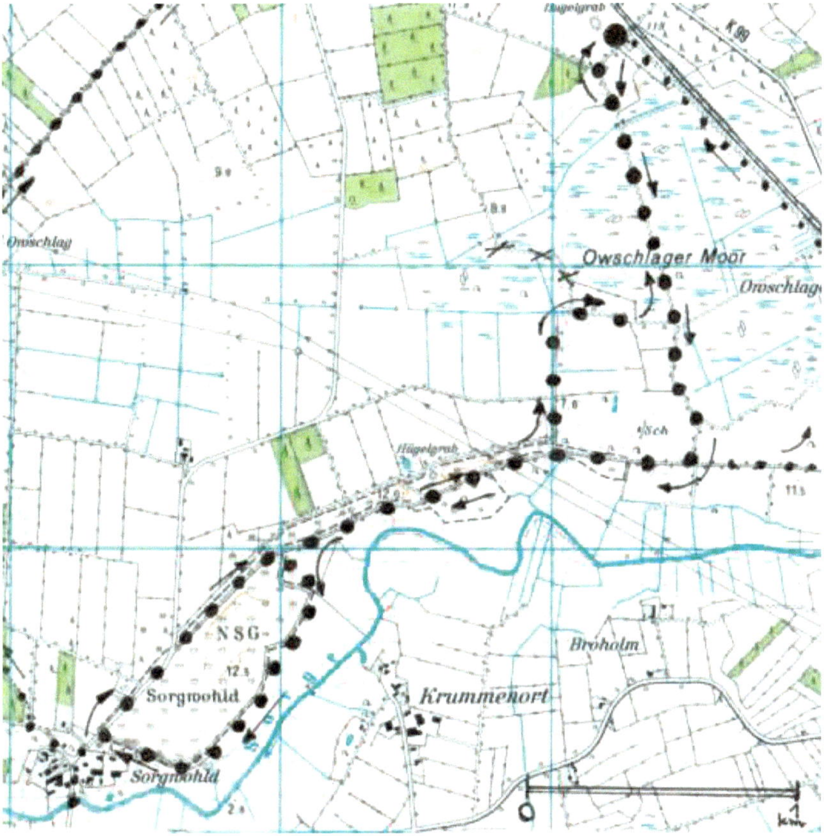

Abb. 22.1: Die Wandermöglichkeiten im Überblick. Die schwach eingetragenen Punktfolgen geben Alternativwege zur Hauptroute an, die aber nicht durchgehend in der Karte enthalten sind.

ken, hier irgendwann im Moor zu versinken frei nach von A. von Droste-Hülshoffs „Schaurig ist`s über das Moor zu gehen", sind völlig unbegründet. Ein schöner Frühlingstag im Mai oder ein trockener Tag im Spätherbst sind der beste Zeitpunkt für die Wanderung. Der Beginn des Owschlager Moores ist an dem abrupten Vegetationswechsel zu erkennen (Abb. 22.2).

Das Owschlager Moor umfasst eine Gesamtfläche von ca. 128 ha und ist Bestandteil des europaweiten Schutzgebietsnetzes Natura 2000, und zwar in doppelter Weise: zum einen als FFH-Gebiet, zum anderen als Vogelschutzgebiet. Es wird in diesem Konzept nicht als isolierter

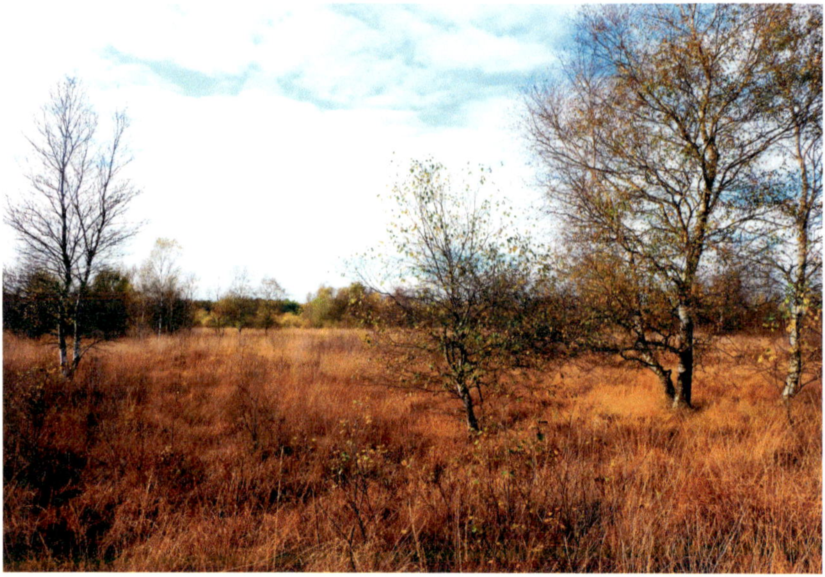

Abb. 22.2: Ein Ausschnitt aus dem Owschlager Moor im Herbst: Die Färbung der Birkenblätter und der Gräser verleiht der Landschaft ein besonderes Gepräge.

Landschaftsraum betrachtet, sondern als Teil des übergreifenden, 958 ha großen FFH-Gebietes „Binnendünen- und Moorlandschaft im Sorgetal" (DE-1623-392 und DE-1623-401).

Das Owschlager Moor liegt sandigem Untergrund auf, der einen Podsolboden mit Ortstein entwickelt hat, was die Stauwirkung erklärt. Vom Wanderweg aus lässt sich an dem Wechsel von hohen Moorbänken und tiefer gelegten Abschnitten ablesen, dass hier in der Vergangenheit ein intensiver Torfabbau stattgefunden haben muss. Das wird im Managementplan, Teilgebiet Owschlager Moor, bestätigt: *„So schwankt denn auch die Mächtigkeit des Torfkörpers zwischen 10 cm auf abgetorften Flächen und 2 bis 4 Metern im Bereich der nicht abgetorften Torfdämme"* (S. 6). Und wenig später heißt es: *„Infolge Entwässerung und ehemaliger Torfnutzung gehört es* (das Owschlager Moor – U.H.) *heute zu den stärker beeinträchtigten Hochmooren, das großflächig von Moordegenerationsstadien eingenommen wird* (…). Die in Abb. 22.2 pittoresk wirkenden Birken und goldgelben Gräserhorste spiegeln demnach nicht die Verhältnisse eines intakten, sondern eines gestörten („degradier-

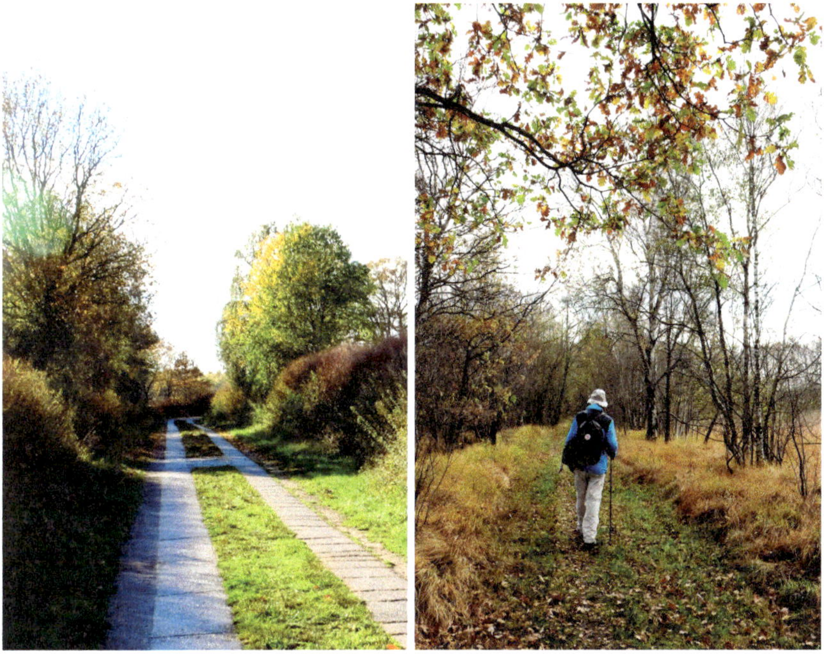

Abb. 22.3: Die Wegeverhältnisse: Auf den Plattenweg mit Teebuschbewuchs auf den Knickwällen folgt ein unbefestigter, aber gut begehbarer Weg, der überwiegend von Birken eingefasst ist. Bei regnerischer Witterung kann es stellenweise rutschig werden.

ten") Hochmoores wider. Intakte Hochmoore erkennt man daran, dass sie weitgehend baumfrei und leicht gewölbt und Standort bestimmter moortypischer Pflanzenarten sind. Es gibt neuerdings Überlegungen, die Birken nach und nach zu entfernen und die daran enthaltenen Nährstoffe für die Landbewirtschaftung zu nutzen (mdl. Mitteilung K. Brehm).

Die Wegebeschaffenheit ändert sich mehrfach im Verlauf der Wanderung. Zunächst geht man auf dem bereits erwähnten Plattenweg, der von hohen und stabilen Wällen eingefasst ist. Er geht in einen gemähten Grasweg über, der bald zu einem Naturpfad wird (Abb. 22.3). Auf dem Rückweg ist der Pfad stellenweise von Eichen eingefasst und gut zu begehen.

Auf dem mittleren Wegeabschnitt überrascht den Besucher ein unerwarteter Anblick (Abb. 22.4).

Das Sphagnum wird irgendwann das gesamte Gewässer bedecken und einen zusammenhängenden „Schwingrasen" bilden, sofern das Gewässer im Sommer nicht austrocknet. Hier hat demnach eine Moorneubildung eingesetzt. Das unterstreicht auch der Managementplan: „*in zentralen Torfstichbereichen* (gibt es – U.H.) *auch Regenerationsstadien mit hochmoortypischer Vegetation* (...)" (S. 7). Die Situation im Owschlager Moor ist folglich nicht so hoffnungslos, wie es anfangs den Eindruck machte, wenn zumindest in Teilen die Chance für eine Wiederbelebung (Renaturierung) des Moores besteht.
Unabhängig davon ist das Owschlager Moor für die „grüne Infrastruktur" – fachsprachlich als *Biotopverbund* bezeichnet – im Zusammenwirken mit den anderen im Managementplan genannten natürlichen Lebensräumen im gesamten FFH- und Vogelschutzgebiet „Binnendünen und Moorlandschaft im Sorgetal" ein wichtiger Baustein in der südlichen Schleswigschen Geest. An geschützten Pflanzen- und Tierarten nach dem Anhang der EU-Richtlinie kommen im

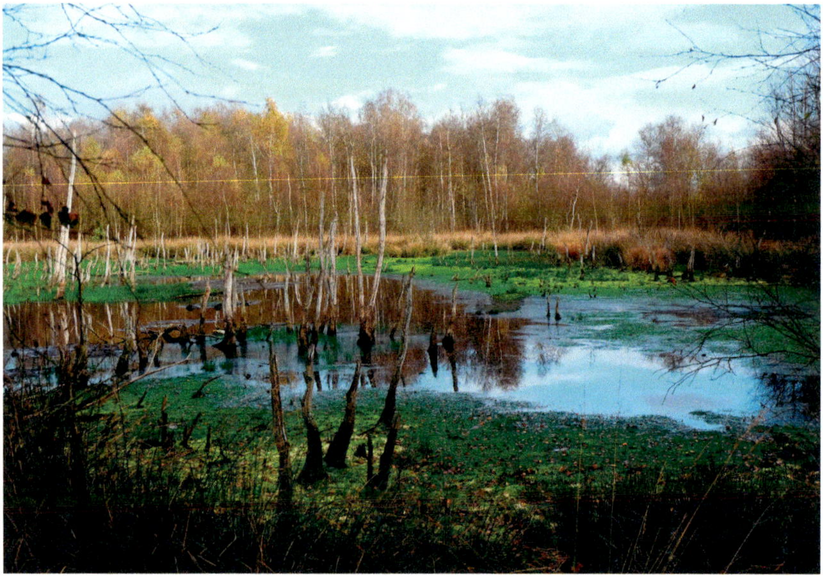

Abb. 22.4: Ein Wasseranstau im Moor aus den 1990er Jahren: Die Moorbirken haben die Vernässung nicht vertragen und sind abgestorben. Auf der Wasseroberfläche breiten sich von den Seiten her grün-gelbliche Torfmoose (Sphagnen) aus.

Owschlager Moor die Amphibien Kammmolch und Moorfrosch vor, nennenswert sind die Bestände der Blindschleiche und der Zauneidechse unter den Reptilien, und als Brutvogel müssen vor allem Bekassine, Feldlerche, Wiesenpieper, Braun- und Schwarzkehlchen genannt werden.

Auf dem Weg nach Süden lässt man nun das Moor hinter sich, geht an Grünländereien und Äckern (z. T. mit Zwischenfruchteinsaat) vorbei und stößt auf eine Ost-West-Querverbindung, die wieder als Plattenweg mit zwei Fahrspuren ausgebildet ist. Hier biegt man rechts ab und geht auf diesem Weg, den ein kleines Hinweisschild als Wander- und Radwanderweg Fockbeker See–Sorge–Eider ausweist, geradewegs auf die Sorgwohlder Binnendünen zu. Das NSG-Schild – fachsprachlich als „Besucher-Informations-System" (kurz: BIS) bezeichnet – taucht auf, der Blick fällt vor der Kulisse eines herbstlich bunten Laubwaldstreifens auf den schmalen Streifen der in Ost-West-Richtung ausgerichteten Binnendünenkette. Die hier schwach ausgebildeten Binnendünen sind mit Besenheide überzogen (Abb. 22.5). Ein Gedanke

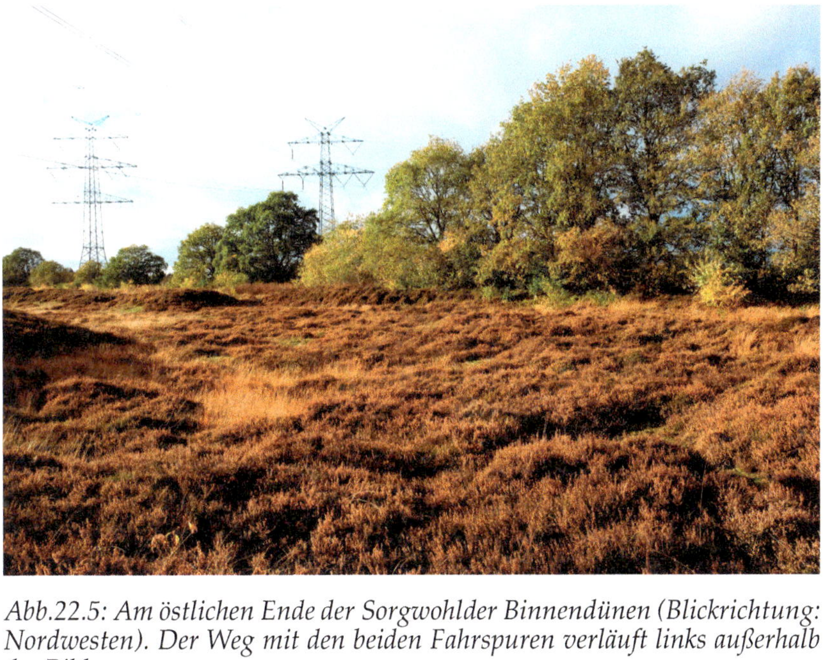

Abb.22.5: Am östlichen Ende der Sorgwohlder Binnendünen (Blickrichtung: Nordwesten). Der Weg mit den beiden Fahrspuren verläuft links außerhalb des Bildes.

drängt sich auf: Für den Gang durch das Moor ist der Herbsttag genau die richtige Zeit, für den Besuch der Sorgwohlder Binnendünen wäre die Zeit der Heideblüte im August bzw. Anfang September passender. Dennoch: Auch ohne die Heideblüte ist nicht zu übersehen, dass der Pflegezustand der Heide hervorragend ist. Das war nicht immer der Fall: Kurz nach der Unterschutzstellung im November 1936 blieb die 36,1 ha große Fläche wie andere Heiden auch erst einmal sich selbst überlassen. Dieser „passive Naturschutz" führt bei Heiden allmählich zum Aufkommen von Gräsern, später Büschen und Bäumen, welche die Heidekräuter zunehmend beschatten. Die Folge: Die Heide stirbt ab. Mit ihrem Verschwinden verlieren die auf Wärmeeinstrahlung angewiesenen Pflanzen und Tiere des Offenlandes ihre Lebensgrundlage. Um dies zu verhindern, muss aktiv dagegengehalten werden. In den 1960er Jahren gab es vereinzelte Bemühungen, hieran etwas zu ändern. Aber erst der betreuende Verein Unabhängiges Kuratorium Landschaft Schleswig-Holstein (UKLSH) sorgt seit Mitte der 1970er Jahre in den Sorgwohlder Heidedünen für eine nachhaltige Heidepflege.
Dabei ließ sich die in früheren Jahrhunderten übliche Heidenutzung wegen ihrer heute extremen Ertragsschwäche nur zum Teil reaktivieren, es mussten völlig neue Pflegekonzepte entwickelt werden. Auf diesem Gebiet hat der Vorsitzende des UKLSH, der Dipl-Biologe Dr. K. Brehm, Pionierarbeit geleistet. Über seine dabei gemachten Erfahrungen berichtet er in dem Buch „Die Schleswigsche Geest" und neuerdings in der landeskundlichen Zeitschrift „Natur- und Landeskunde von Schleswig-Holstein, Hamburg und Mecklenburg" (siehe Literaturverzeichnis).
Beim Blick auf Abb. 22.5 entgeht dem Betrachter nicht die störende Wirkung der beiden Freileitungen. Ganz links im Bild überspannt die 380 KV-Leitung der als Mittelachse bezeichneten neuen Stromtrasse die schleswig-holsteinische Geestlandschaft. Sie ist eine von drei überregionalen Freileitungen in Schleswig-Holstein und verlängert die aus Dänemark kommende Stromtrasse bei Jardelund westlich von Flensburg. Über Audorf bei Rendsburg, Henstedt-Ulzburg und die Elbe erreicht sie niedersächsisches Gebiet. Ob die ältere, leistungsschwächere Freileitung irgendwann abgebaut wird bleibt abzuwarten.
Der Plattenweg verläuft etwa zwei Kilometer in südwestlicher Rich-

tung am Rande des NSG entlang. Nach knapp zwei Drittel der Strecke weitet sich das Naturschutzgebiet nach Süden hin beträchtlich auf. Der Weg wechselt schon nach etwa einem Viertel der Strecke auf die Nordseite des Naturschutzgebietes. Dort, wo die Einzäunung der Fläche für eine Heidschnuckenherde als Winterstandweide beginnt, zweigt links ein breiter, zertretener Pfad ab, der von Spazierenden und Reitern genutzt wird. Wer Querfeldein-Pfade mag, nimmt diesen Weg und geht am Zaun entlang um die großen Binnenheidedünen herum. Die Übersicht über das Gelände ist gut und erlaubt auch den einen oder anderen Blick auf das Tal der Sorge. Der Zaun ist im Herbst 2022 erneuert worden. Es fällt auf, dass die alten Pfähle, nachdem sie gezogen wurden, nicht entfernt wurden. Dies ist nicht aus Nachlässigkeit geschehen, dahinter steckt die Absicht, alte Eichenspaltpfähle als Kleinstlebensstätten (Habitate) zu erhalten. Sie werden häufig von Flechten besiedelt und sind somit ein Sonderstandort für konkurrenzschwache Arten.

Der sandige Pfad geht gegen Ende hin in einen Plattenweg über und

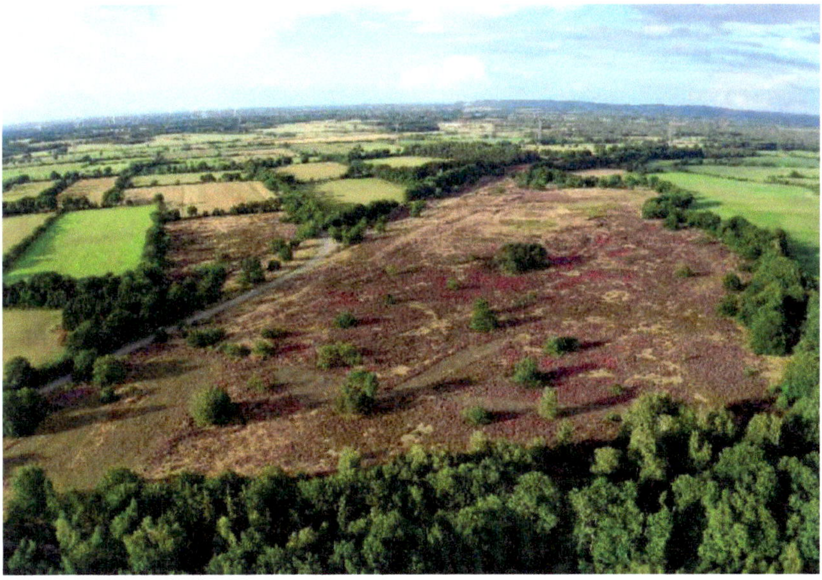

Abb. 22.6: Der westliche Teil der Sorgwohlder Binnendünen zur Zeit der Heideblüte (Blickrichtung: Osten). Dieses Drohnenluftbild wird Herrn Brehm jun. verdankt. Rechts von den Heidedünen liegt das Sorgetal.

führt am westlichen Ende des NSG wieder auf den Hauptweg zurück. Er ist von hier an asphaltiert. Der Wanderer nimmt das zunächst einfach zur Kenntnis. Zum Abschluss dieses Wegeabschnitts bietet sich ein kleiner Gang durch das Dorf Sorgwohld an. Hier gibt es auch einen Kiosk, in dem man Kaffee trinken oder einen Snack bzw. Eis essen kann. Im benachbarten Hof werden Produkte aus der Milchschafhaltung angeboten. Im Anschluss daran macht man sich wieder in Richtung Osten auf und vollendet die Runde um den westlichen Teil des NSG „Sorgwohlder Binnendünen". Die Asphaltstraße mit breitem Gehstreifen wird nach kurzer Zeit wieder zum Fahr- und Wanderweg mit zwei Betonspuren, dessen linker Wegrand mit Heidekraut bedeckt ist. Auf den Weg ostwärts informieren Schilder mit Farbabbildungen und Texten über Tiere im Lebensraum Heide (z. B. bodenbrütende Vögel, Zauneidechse und Schmetterlingsarten). Mit einem letzten Blick auf das Übersichtsbild aus der Drohnenperspektive über den westlichen Teil der Sorgwohlder Heidedünen wird Abschied genommen von dieser selten gewordenen, nur noch in Restbeständen vorhandenen alten Geestlandschaft (Abb. 22.6). Sie wird wegen des großen Anteils des Menschen an ihrer Entstehung auch als *„Halbkulturlandschaft"* bezeichnet.

Auf dem Weg nach Osten wird schließlich wieder das NSG-Schild erreicht. Hier empfiehlt es sich, den ersten links abbiegenden Weg in Richtung Norden zu wählen. Anders als alte Kartenwerke es noch ausweisen, knickt dieser in Richtung Norden führende Weg nach etwa 500 Metern mit Beginn des Owschlager Moores in Richtung Osten ab. Dieser Pfad, der von alten Knickeichen gesäumt wird, stößt nach einem Kilometer wieder auf den vom Hinweg vertrauten Moorweg, auf dem man sich links hält. Nach rund zwei Kilometern erreicht man wieder den Ausgangspunkt der Wanderung.

Es gibt für den Rückweg Alternativen, die hier nur kurz skizziert werden können, in der Karte von Abb. 22.1 aber schwach punktiert eingezeichnet sind. Bei der ersten Alternative geht man ab dem BIS-Schild auf dem Plattenweg geradewegs immer weiter gen Osten, ohne die abzweigenden Wege zu beachten. Kurz bevor man die Bahnlinie zwischen Owschlag und Alt Duvenstedt erreicht, biegt ein Weg parallel zur Bahnstrecke in Richtung Norden ab, auf dem man wieder zum

Ausgangspunkt der Wanderung zurückkommt. Aber wie sagte ein Kenner dieses Streckenabschnitts: „Dies ist ein Weg für Eisenbahnfreunde....“

Die zweite Alternative beschreibt eine größere Runde. Schon vom westlichen NSG-Rand bzw. von Sorgwohld läuft ein Plattenweg in nordwestlicher Richtung auf die Feldscheide am Ochsenweg zu. Nach ca. einem Kilometer auf der Ochsenweg zweigt nördlich der Feldscheide ein Weg rechts in Richtung Owschlag ab. Dieser mittlere Wegeabschnitt ist in der Karte von Abb. 22.1 nicht mehr enthalten, wohl aber in der Karte der Abb. 21.2 des vorhergehenden Kapitels über den östlichen Ochsenweg. Nach weiteren ca. 2,5 Kilometern Fußmarsch erreicht der Wanderer das südliche Owschlag. Von hier sind es noch etwa 1,5 Kilometer auf dem Radweg an der Straße nach Alt Duvenstedt bis zum Startpunkt der Wanderung. Diese Wegealternative ist nunmehr zum Rundwanderweg geworden.

Anfahrt

Die einfachste Anfahrt erfolgt über die BAB A 7, Abfahrt Owschlag. Vom Zentrum des Ortes hält man sich an die Straße in Richtung Süden nach Alt Duvenstedt. Rechts davon verläuft die Bahnlinie von Flensburg über Rendsburg nach Neumünster usw. Ca. 1,5 km hinter dem südlichen Ortsschild von Owschlag biegt man in einen schmalen Weg rechts in Richtung Westen ab. Hier achtet man auf den kurz darauf folgenden beschrankten Bahnübergang. Nach dessen Querung sucht man sich beiderseits des Weges eine Abstellmöglichkeit für das Fahrzeug.

Wer über die B 77 an Kropp vorbeifährt, biegt etwa 1 km hinter dem Wirtshaus „Kropper Busch“ links auf die Straße nach Owschlag ab. Der Ort ist nach wenigen Kilometern erreicht. Danach ist alles so, wie oben beschrieben.

Koordinaten des Startpunktes: 54.378492, 9.604456

Quellenangaben (Teilgebiet „Im südlichen Teil“ – Kapitel 18 bis 22)

Bethge, L. E. und Hardt, N. (2020): Danewerk. Bauwerk der Superlative und Erbe der Welt, Danevirke Museum

Brehm: K. (2021): Die Sorgwohlder Binnendünen, in U. Heintze und W. Riedel: „Die Schleswigsche Geest“, hrsg. vom Heimatverein Schleswigsche Geest, S. 259–265

ders. (2022): Das NSG Sorgwohlder Binnendünen – eine Chronologie der Pflegemaßnahmen von 1977 bis 2020 – Teil I, in: Natur- und Landeskunde für Schleswig-Holstein, Hamburg und Mecklenburg, Heft 10–12, 129. Jg., S. 177–192; Teil II (2023) im Heft 1–3 2023, 130. Jg., S. 36–48

Heintze, U. und Riedel, W. (2021): Die Schleswigsche Geest, hrsg. vom Heimatverein Schleswigsche Geest, Husum

Hill, T. und Zich, B. sowie sieben weitere Autoren unterschiedlichster Fachbereiche (2002): Von Wegen. Auf den Spuren des Ochsenweges (Heerweg) zwischen dänischer Grenze und Eider; in: Flensburger regionale Studien, Band 12; hrsg. von M. J. Müller von der Universität Flensburg, Institut für Geographie und ihre Didaktik, Landeskunde und Regionalforschung, und der Arbeitsgemeinschaft Ochsenweg e. V.

Hinrichs, K. (2004): Mildstedt – eine Wachstumsgemeinde am Stadtrand von Husum, in: Jb. für die Schleswigsche Geest, 52. Jg. S. 13–16

Landesamt für Landwirtschaft, Umwelt und ländliche Räume in Schleswig-Holstein (LLUR) – Herausgeber (2012): Naturführer durch Schleswig-Holstein, Band 3, S. 58–65

Ministerium für Energiewende, Landwirtschaft, Natur und Digitalisierung (2018): Managementplan für das FFH-Gebiet DE-1623-392 „Binnendünen- und Moorlandschaft im Sorgetal“ und das Europäische Vogelschutzgebiet sowie DE-1623-401 „Binnendünen- und Moorlandschaft im Sorgetal, jeweils Teilgebiet „Owschlager Moor“

Nordfrieslandlexikon, Stichwort: Mildstedt, erhältlich im Nordfriisk Instituut, Bredstedt; (das Stichwort„Mildstedt“ ist auch als Internetbeitrag aufrufbar)

Planungsbüro Mordhorst-Bretschneider (2010): Textbeitrag zum FFH-Gebiet „Treene Winderatter See bis Friedrichstadt Bollingstedter Au“ (DE-1322-391), hrsg. von der Projektgruppe FFH-Monitoring Schleswig-Holstein

Riedel, W. und Polensky, R. (1986): NSG „Haithabu-Danewerk“ – ein bedeutendes kulturhistorisches Denkmal Nordeuropas von hohem Naturschutzwert, in: Die Naturschutzgebiete im Kreis Schleswig-Flensburg, herausgegeben von Otto G. Meier, Heide, S. 165–178

Sörensen, C. M. (1981): Über 100 Jahre Mildstedter Tannen – Die Waldschule in den Mildstedter Tannen – Die Waldschenke, in: Hundert Jahre Landschaftswandel in Mildstedt

Umland, K.-H. Riedel, W. und Bernstein, D (1981): Hundert Jahre Landschaftswandel in Mildstedt und Rosendahl, in: Kleine Schriften zur Mildstedter Geschichte, Husum
Voß, M. (1904): Chronik der Kirchengemeinde Ostenfeld im Krs. Nordfriesland
Faltblätter, Internetbeitäge, Beiträge in Zeitungen, Sonstiges:
Faltblatt: Naturerlebnisraum – Zu Besuch an der Mühlenau in den Mildstedter Tannen
Ostseefjord Schlei (2018): Wanderkarte Haithabu-Danewerk mit ergänzenden Informationen in deutscher und dänischer Sprache

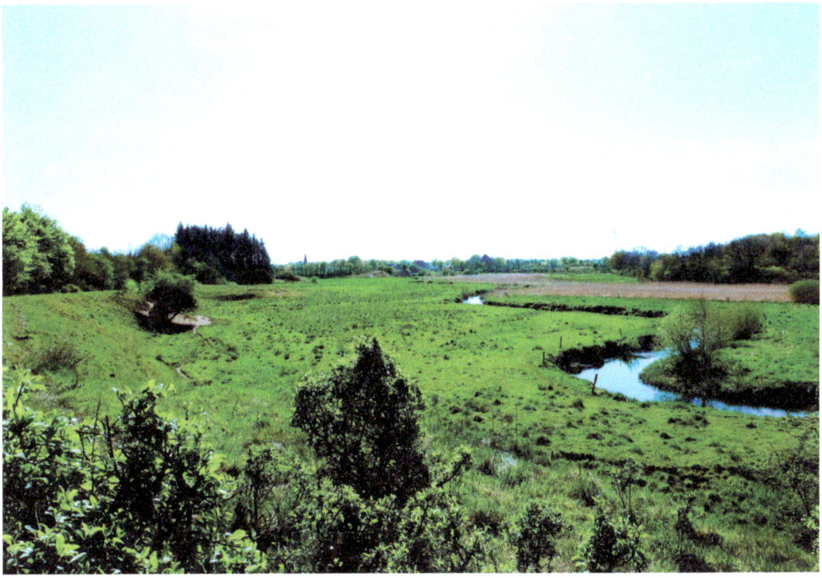

Abb 22.7: Mit diesem Bild wird zum Folgekapitel „Kanuwandern auf der Treene" im Sonderteil des Wander- und Exkursionsführers übergeleitet. Die Aufnahme zeigt von leicht erhöhtem Standort einen Blick auf die Treene und ihre beeindruckende Talaue. Im Hintergrund ist der Ort Eggebek mit dem Kirchturm schwach zu erkennen. Wenige hundert Meter hinter Eggebek beginnt Langstedt mit der Einsatzstelle für die Boote.

Sonderteil

23 Kanuwandern auf der Treene

Kurzbeschreibung: *Die Schleswigsche Geest kann auch auf dem Wasserweg erkundet werden. Boote sollten in Langstedt in die Treene eingesetzt werden, Endpunkt der Wasserwanderung ist Friedrichstadt. Üblich sind Teilstrecken. Karten im Text erleichtern die Streckenauswahl.*

Das Wasserwandern auf der Treene hat in den vergangenen Jahren einen enormen Aufschwung genommen und zieht Freunde dieser Freizeitaktivität von nah und fern an. Ob dies mit eingeschränkten Befahrensregelungen auf anderen Fließgewässern zu tun hat (z. B. im benachbarten Dänemark) oder sich darin ein zunehmendes Bedürfnis nach Naturaktivitäten widerspiegelt oder gar beides, mag dahingestellt sein. Ab Mitte April beginnt die Saison, in den Sommerwochenenden kann es zu einer drangvollen Enge kommen – bis zu 300 Boote wurden schon in Spitzenzeiten täglich auf der Treene gezählt.

Die Wassersportaktivitäten werden dadurch zunehmend zu einer Belastung des Fließgewässers und seiner Uferzonen. Dabei ist die Befahrensstrecke schon verkürzt worden. Seit 2011 gibt es ein abgestimmtes Konzept zwischen den Anliegergemeinden, Kanuvermietern und dem Förderverein Mittlere Treene e. V., die obere Treene von Augaard bis Eggebek von Booten freizuhalten. Inzwischen scheint sich unter den Freunden des Kanusports herumgesprochen zu haben, dass Baumhindernisse und Strauchwerk das Befahren des oberen Treeneabschnitts kaum noch zulassen. Wasserwanderer setzen ihr Boot daher frühestens an der Treenebrücke in Langstedt kurz hinter Eggebek ein. Hier gibt es auch einen Bootsvermieter gegenüber dem dortigen Landgasthaus. Er bietet auch sonstige Ausrüstungsgegenstände an und sorgt auch für einen Rücktransport der Boote – immer vorausgesetzt, die Wasserführung der Treene lässt ein Befahren zu. Wenn Kanus mit Bootsfahrern in Pfadfinderkluft aus Richtung Tarp kommen, dann ist

das rechtens: Es sind dänische „Spejder", die eine Ausnahmegenehmigung für den Einstieg an dem drei Kilometer entfernten Pfadfinderlager in Tydal haben. Für die Kanuten und Paddelfreunde steht von Langstedt aus eine Befahrensstrecke von 55 km bis Friedrichstadt zur Verfügung. Beliebt ist die Teilstrecke von Langstedt bis Hünning („LBS") bzw. bis Treia. Dieser Treeneabschnitt ist landschaftlich sehr reizvoll und verfügt über eine gute Infrastruktur. Abb. 23.1 zeigt den Startpunkt in Langstedt und die erste Teilstrecke bis in Höhe des Büschauer Geheges, weitere Streckeninformationen folgen.
Anders als die Luftlinienentfernung es vermuten lässt, sorgen die vielen Mäanderschlingen dafür, dass die Fahrtstrecke wirklich so lang ist wie angegeben. Die Flussbiegungen sind oft eng und der Wechsel von Prall- und Gleithängen erfordert ein geschicktes Manövrieren. Deshalb sollte man schon eine gewisse Übung beim Befahren des Gewässers haben. Langkanus sind insofern problematisch, als das Risiko zunimmt, in die Uferböschung zu geraten und die Notwendigkeit von Vorwärts- / Rückwärtsmanövern zunimmt. Dennoch lässt sich für das

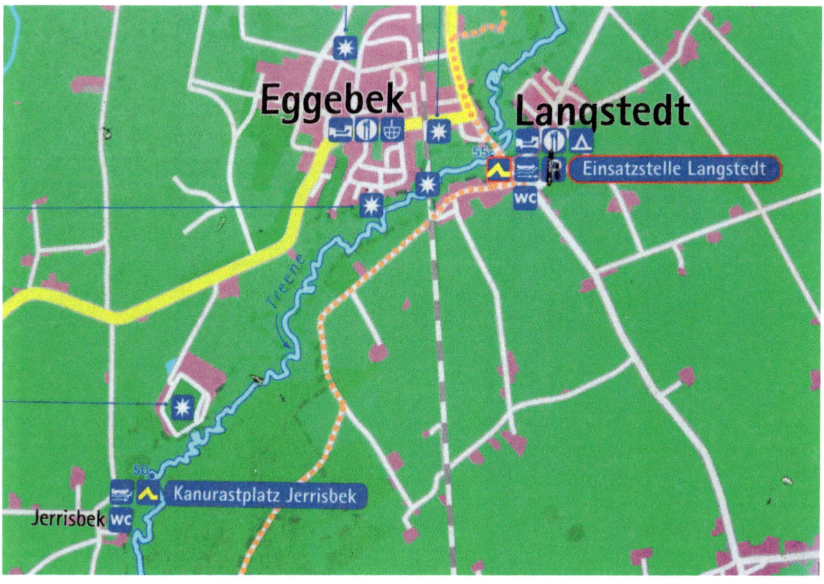

Abb. 23.1: Die Einsatzstelle für Boote in Langstedt. Das Strahlensymbol auf blauem Grund weist auf Sehenswürdigkeiten hin. Den ersten Kanurastplatz (nur mit WC) gibt es in Jerrisbek. (Quelle: Info-Tafel in Langstedt)

Kanuwandern auf diesem Treeneabschnitt sagen: Wer die nötige Übung hat und auf zweifelhafte Festivitäten an Bord verzichtet, für den ist das Befahren der Treene ein Genuss. Bäume und Sträucher, welche die Fahrt behindern könnten, gibt es hier wenig. Und so stellt sich schnell das Gefühl ein, sich in einer kleinen, überschaubaren Welt zu bewegen, in der viel von der Ursprünglichkeit der Landschaft erhalten geblieben ist. Ausstiegs- aber auch Einsetzstellen sind auf dem ersten Teilabschnitt häufig Hünning und Sollerup (Abb. 23.2).

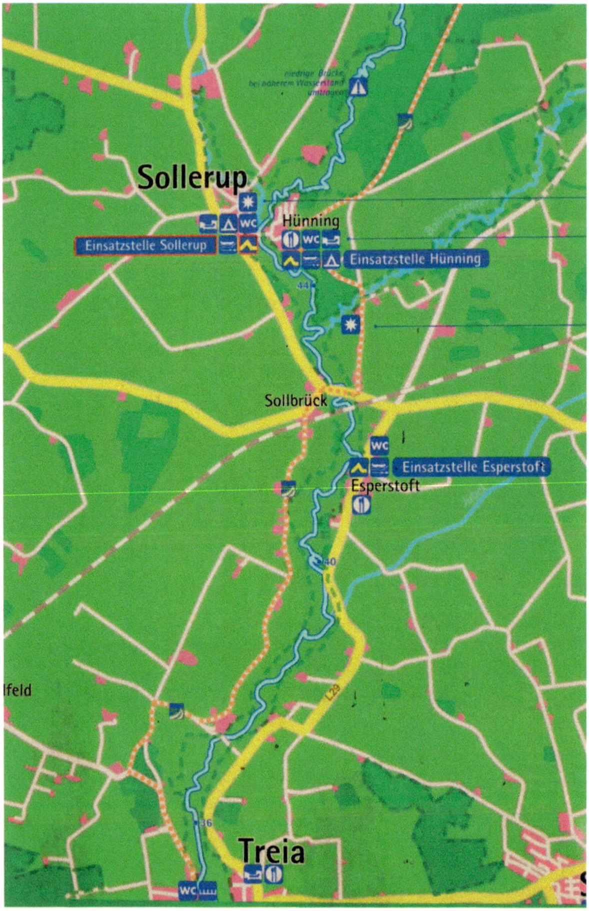

Abb. 23.2: Die Treene zwischen Sollerup/Hünning und Treia mit Einsatzstellen für Boote und Serviceeinrichtungen. (Quelle: Info-Tafel an der Einsatzstelle in Sollerup)

Dennoch bleibt zu beachten: Nach starken Niederschlägen können sich die Strömungsverhältnisse auf der Treene rasch ändern und das Befahren des Fließgewässers gefährlich werden.
Über die bisher genannten Einsatzstellen von Langstedt, Sollerup, Hünning und Esperstoft hinaus gibt es auch in Treia und Hollingstedt entsprechende Einrichtungen. Die regulären Einsatzstellen sind in der Regel mit Informationstafeln, WC und Infrastruktureinrichtungen ausgestattet. Offizielle Zeltplätze für Übernachtungen findet man im oberen Teil der Strecke in Hünning, Treia, Esperstoft und Hollingstedt. In Esperstoft können auch Übernachtungszelte gemietet werden. Eine Übernachtung im eigenen Zelt ist an bisher nicht genannten Einstiegsstellen auf Anfrage möglich (z. B. in Langstedt). In Langstedt kann mittlerweile auch im eigenen Wohnmobil auf einem Stellplatz übernachtet werden. Die Info-Tafeln geben darüber hinaus Möglichkeiten zur Übernachtung in nahe gelegenen Gasthöfen an und über den Standort einer Tourist-Information, Einkaufsgelegenheiten, Park-

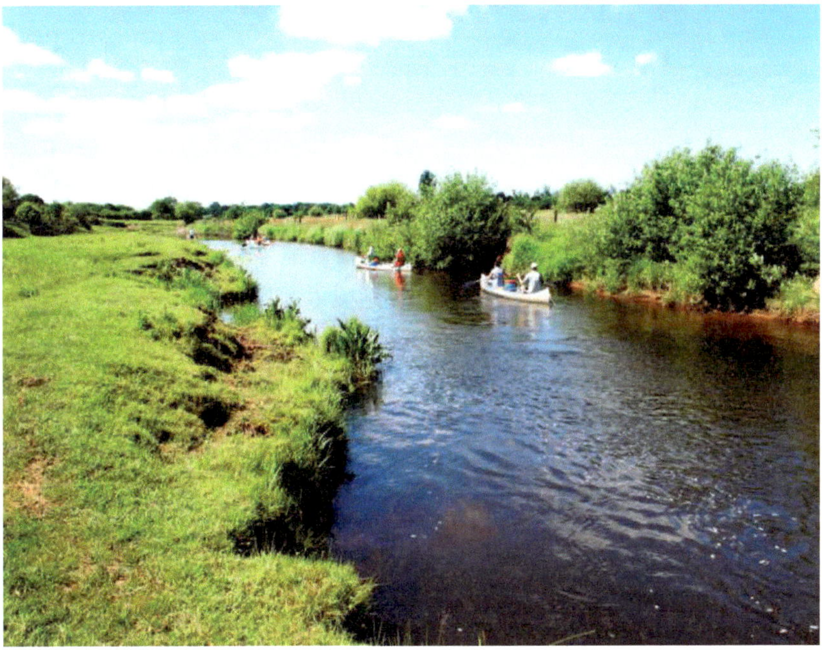

Abb. 23.3: Kanus auf der Treene. Die Böschungsschäden am linken Treeneufer sind vermutlich auf die Wühlaktivität von Bisamratten zurückzuführen.

plätze, Rastplätze und technische Anlagen an der Treene wie Wehre, Schöpfwerke u. a. Auch auf Gefahrenpunkte für Kanuten wird aufmerksam gemacht: So muss zwischen Jerrisbek und Hünning eine niedrige Brücke unterfahren werden, was bei hohem Wasserstand nicht mehr möglich ist. Auch der Zusammenfluss von Treene und Bollingstedter Au gilt als Gefahrenpunkt. Aufmerksamkeit ist in Treia geboten, da kurz vor dem Erreichen der Straßenbrücke ein Einschnürungsbauwerk mit Steinpackungen vorhanden ist (siehe hierzu auch der Hinweis in dem Kapitel *„In und um Treia"*). Für Kajakfahrer ist die Passage bei normalem Wasserstand kein Problem, Kanuten holen ihr Boot lieber aus dem Wasser und umtragen die wenige Meter lange Engstelle. Die Steinschüttung markiert übrigens den Abschluss des Treeneausbaus bei Treia. Hinter der Straßenbrücke gibt es wenig später in Höhe des Pastorats eine moderne Sohlgleite, die mit einem gesonderten Paddlergerinne ausgestattet ist. Damit wird das Einsetzen des Bootes erleichtert. Eine weitere Steinschüttung gibt es nahe Holm. Sie ist inzwischen eingesandet und kann in der Strommitte durchfahren werden. Eine reguläre Einsatzstelle für Boote besteht hier nicht. Danach ist die Bootsfahrt weiterhin ein ungetrübtes Vergnügen (Abb. 23.3).
Die Treene ist südlich von Treia maßvoll ausgebaut. Aber schon vor Hollingstedt beginnt die Bedeichung der Treene und ihrer unteren Zusflüsse. Die nächste offizielle Einsetz- und Ausstiegsstelle liegt am westlichen Rand von Hollingstedt (Abb. 23.4).
Hinter Hollingstedt beginnt die Treene ihre Richtung zu ändern. Sie strömt jetzt in Richtung Südwesten. Die flachen Deiche beiderseits des Flusslaufes engen die Sicht etwas ein. Der Wasserwanderer verlässt nunmehr die Schleswigsche Geest und taucht in die Landschaft Stapelholm ein, die wegen der sich vereinigenden Flüsse Eider, Treene und Sorge auch „Dreistromland" genannt wird. Die Treene ist hinter Hollingstedt auch etwas breiter geworden und lässt ein Nebeneinanderfahren von Booten zu. Mit Wohlde auf dem großen Stapelholm kommt die größte Altmoräne in Insellage in der Landschaft in Sicht. Zwei Einsetz- bzw. Ausstiegsstellen stehen in diesem Streckenteil unweit von Bünge und Wohlde zur Verfügung (Abb. 23.5).
Hinter Wohlde weist die Karte für den Kanurastplatz Fresendelf neben

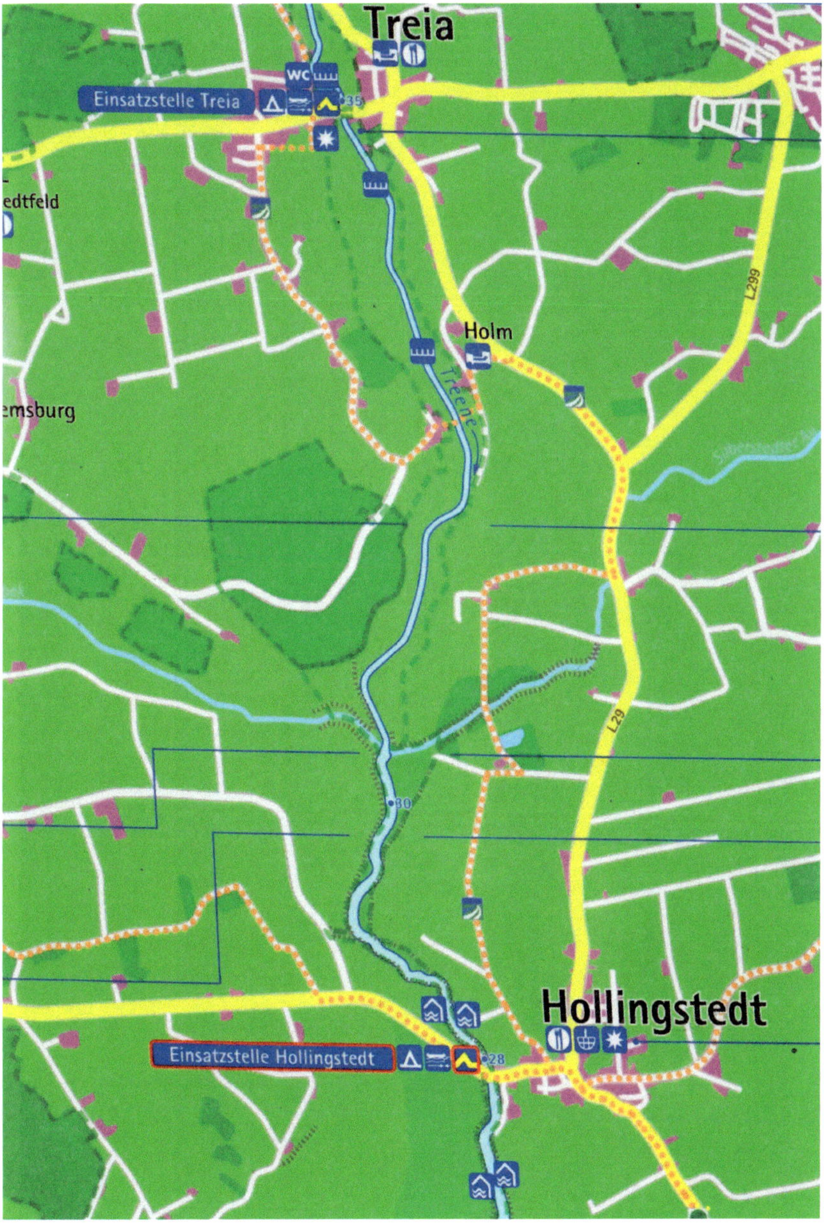

Abb. 23.4: Der Streckenverlauf von Treia nach Hollingstedt. Ab Hollingstedt wird es einsamer auf der Treene. (Quelle: Info-Tafel Einsatzstelle in Hollingstedt)

sanitären Anlagen auch Campingmöglichkeiten aus. Wenig später wechselt die Treene bei der Einsatzstelle Süderhöft abrupt ihre Fließrichtung nach Westen, die sie bis zum Endpunkt Friedrichstadt beibehält (Abb. 23.6). Die Karte reicht bis kurz vor Schwabstedt, das auf einer großflächigen Altmoräne liegt und damit Teil der Schleswig-

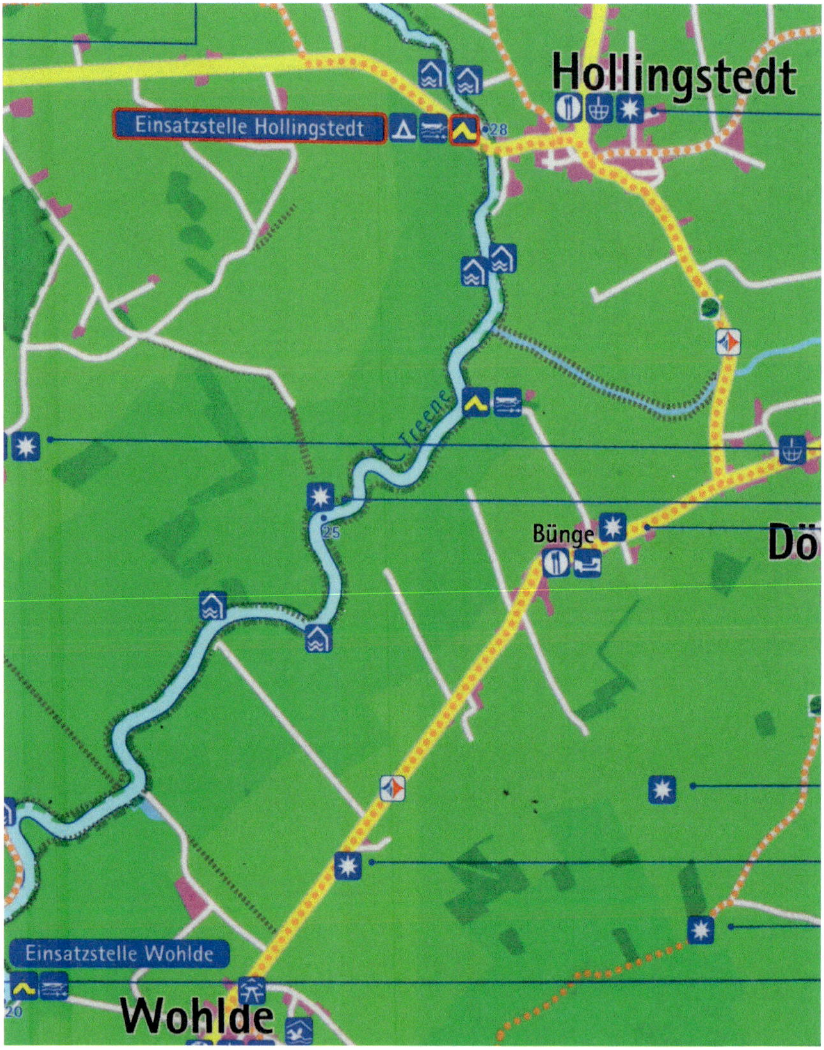

Abb. 23.5: Die Treene wird zwischen Hollingstedt und Wohlde von keiner Straße gequert. (Quelle: Info-Tafel Hollingstedt)

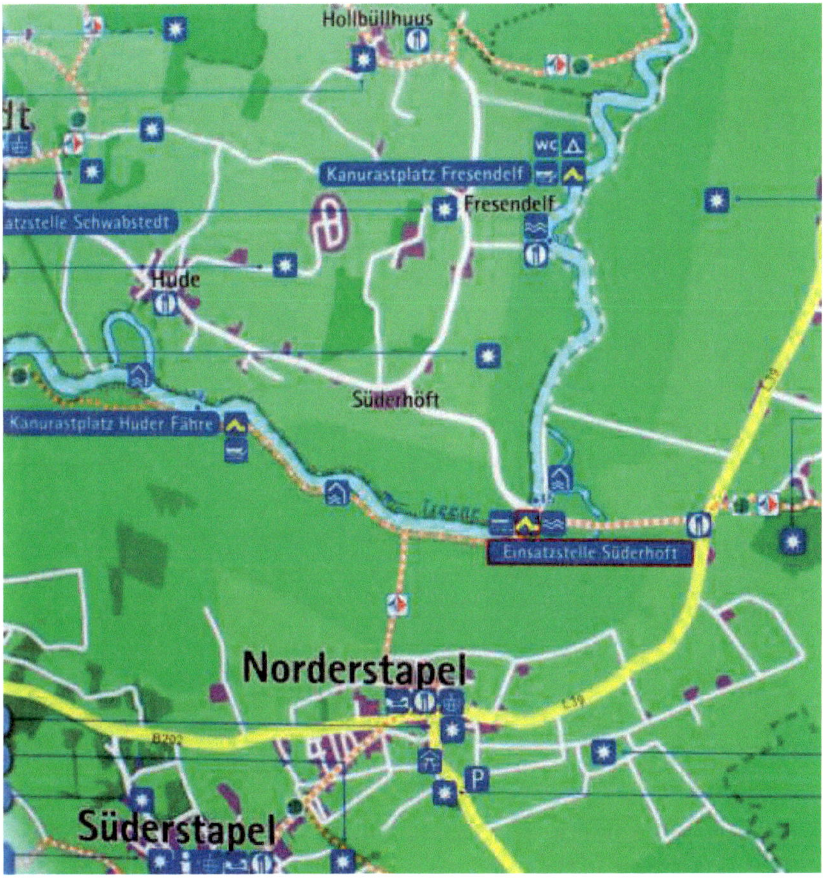

Abb. 23.6: Das Flussknie, wo die Treene ihre Richtung nach Westen ändert, wird zum Schwerpunkt der Wasserwanderer an der unteren Treene. Fresendelf, Süderhöft und Schwabstedt bieten Einsatzstellen an, einen Rastplatz gibt es an der Huder Fähre. (Quelle: wie Abb. 23.5)

schen Geest ist. Schwabstedt ist der letzte bedeutende Ort vor Friedrichstadt und hat eine sehenswerte Unter- und Oberstadt. Hier muss vor allem die Kirche mit ihrem separaten Glockenturm auf dem Kirchberg in der Oberstadt als Besuchsziel genannt werden. In Schwabstedt gibt es auch eine Badestelle an der Treene.

An der unteren Treene machen sich auch andere Formen der Freizeitaktivitäten bemerkbar. Der Wasserwanderer muss im Sommer damit rechnen, dass ihm ein Fahrgastschiff aus Friedrichstadt entgegenkommt. In und um Friedrichstadt sind auch Motorboote auf der Treene erlaubt. Eine Anmerkung noch zur Aktualität der obigen Karte: Die früher selbständigen Gemeinden Norder- und Süderstapel haben sich vor einigen Jahren zu *einer* Gemeinde mit dem Namen Stapel zusammengeschlossen. Der Ort ist seit 2008 Außenstelle des neu geschaffenen Amtes Kropp-Stapelholm im Krs. Schleswig-Flensburg, deckt dabei aber nicht die gesamte Landschaft Stapelholm ab. Der restliche Teil gehört zum Kreis Nordfriesland.

Abschließend sollen einige unerlässsliche Vorsichtsmaßnahmen beim Wasserwandern nicht unerwähnt bleiben: Dass man nicht mit dem Boot in einen Röhrichtgürtel hineinfährt, dürfte selbstverständlich sein. Zu vermeiden sind aber auch Beschädigungen, die nicht auf den ersten Blick sichtbar sind: Jedesmal, wenn ein Paddel den Treenegrund aufwühlt oder das Boot in die Überböschung hineingerät, werden Sand und sonstige Bodenbestandteile in Bewegung gesezt, die sich an anderer Stelle des Fließgewässers absetzen. Dagegen helfen künstlich angelegte Sandfänge (z. B. unterhalb der Einmündung der Silberstedter Au) nur begrenzt. Und der Schaden könnte kaum größer sein, wenn Boote bei nicht ausreichendem Wasserstand kiesige Stellen am Treenegrund durchpflügen und damit die Laichplätze von Fischen schädigen oder gar vernichten.

Anfahrt

Wer über die BAB A 7 anreist, verlässt die Autobahn an der Anschlussstelle Tarp und fährt in Richtung Westen. Am ersten Kreisverkehr fährt man in Richtung Ortsmitte Tarp weiter. Langstedt erreicht man von Tarp aus, indem man die L 247 nach Eggebek nimmt, dort am Ortsausgang über die Treenebrücke fährt und sofort nach rechts auf ein Wiesengelände abbiegt. Hier befindet sich die Kanu-Einsatzstelle Langstedt. Von Westen aus nimmt man am besten die Route über Kleinjörl nach Eggebek, hält sich an der Einmündung gegenüber der Tankstelle ebenfalls rechts und sieht von der Treenebrücke schon das Wiesengelände mit der Einsatzstelle für die Boote.

Koordinaten des Startpunktes: 54.617855, 9.383227

24 Ein Abstecher auf die nördliche Seite der deutsch-dänischen Grenze: Wanderungen im Frösleer Gehölz (Frøslev plantage)

Kurzbeschreibung: *Auch nördlich der Grenze gibt es vorzügliche Exkursionsmöglichkeiten auf dem Schleswigschen Mittelrücken, so u.a. im wenige Kilometer von Flensburg gelegenen Frösleer Gehölz. Wege führen hier durch überwiegend bewaldete Dünen mit unerwarteten Besonderheiten. Es wird empfohlen, das während der deutschen Besatzungszeit im 2. Weltkrieg errichtete Internierungslager Fröslee Lager (Frøslev lejren) zu besuchen (siehe hierzu die Ausführungen zur nördlichen Route).*

Das Frösleer Gehölz, dessen dänische Bezeichnung „Plantage“ am besten mit Pflanzung oder Anpflanzung übersetzt wird, liegt nordwestlich von Flensburg. Namengebend ist die kleine Ortschaft Fröslee (Frøslev). Sie wird an ihrem Westrand von einer über 1.000 ha großen Dünenlandschaft begrenzt, die eine der größten ihrer Art im alten Herzogtum Schleswig ist. Der Nadelwald wurde zu preußischer Zeit angelegt. Die Aufforstung ist seinerzeit nicht uneingeschränkt gutgeheißen worden. Die sich formierende Heimatschutzbewegung sah in den Frösleer Bergen, so der damalige Name, ein Naturdenkmal, das einem zweifelhaften Fortschritt geopfert wurde (O. Behrens, 1917). Heute weist das inzwischen auch von Laubhölzern durchsetzte Waldgebiet vier große Heideareale und weitere offene Dünenabschnitte aus.

I. Die südliche Route

Im Frösleer Gehölz gibt es zwei markante Wanderwege. Der südlichere ist der kürzere der beiden und jüngeren Datums. Ziel der Wanderung ist *„Stormenes Hav“*. Zwei Wege führen dort hin. Der östliche Weg ist mehr ein Pfad und ist in der Karte von Abb. 24.1 rot gepunktet. Er beginnt am Parkplatz an der Straße Pluskærvej in Richtung Tingleff (Tinglev) und Tondern (Tønder). Wer unbefestigtes Gelände meiden

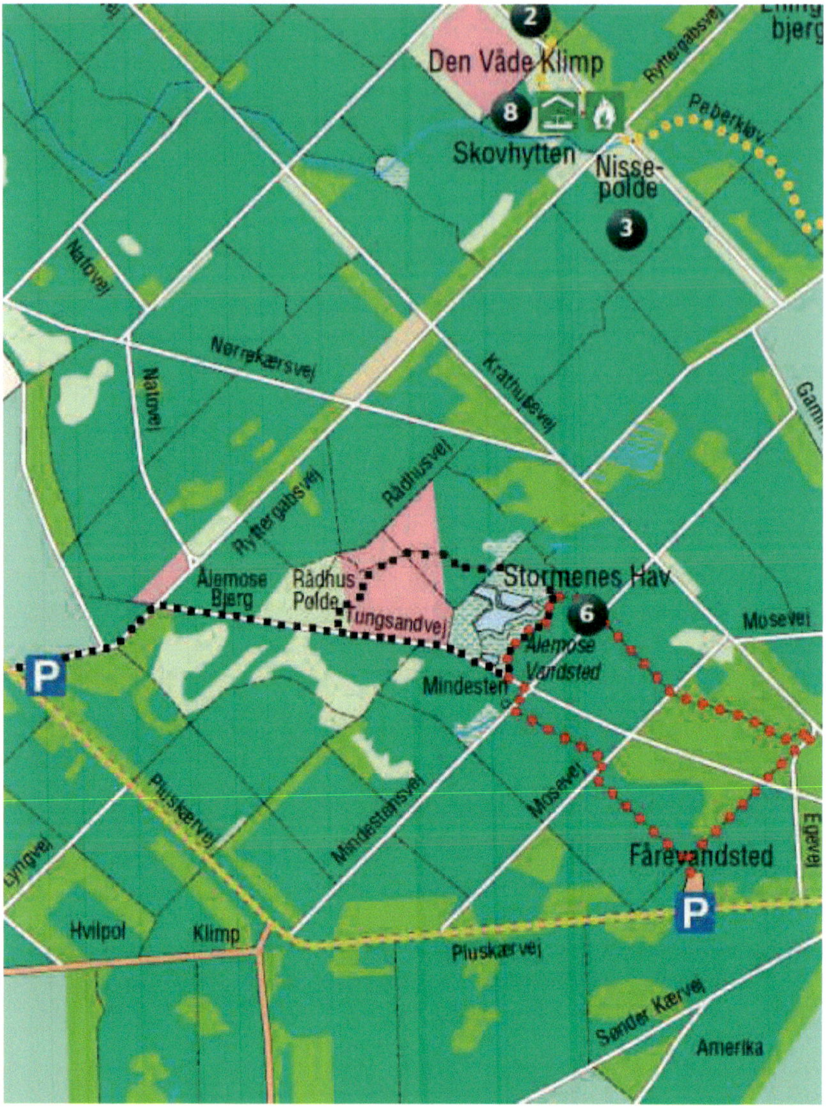

Abb. 24.1: Ein Ausschnitt aus dem Frösleer Wald- und Freizeitgebiet. Heiden sind violett eingefärbt, gelbgrün der Laubwald, dunkelgrün die Nadelhölzer. Beide Parkplätze an der abknickenden Straße Pluskærvej sind Startpunkte, um auf unterschiedlichen Wegen (rote bzw. schwarze Punktfolgen) zu „Stormenes Hav" zu gelangen. Am oberen Kartenrand ist an der gelben Punktlinie ein Abschnitt des nördlichen Wanderweges auszumachen. (Quelle: Ausschnitt aus dem Flyer des Miljøministeriet Skov- og Naturstyrelsen)

möchte, der wählt die schwarz gepunktete Route. Sie beginnt etwa zwei Kilometer weiter nordwestlich an derselben Straße und ebenfalls an einem Parkplatz. An diesem Startpunkt kann man einem Faltblattkasten eine Übersichtskarte über das gesamte Wald- und Dünengebiet einschließlich des später noch anzusprechenden Fröslee Lagers entnehmen. Der schwarz gepunktete Weg ist ein alter Forstweg und bei jedem Wetter gut begehbar und wird nachfolgend beschrieben.

Auf der Wanderung in östlicher Richtung lichtet sich der Wald nach etwa halber Strecke und gibt den Blick auf die ursprüngliche Dünenlandschaft frei. Im weiteren Verlauf geht sie in eine Freifläche mit aufkommender Heide über, in der noch Einzelbäume und kleine Baumgruppen an den ehemaligen Wald erinnern. Wir haben „Stormenes Hav“ erreicht. Wie ist dieses Gebiet zu seinem Namen gekommen und was bedeutet er? Im Oktober 1967 warf ein schwerer Sturm hier eine bisher noch nie gekannte Menge an Nadelbäumen um. Nach den Aufräumarbeiten glich diese Fläche einer Mondlandschaft. Zeitgleich landete eine US-amerikanische Raumfähre im Rahmen der Apollo-Mission auf dem Mond, und zwar im „Meer der Stürme“. Der trostlose Anblick im Sturmschadengebiet veranlasste einen Besucher zu der sarkastischen Bemerkung, die Fläche nach dem Landungsgebiet der Apollo-Mission zu benennen. Dieser Name setzte sich rasch in der Bevölkerung durch.

Was sollte man mit dieser Windwurffläche anfangen? Die zuständige Forst- und Umweltverwaltung entschied, das 9,5 ha große Teilgebiet nicht wieder aufzuforsten, sondern es zu einer weiteren Heidefläche zu entwickeln. In gewisser Weise gleicht dieses Vorhaben dem Galgenbergprojekt bei Lütjenholm, wo eine bewaldete Düne mit einschlagsreifen Fichten ebenfalls in eine Heide umgewandelt wurde – siehe hierzu die Exkursionsbeschreibung in Kapitel 4 – mit folgenden Unterschieden: Im „Meer der Stürme“ wurden die Baumstümpfe nicht gefräst, sondern so belassen. Einige Baumgruppen blieben stehen und die Windwurffläche wurde eingezäunt, um sie von Rindern beweiden zu lassen. Der Zaun wurde im Westen etwas in den benachbarten Wald hineingezogen, um den Rindern einen gewissen Schutz bei Schlechtwetter zu bieten. Die alte Sturmschadenfläche liegt in der Mitte von Abb. 24.1.

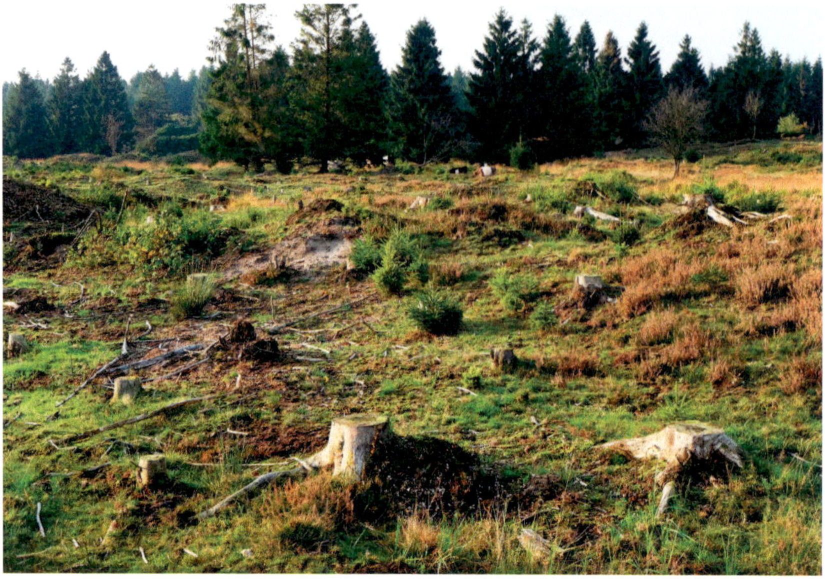

Abb. 24.2: Die Windwurffläche „Stormenes hav" im Fröslеer Gehölz mit aufkommenden Gräsern und jungen Koniferen. Rechts im Bild breitet sich Besenheide aus. Das Gebiet wird ganzjährig von Rindern beweidet.

Es ist in Dänemark üblich, die Beweidung von Flächen in öffentlicher Hand im Internet auszuschreiben. Der Landwirt, der zum Zuge kommt, erhält einen Beweidungsvertrag über 5 Jahre mit fünfjähriger Verlängerungsmöglichkeit. Danach muss das Areal erneut ausgeschrieben werden. Der Landwirt zahlt keine Pacht, sondern erhält für die Landschaftspflege vom dänischen Staat und der EU eine Prämie. Die Weidetiere sind ausgesprochen friedfertig, die Fläche soll irgendwann nach Süden hin erweitert werden. In diesem Fall würden die Tiere dann durch zwei Weideroste (dän. *færist*) an den Ausgängen des nun mitten durch das Weidegelände verlaufenden Schotterweges am Verlassen der Weide gehindert.

Was dieses Projekt vom Galgenbergvorhaben bei Lütjenholm noch unterscheidet, das ist die Anlage weiterer Lebensräume. Ziel war es, in den freigelegten Dünentälern Stillgewässer zu schaffen.

Vom Weg aus sieht man am südöstlichen Ende das erste der beiden Stillgewässer. Es ist ein Tümpel, auf dem sich ein Schwingrasen aus Torfmoosen entwickelt. Es scheint eine Sperrschicht im Untergrund –

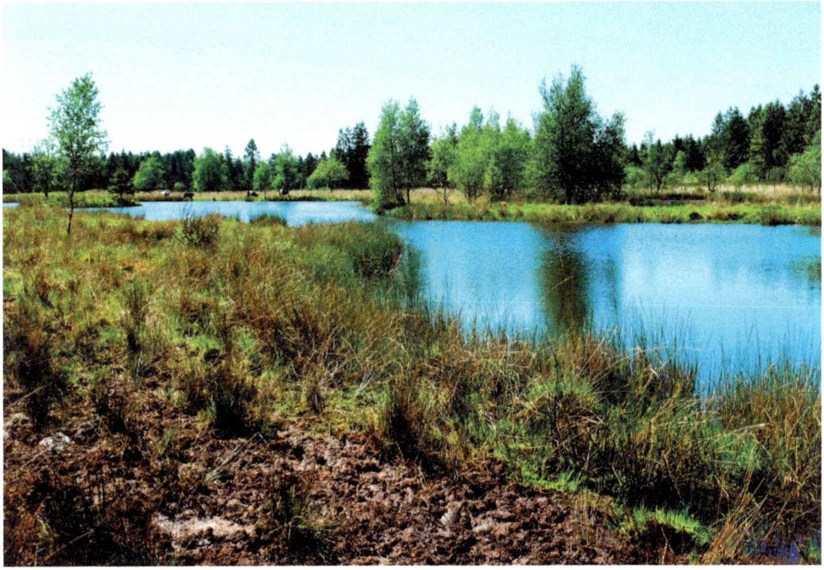

Abb. 24.3: Dem künstlich geschaffenen See sieht man seine Entstehung nicht an. Er ist gut in seine Umgebung eingepasst. Nicht alle Bäume wurden entfernt. Seine Umgebung wird beweidet.

vermutlich ein Podsolboden mit Ortstein – zu geben. Langfristig wird sich hier ein kleines Hochmoor entwickeln. Um ein Vielfaches größer ist das andere Stillgewässer. Wer gut zu Fuß ist, der kann die Weidefläche außerhalb des Zaunes auf einem schmalen Pfad umrunden und dabei von einem leicht erhöhten Standort einen Blick auf den See werfen (Abb. 24.3).

Das weite Dünengelände und mittendrin eine große Seenfläche sowie ein künftiges Kleinstmoor sind schon eine besondere landschaftliche Situation. Nach der Umrundung der Weidefläche geht man an auf dem Fahrweg, auf dem gekommen ist, zum Ausgangspunkt zurück.

Anfahrt

Ausgestattet mit *gültigem Personalausweis* biegt man nach dem Grenzübertritt in Padborg nördlich von Harrislee die erste beampelte Kreuzung links ab, durchfährt Fröslee, überquert auf einer Brücke die Autobahn und fährt auf der Straße Pluskærvej in Richtung Tondern weiter. Der erste Parkplatz ist der Startpunkt für die Rundwanderung mit der Rotmarkierung in der Karte von Abb. 24.1. Die Alternativroute beginnt am nächsten Parkplatz etwa 2 km weiter westlich und ist in der Karte mit schwarzen Punkten gekennzeichnet. Dieser Startpunkt bietet bei Wanderungsbeginn in einem Faltblattkasten eine Übersichtskarte über das gesamte Fröslee Dünengebiet an. Die Koordinaten des Startpunktes auf der schwarz gepunkteten Route sind nachstehend angegeben.

Koordinaten des Startpunktes: 54.826745, 9.287969

II. Die nördliche Route

Der nördliche und bekanntere der beiden Wanderwege ist ein ca. 5 km langer Rundweg mit gelber Markierung und wird wegen seiner Vielfalt auch von Besuchern aus dem deutschen Grenzgebiet geschätzt. Wer dieses Gebiet erstmals aufsucht, der sollte einen Besuch von Frös-

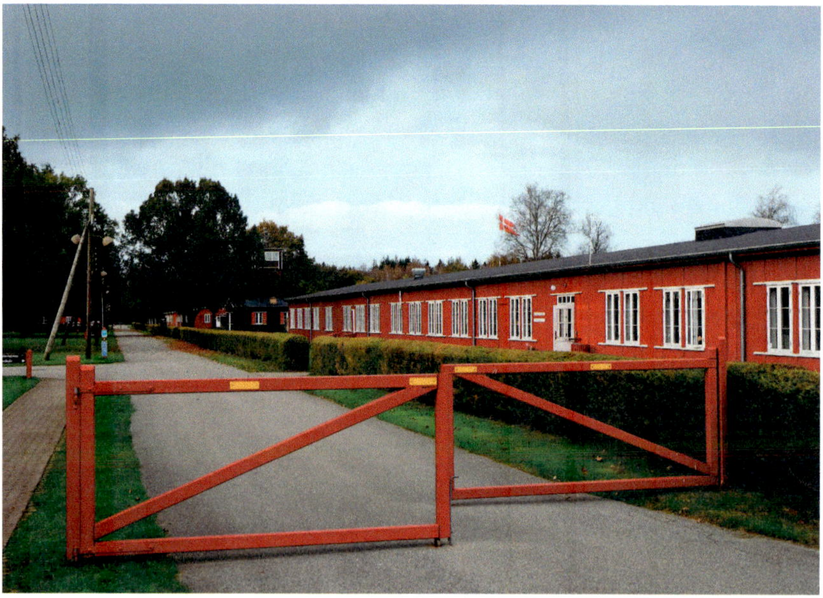

Abb. 24.4: Der Durchgang vom Parkplatz Fröslee Lager zum Karsten Thomsen Parkplatz – Startpunkt für die gelb markierte nördliche Wanderroute

lee Lager einplanen. Hier wurden während der Besatzungszeit dänische Widerstandskämpfer interniert. Heute erinnern der ehemalige Beobachtungsturm des Lagers und ein kleines Museum (Baracke H 4) mit dem Status einer nationalen Gedenkstätte an die Vergangenheit. Wer eine Rundtour auf dem „gelben Pfad" plant, parkt sein Fahrzeug auf dem Parkplatz südlich des Fröslee Lagers und geht auf dem randlich verlaufenden, mit Barrieren für Fahrzeuge abgesperrten Asphaltweg in Richtung Norden zum oberen Parkplatz (*Karsten Thomsens plads*) (Abb. 24.4). Hier beginnt linkerhand der gelb markierte Rundweg. Drei Merkmale machen das Außerordentliche des Frösleer Dünengebietes auf dieser Route aus. Es ist zunächst die parallel zum Weg fast schnurgerade in ost-westlicher Richtung verlaufende 4 km lange Randdüne *Sandgård*, die mehrfach von Durchlässen unterbrochen ist. Ihre Entstehung ist nach neuesten Untersuchungen vom Menschen gesteuert worden, indem Reisig als Sandfang in den Flugsand gesteckt wurde, der mit zunehmendem Dünenwachstum immer wieder erneuert wurde (in: „Flensburger Tageblatt" vom 06./07.01.2024). Westlich davon liegt die ausgedehnte Dünenlandschaft *Finkehede* mit ihrem schönen Heidebewuchs. Sie wird von friedfertigen Rindern beweidet. Als Drittes müssen sogenannte *„våde klimper"* genannt werden. Ein *våde klimp* ist im Gegensatz zu einem *klit* eine nasse Düne. Sie hat in der Regel eine rundliche Form und ihr fehlt der aufragende Dünenkamm. Stattdessen ist sie eine nicht sehr hohe, plateauähnliche Erhebung mit steilem Anstieg und überwallten Rändern. Das Verblüffende ist das Feuchtgebiet in ihrer Mitte. In älteren Schriften kann man lesen, dass Weidetiere zum Tränken erst eine Anhöhe erklimmen bzw. hochgetrieben werden mussten. Wie ist diese erstaunliche geologische Besonderheit entstanden, die wegen ihrer Seltenheit als internationale *GeoSite* erfasst und geschützt ist? Das obere Geländeniveau der våde klimper war einst die Oberfläche des *gesamten* Dünengebietes. Nachdem das schützende Pflanzenkleid entfernt worden war (z. B. durch Brand, übermäßige Nutzung) konnte der Wind die offenen, trockenen Dünenbereiche wieder angreifen und verdriften, während die Partien mit Feuchtgebieten davon verschont blieben und als Inseln stehen blieben (mdl. Mitteilung von Herrn M. Reimers von Naturstyrelsen in Gråsten (Gravenstein). Abb. 24.5 zeigt eine der größeren „nassen

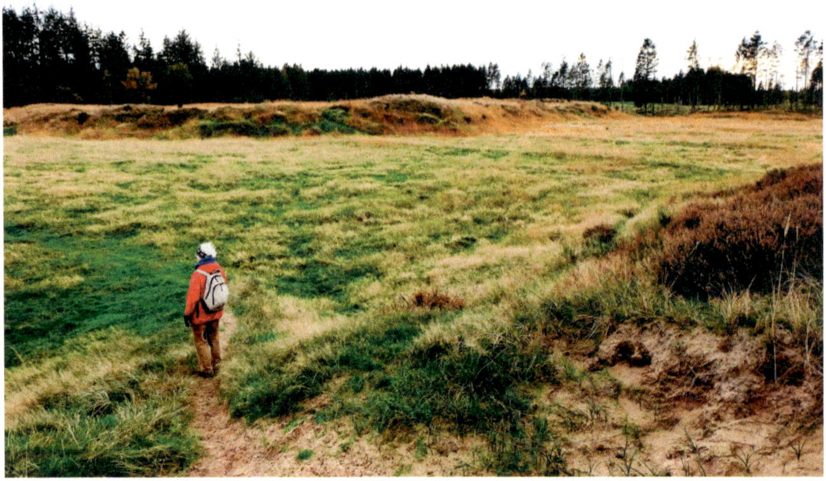

Abb. 24.5: Das „Våde klimp" im Bildhintergrund ist wegen seiner Seltenheit ein geschütztes Bodendenkmal.

Dünen". Auf dem mit gelben Hinweispfeilen markierten Weg lässt sich gut voranschreiten. Nach dem ersten Wegestück an der eingang erwähnten langgestreckten Randdüne entlang knickt ein Pfad links ab. Ihm folgend, wandert man durch die Finkehede. Sie ist die vermutlich größte Heideflächen in der Dünenlandschaft von Fröslee. An „Den Våde Klimp" vorbei geht es durch ein längeres Waldstück, bevor man den Bach Bakkestrømmen erreicht und ihm stromaufwärts folgt. Bald darauf wird am nördlichen Rand des nächsten Heidegebiets Frøslev Lyngpolde ostwärts weitergegangen. Der Weg endet bei Kådnermose an der Zufahrtsstraße zum Frøslee Lager. Von hier geht man einige hundert Meter in Richtung Fröslee Lager zum südlich gelegenen Parkplatz, sofern man sein Fahrzeug nicht nahe dem Kådnermose am Wegrand abgestellt hat.

Anfahrt

Vom Grenzübergang Padborg fährt man die Hauptstraße („Industrievej") bis zu ihrem Ende immer geradeaus, hält sich an der beampelten

Kreuzung links, biegt an der nächsten Kreuzung rechts ab und wird kurz hinter der Autobahnquerung von Hinweisschildern mit der Aufschrift „Frøslev lejren" zum Parkplatz südlich von Fröslee Lager (Frøslevlejren Parkeringsplads) geleitet.

Koordinaten des Startpunktes: 54.840648, 9.330372
(Wer direkt zum Karsten Thomsen Plads über die Splittersiedlung Fårhus gelangen möchte, gibt die Koordinaten 54.846875, 9.325909 ein)

Quellenangaben („Sonderteil" – Kapitel 23 bis 24)

Behrens, O. (1917) Die Frösleer Berge – Ein Naturdenkmal; in: Die Heimat, 27. Jg., Nr.11
Heintze, U. (2019): Im Frösleer Gehölz nördlich der deutsch-dänischen Grenze; in: Jb. f. d. SL Geest, 67. Jg., S. 86–101
Ministerium für Energiewende, Landwirtschat, Umwelt und ländliche Räume – MELUR. Managementplan für das FFH-Gebiet „Treene Winderatter See bis Friedrichstadt und Bollingstedter Au" (Code-Nr. FFH DE-1322-391), Gehege Büschau, SHLF-Teilflächen
Faltblätter, Internet-Beiträge, Zeitungsartikel, Sonstiges:
Faltblätter zum Frösleegebiet des Miljöministeriet Skov- og Naturstyrelsen in den Ausgaben von 1973, 1993 und o.J. Einige Begriffsübersetzungen mögen das Kapitel 24 etwas verständlicher machen.
Moor heißt im Dänischen mose, eine trockene Düne klit. Das häufig in der Karte zu lesende Wort polde entstammt dem Süddänischen und bezeichnet kleine Erhebungen im Gelände und meint damit die bewegte Oberfläche der Dünenlandschaft.
Flensburger Tageblatt vom 06./07.01.2024: Ein altes Rätsel der Archäologie gelöst

Fotonachweis

J. Eigner (Abb. 5.1–5.5), E. Link (Abb. 9.4). T. Raake (Abb. 10.6), übrige Aufnahmen: U. Heintze

Quellenvermerk für die Verwendung von Topographischen Karten:

Abkürzungs- und Fachwörterverzeichnis

atlantischer Klimakeil: ein dreiecksförmiges Gebiet zwischen Eidermündung und der dänischen Insel Röm(ö) im Westen und der Stadt Schleswig im Osten, das unter direktem Meereseinfluss steht, was zu Veränderungen in der Pflanzenzusammensetzung („Pflanzengesellschaften") geführt hat.

Biodiversität: Vielfalt von Pflanzen- und Tierarten (Artenvielfalt)

Biotop: ein konkreter, meist natürlicher oder naturnaher Lebensraum, der sich mehr oder weniger deutlich von anderen Lebensräumen abgrenzen lässt (z. B. ein Moor). Teilgruppen stellen die Wertbiotope (gesetzlich geschützte Biotope und/oder Lebensraumtypen nach FFH-Richtlinie – s. a. FFH-Gebiet) und Pflegebiotope (Heiden, artenreiches Dauergrünland u. a.) dar.

Damwild: eine mittelgroße Hirschart, stammt aus dem vorderasiatischen Raum und ist bei uns eingebürgert. Männliche Tiere haben ein Schaufelgeweih.

Endmoräne: Das Material ist bei Gletscherstillstand wallartig am Gletscherfuß aufgeschüttet. Bei vorrückendem Eis kann die Endmoräne gestaucht werden („Stauchendmoräne"); siehe hierzu auch das Stichwort „Moräne".

extensive Landnutzung: eine im Vergleich zur intensiven Landbewirtschaftung zurückhaltende Form der Landnutzung, d. h. mit sparsamerem Mitteleinsatz (z. B. von Pflanzenschutzmitteln und Dünger). Bei der Grünlandbewirtschaftung kann das ein geringerer Besatz von Weidetieren bzw. mehr Fläche je Weidetier sein.

Faschinen: Pfahlreihen, z. T. mit Reisigfüllung oder Weidenroutenfüllung, meistens an Fließgewässerrändern, um Böschungabbrüche zu verhindern. F. werden auch im Watt zur Landgewinnung angelegt.

FFH-Gebiet: FFH steht für Fauna, Flora, Habitat (Tierwelt, Pflanzenkleid, Lebensstätte). FFH-Gebiete sind von der EU geschaffene, länderübergreifende Schutzgebiete.

glazial: eiszeitlich

GVE: Großvieheinheit; ist ein Umrechnungsschlüssel beim Vergleich verschiedener Nutztierarten. Beispiele: ein ausgewachsenes Rind oder Pferd (ca. 500 kg Gewicht) entspricht 1 GVE, ein Kalb = 0,4 GVE, ein Schaf oder eine Ziege = 0,1 GVE.

Habitatbaum: lebender oder abgestorbener Baum (meist Altbaum), der Kleinstlebensräume bietet (z. B. Nisthöhlen)

Jb: Jahrbuch, z. B. für die Schleswigsche Geest

Lockergestein: das Gegenteil von anstehendem Fels. Lockergesteine kamen v. a. durch Gletschertransport aus dem Norden.

Mäander: Bildung von Windungen in natürlichen Fließgewässern. „Mäandrieren“ ist das dazugehörige Verb.

Moräne: Zum einen ist damit das vom Gletscheis mitgeführte bzw. abgelagerte Material unterschiedlicher Körnung von Findlingsgröße, über Kies und Sand bis zu Ton gemeint („Moränenmaterial“). Mit Moräne kann aber auch die Oberflächenform, die das unsortierte Material bildet, gemeint sein. Formen: siehe z. B. Endmoräne.

Natura 2000: ein EU-weites Schutzgebietsnetz, das sich aus FFH-Gebieten (siehe oben) und den zu Vogelschutzgebieten erhobenen Seen und Feuchtgebieten zusammensetzt.

NHN: Normalhöhennull; die Abkürzung hat das frühere Normalnull (NN) für „über dem Meeresspiegel“ ersetzt.

Niederwald: ein Wald, der sich nach dem Holzeinschlag durch neue Austriebe („Stockausschlag“) aus dem Stubben („Altholz“) regeneriert hat, aber nicht mehr die Höhe eines Hochwaldes erreicht. Der bei uns häufigste Niederwald ist das Eichenkratt.

NSG: Naturschutzgebiet; ist eine Fläche mit hohem Schutzwert, ähnlich wie ein Nationalpark (NP) sowie für kleinflächige Schutzobjekte das Naturdenkmal (ND)

Ochsenweg(e): einfache(r), unbefestigte(r) Weg(e) aus der Zeit des Ochsentreibens („Viehtrift"); der bekannteste führte aus dem nördlichen Jütland bis nach Wedel an der Elbe.

Ökologie: ein Wissenschaftszweig, der die Wechselwirkungen von Lebewesen (Organismen) untereinander und zu ihrer unbelebten („abiotischen") Umwelt betrachtet. Die Landschaftsökologie untersucht dies für einen Ausschnitt der Erdoberfläche.

Oeverseering: eine Landesstraße (L 96), die Handewitt und Oeversee miteinander verbindet. Teilabschnitte haben eine andere Straßenbezeichnung.

oligotroph: nährstoffarm, z. B. ein Gewässer oder ein Sandboden. Steigt der Nährstoffgehalt auf einen mittleren Wert an, so wird der Zustand als mesotroph bezeichnet (z. B mesotrophes Grünland). Hypertroph ist ein Zustand mit übermäßiger Nährstoffversorgung, der in einem Gewässer die Algenbildung stark ansteigen lässt.

Renaturierung: Wiederherstellung eines möglichst natürlichen Zustandes, z. B. bei einem entwässerten Moor durch Einstau von Entwässerunggräben.

Römische Kaiserzeit: ein Zeitabschnitt der Spätantike, der in neuerer Sicht von 27 v. Chr. (ab Kaiser Augustus) bis etwa 300 n. Chr. reicht.

Seggenried: eine Pflanzengesellschaft, bei der Sauergräser („Seggen") dominieren. Bei einer Seenverlandung schließt sich dem Röhrichtgürtel (v. a. Schilf) bei fortgeschrittener Anhäufung unzersetzter Pflanzenreste ein Seggenried mit meist bultigen Steifseggen an. Es folgt bei ungestörter Entwicklung ein Bruchwald (Feuchtwald).

Sohlgleite: eine Einrichtung in einem Fließgewässer, um Fischen u. a. wandernden Wasserlebewessen im Wasser den Aufstieg in den Oberlauf zu ermöglichen.

Sphagnum (pl. Sphagnen): sind Torfmoos(e) ohne Kontakt zum Grundwasser. Unter Sauerstoffabschluss sterben die unteren Teile ab und vertorfen. Sie bilden bei ungestörter Entwicklung „Schwingrasen". Bestimmte Sphagnenarten lassen Hochmoore („Regenwassermoore") entstehen.

StÜbPl: Standortübungsplatz; ein militärisch genutztes Gelände meist in Garnisonsnähe; ist nicht identisch mit einem größeren und stärker beanspruchten Truppenübungsplatz.

TK: topographische Karte; so bedeutet z. B. TK 25 die topographische Karte im Maßstab 1 : 25.000 (1 cm in der Karte entspricht 250 m in der Natur, woraus folgt: 4 cm in der Karte entsprechen 1 km in der Natur; deshalb wird die 1 : 25.000er-Karte „4 cm-Karte" genannt)

u. a. ; u. v. m. ; v. a.: unter anderem; und vieles mehr; vor allem

Umtriebszeit: ein Begriff aus der Forstwirtschaft, der die Zeit von der Keimung oder Pflanzung eines Baumes bis zu seiner Erntereife umfasst (z. B. Rotfichte 80 Jahre, Rotbuche 120 Jahre.). Das natürliche Lebensalter des Baumes ist höher.

Vorfluter: in der Regel ein ausgebautes Fließgewässer, um Wasser schneller abzuleiten.

Wertgrünland: arten- und strukturreiches Grünland; (z. B. eine Sumpfdotterblumenwiese); ist seit 2016 in S.-H. vor einem Umbruch (grundsätzlich) geschützt; Das Gegenteil ist ein mit wenigen Grassorten eingesäter Grasacker.

WRRL: Wasserrahmenrichtlinie; eine Schöpfung der EU, um den Gewässerschutz (stehende Gewässer, Fließgewässer) zu verbesssern. Sie bezieht sich auf die Gewässerqualität, die Durchgängigkeit eines Fließgewässers, den Grundwasserschutz u. a.